KB230780

목은 이색의 삶과 문학

목은 이색의 삶과 문학

魚 江 石 저

KSI 한국학술정보㈜

§ 머리말 §

　나의 유년시절 기억 중에서 가장 오래된 것은 국악이다. 부모님께서 항상 KBS 라디오에서 새벽 5시부터 방송하는 국악프로그램을 즐겨 들으셨기 때문에 나도 어렴풋한 잠결에 함께 들을 수 있었다. 아버님께서는 지금도 왕성하게 활동하고 계시는 이은주 명창을 좋아하셨다. 아마도 나는 태어나기 전부터 국악을 들으며 태아기를 보냈을 것이다. 이런 태교의 영향인지 어려서부터 고전적인 것을 좋아했다. 대학을 다니면서 다른 친구들이 팝송을 들으며 영어를 공부할 때도 나는 국악을 들었으며, 고전문학을 제일 좋아했고, 『논어』, 『맹자』, 『고문진보』와 같은 책을 읽었다.

　고전문학 중에서는 고려가요가 가장 좋았다. 민요에서 느낄 수 있는 진솔함이 담겨져 있었기 때문이다. 고려가요는, 좋으면 좋다, 싫으면 싫다, 보고 싶으면 보고 싶다, 님과 함께 밤을 보내고 싶다는 것을 숨기지 않는다. 그래서 좋았다. 한문학을 본격적으로 접한 대학원 시절, 한시와 산문을 공부하면서 역시 고려시대 문인들이 가지고 있던 생각의 자유로움과 순수함을 느낄 수 있어 이 시기의 문학을 전공하게 되었다.

　급암 민사평의 한시를 공부하면서 소악부도 아울러 깊이 알게 되었고, 목은 이색의 문학을 공부하면서 가장 한국적인 어휘와 풍토를 담은 한시를 읽을 수 있었다. 특히 3년간 원의 국자감에 가서 공부를 하며 고려와 원을 왕래하였던 목은의 문학을 박사학위 논문의 주제로 삼았다. 학위논문을 준비하면서 나에게 중국 요녕성에서 2년을 보낼 수 있는 기회가 있었다. 낯설고 황량한 타국에서 언어도 잘 통하지 않는 상황을 직접 경험하면서 고운 최치원, 익재 이제현, 졸옹 최해, 가정 이곡, 목은 이색 등등의 문인들이 중국을 왕래하며 겪었을 고충을 조금이나마 이해할 수 있었다. 목은이 그의 시에서 토로하였던 소통되지 못하는 언어의 답답함이나 강한 중화사상과 부딪혀야 하는 약소국 백성의 안타까움 등을 가슴으로 느꼈고, 또한 불끈불끈 솟아나는 오기도 경험하였다.

목은 문학 연구로 학위를 받기는 하였지만 이제 겨우 디딤돌을 놓았을 뿐이다. 목은의 문학세계를 시원스럽게 꿰뚫기는 아직도 요원하다. 더구나 고려시대의 위대한 문인들이 얼마나 많은가? 어떻게 보면 고마운 일이다. 아직도 내가 연구해야 할 부분이 많다는 것이기 때문이다.

이제 엉성하게 엮은 학위논문을 조금씩 손을 보아 책으로 만들게 되었다. 그동안 꼼꼼하고 자상하게 이끌어 주신 지도교수 김건곤 선생님과 논문 심사를 맡아 주신 김성기 선생님, 신익철 선생님, 이종묵 선생님, 임치균 선생님께서 성심으로 가르침을 주시지 않았다면 여기에 이를 수 없었을 것이다. 선생님들께 다시 한번 엎드려 감사의 뜻을 올린다. 아울러 아직 영글지 않은 결과를 내놓는 부끄러움을 너그러이 보아 주시기 앙망하면서, 같은 길을 걷고 있는 분들의 주저 없는 질책을 바란다.

끝으로 언제나 정성으로 용기를 주시는 어머니와 형제들, 어려움 속에서도 항상 사랑과 희생으로 도와준 아내에게도 고마움을 표한다. 특히 평생 고생만 하시다 지난 3월 세상을 떠나신 아버님의 영전에 모든 기쁨을 바친다. 언제나 잊혀지지 않는 따뜻한 아버님의 손길을 의지하여 부지런히 노력할 것을 다짐해 본다. 이제 10월이면 우리의 첫 아기가 태어나게 된다. 아기에게도 부끄럽지 않은 아빠가 되도록 열심히 살 것이다.

2007년 1월

저자 魚江石

〈目 次〉

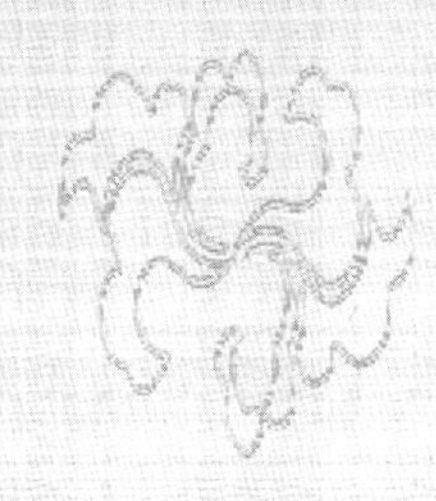

I
緒論

1. 問題의 提起

　　牧隱 李穡(1328~1396)은 고려 후기 대표적 문인이며, 정치가이다. 그는 고려 충숙왕 15년 5월 外家인 寧海에서 태어나 조선 태조 5년 5월 7일 驪江의 배 안에서 69세로 생을 마감하였다. 李穡의 본관은 韓山으로 자를 穎叔이라 하였으며, 牧隱은 그의 호이다. 그의 아버지는 穀이며, 아버지와 함께 益齋 李齊賢의 門人이다. 이러한 배경하에서 목은은 고려왕조의 문학을 집대성한 인물이며, 조선조 문학의 근원이 되는 인물로 지목되고 있다.

　　고려 전기의 한문학은 羅末 唐에 건너가 晚唐의 奇麗한 시풍을 익힌 문사들에 의해 주도되었기 때문에 형식위주의 奇靡한 晚唐風이 주류를 이루었다. 이러한 경향은 사장위주의 문학을 정착시킨 과거제도의 시행과 더불어 중기까지 지속되었으며, 정지상에 이르러 최고조에 달하였다. 과거제도가 점차 정착되자 과거를 통하여 정계에 진출한 중앙관리층들은 사회적 특권을 독점하면서 세습화, 귀족화되게 이르며, 문단의 경향도 변화되어 과거를 볼 때 필요한 科詩, 科賦, 科文 등을 중요시하게 되었다. 따라서 對偶와 聲律 등 형식을 중요시하는 형식주의가 주류를 이루게 되었으며, 정책에 대한 옹호나 칭예를 담은 唯美主義的 문학을 형성하게 되었다.

그러나 무신난을 기점으로 하는 고려 중기에 이르러서는 전기부터 형성되어온 장구의 조탁만을 일삼는 형식위주의 만당풍 시에 대한 반성이 일게 되었다. 이에 따라 점차 詩理論을 바탕으로 하는 宋詩風으로 기호가 옮겨가기 시작하였다. 특히 東坡의 문학에 관심이 집중되었으며, 이런 동파를 숭상하는 경향은 고려 말까지 지속되었다. 이와 같은 고려 중기는 몽고군의 침입과 함께 다시 큰 변화를 겪게 되었다. 한 세기동안 지루하게 끌었던 대몽항쟁은 백성들의 생활뿐만 아니라 고려사회 전체에 큰 타격을 주었다. 몽고군의 침입이 있기 전 遼, 金에 대한 굴욕적인 사대외교가 지속되면서 민족사에 대한 문제의식을 가지게 되었으며, 이 시기를 전후하여 李奎報의 〈東明王篇〉과 李承休의 〈帝王韻紀〉 등 역사적 정통성과 자주성을 강하게 띠고 있는 일련의 서사시 작품들이 등장하게 되었다.

원의 부마국이 된 충렬왕 대를 시작으로 하는 고려 후기는 고려 내부에 집적된 전통과 원을 중심으로 수용된 외부의 문화가 혼합된 형태로 발전하게 된다. 특히 성리학의 수용은 불교 중심의 사상체계를 가지고 있던 기존의 사회구조를 큰 폭으로 변화시켰으며, 문인들의 사고도 변하게 하였다.

목은이 주로 활동하였던 고려 후기는 사회적으로 문화적으로 복잡한 양상을 띠고 있는 시기이다. 목은은 원의 과거에 급제를 하고 원 조정의 한림학사를 역임하여 그의 학문적 성취도를 인정받고 정치적 기반을 공고히 하기는 하였지만, 고려로 돌아와서는 공민왕을 도와 원의 간섭에서 벗어나 자주성을 회복하기에 힘을 기울였다. 더구나 원의 패망과 새롭게 중원의 패자로 등장하는 명나라, 고려와 조선 사이에서 의리와 현실 사이의 방황은 목은 문학을 형성하는 데 큰 요인으로 작용하였음은 자명한 일이다. 따라서 고려 후기 문단의 특징을 밝히고, 목은의 삶에 따라 그의 시를 살펴보면서 시기별로 변화되는 사유의 양상을 살펴보는 작업은 큰 의의가 있을 것으로 생각된다.

목은의 漢詩는 사상적으로 성리학적 사유를 토대로 하고 있으며, 사회적으로 元·明과 高麗·朝鮮이 교체되는 한가운데에 자리하고 있었기 때문에 다양한 갈등과 변화를 담고 있다. 또한 중국에 체류하면서 익힌 학문도 그의 시문학이 가지는 특징에 큰 영향을 미쳤을 것임은 분명하다. 따라서 이러한 사유의 변화와 갈등 양상이 시에서 어떻게 형상화되었는가의 문제는 목은 시문학을 이해하는 데 중요한 목표가 된다. 특히 목은은 원과 명의 교체기를 살면서 젊은 시기에는 원에서 수학하고 관직생활을 하였으며, 중·노년기에는 元의 패망을 목도하고 明의 건국을 접하였기 때문에 이 두 시기의 문학을 나누어 살펴본다면 서로 분별되는 시의 양상을 고찰할 수 있을 것으로 생각된다.

또한 동방의 古文을 창도하였다는 익재 이제현의 문인으로 元의 국자감에 입학하여 수학하면서 성리학의 연원을 직접 체험할 수 있었던 목은은 항상 고문을 염두에 두고 있으면서 性理의 書를 읽고 그 의미를 궁구하며, 고려에 성리의 학설을 근착시키는 데 온 힘을 기울였다. 따라서 그의 산문에는 송·원대 성리학자들의 산문적 관습인 注疏語錄體가 종종 등장하게 되는데, 이 때문에 조선 후기 고문가인 창강 김택영에게 비난을 받기도 하였다. 그렇다면 목은의 문장에서 보이는 고문가적인 요인은 무엇이며, 또한 注疏語錄體의 특징은 어떤 양상으로 존재하고 있는가를 확인하고 그 의의를 밝히는 작업도 빼놓을 수 없다.

본 논문은 이와 같은 문제의식 속에서 출발하여 목은의 시와 산문이 가지는 특징을 구명하고 그 의미를 밝혀보는 데 목적을 두고 있다. 이러한 작업은 고려 후기의 문학경향이 어떠한 경로를 통해 조선시대에 전해지고, 조선 초기의 문단과는 어떤 연관성을 가지고 있는지를 밝히는 바탕을 제공할 수 있을 것이다.[1)]

---

1) 본 연구의 대본은 民族文化推進會에서 標點影印한 『韓國文集叢刊』 3~5권을 사용하였다. 그 외의 판본은 '資料의 檢討'에서 밝히기로 한다. 또한 본문 내의 번역은 『국역 목은집』(민족문화추진회, 2000)와 여운필 외, 『역주 목은시고』(월인, 2000), 그리고 李鍾燦, 『韓國漢詩大觀』 9, 10, 11(이회, 2001)을 참고하였다.

2. 硏究史 檢討 및 硏究 方向

 1970년대 중반부터 시작된 목은 문학에 대한 연구는 대부분 詩에 편중되어 있는 경향이 있다. 초기의 연구 성과들은 목은 시의 총체적인 성격을 究明하고, 체계화하는 작업에는 미치지 못한 채 특정한 하나의 작품을 대상으로 하거나,[2] 성리학이나 불교적인 성향을 나타내고 있는 시들을 집중적으로 연구하고,[3] 다른 작가의 시들과 비교를 통한 연구[4] 등이 많다. 그러나 80년대에는 수편의 학위논문이 보고되며 목은의 시에 대해 좀더 심도 있는 논의가 진행되었다.[5] 하지만 이들 연구들도 목은 시 전체를 대상으로 한 것이 아니라 특정한 경향의 시나 양식을 대상으로 하고 있어 종합적인 연구가 되지 못한 한계를 지니고 있었다.[6]

 90년대는 본격적으로 목은에 대한 심도 있는 연구물이 집적된 시기로 목은 시에 대한 박사논문만 5편이 차례로 나왔다. 먼저 柳廣眞의 논문[7]은 生涯와 學風, 文學論, 詩世界로 나누어 살펴보았으며, 詩世界를 다시 抒情

---

2) 李惠求, 「牧隱先生의 驅儺行」, 『庸齋白樂濬博士還甲紀念論叢』, 1975.
3) 申斗榮, 「牧隱 佛教詩의 二元的 世界」, 『漢文學論集』 5, 檀國漢文學會, 1983.
　　李炳赫, 「李穡 詩의 性理學的 傾向에 대하여」, 『우해이병선박사화갑기념논총』, 간행위원회 1987.
4) 朴天圭, 「三隱과 麗末 漢文學」, 『東洋學』 9, 단대 동양학연구소, 1979.
　　宋政憲, 「陶淵明과 麗末三隱의 比較研究」, 『轉移와 受容』, 동방문학비교연구회, 1980.
5) 姜在哲, 「牧隱 漢詩研究-特히 四君子詩에 主眼하여」, 단대 석사논문, 1980.
　　趙容濟, 「牧隱의 漢詩 研究-特히 그의 自然觀을 中心으로」, 고대 교육대학원 석사논문, 1981.
　　郭　稹, 「牧隱 李穡의 詩에 對한 研究-特히 風俗詩를 中心으로-」, 성대 석사논문, 1982.
　　曹浩龍, 「牧隱詩研究」, 계명대 석사논문, 1986.
6) 李慧淳, 「牧隱 李穡의 題畵詩 試考」, 『韓國文化研究院論叢』 52, 梨花女大, 1987.
　　최재남, 「牧隱 李穡의 賦와 律文으로서의 賦의 樣式的 性格」, 『又海李炳銑博士華甲紀念論叢』, 간행위원회, 1987.
7) 柳廣眞, 「牧隱 李穡의 詩文學研究」, 성신여대 박사논문, 1992.

詩, 敍事詩, 交遊詩, 自然詩로 분류하여 그 특징을 밝히고 있다. 목은이 문학과 창작에 대해 가지고 있던 '道文竝重'의 본질론적 인식을 찾아내고 있는데, 이는 목은의 문학을 이해하는 데 큰 의미가 있는 연구라고 평가할 수 있다. 또한 목은의 시를 네 가지로 분류하여 특징을 설명한 부분도 한 가지 경향의 시만을 대상으로 하였던 단편적인 연구에서 벗어나 종합적으로 살펴보았다는 점에서 높이 평가할 만하다. 그러나 이 같은 단선적이고 일반적인 분류방식으로는 목은 시의 호한함과 구체적 변모 양상을 드러내기에는 한계가 있다. 이러한 아쉬움은 朴熹의 논문[8]에서도 비슷하게 나타나고 있다.

박희의 논문보다 조금 일찍 나온 여운필의 논문[9]은 이색의 사상과 시에 대한 인식을 실제 작품에서 찾아보고자 하였다. 이 논문은 다른 논문보다 실제적이고 구체적이라는 데 큰 의의가 있다. 또한 이러한 인식과 작품에서 드러난 시적 특질이 성리학적인 문학관을 견지하고 문학창작에 실천하였다는 점과 시의 내용을 매우 중시하였고 의론과 서술성을 앞세우면서도 기교에 대한 배려를 경시하지 않았다는 것을 밝혀냈다. 또한 다양성과 사회현실과 고유한 풍속의 표현에 적극적이었다는 점까지 논의를 확대함으로써 목은의 시가 한국 한시사에서 가지는 의의를 정립하였다. 이것은 목은 漢詩에 대한 연구물 중에서 가장 핵심에 접근한 것이라고 할 수 있다.

정재철의 논문[10]은 부제에서도 알 수 있는 것처럼 연구자가 꾸준하게 관심을 가지고 연구하였던 목은의 사상적인 면에 주안점을 두고 주제별로 분류하여 그 내용을 살펴보고 있다. 물론 성리학적인 기반을 중심으로 논의하고 있다. 아울러 목은 시의 풍격에도 관심을 기울이고 있다. 명실상부한 성리학자였던 목은의 문학을 바라보는 기준으로 성리학적인 思想을 가지고 그 志向을 살펴본 것은 타당한 접근이었다고 할 수 있다. 그러나 목은 문학의 분석에 있어 시의 주제에 의한 분류에 그치고 있는 아쉬움이 있다.

---

8) 朴熹, 「牧隱 李穡의 詩文學 硏究」, 세종대 박사논문, 1994.
9) 呂運弼, 「李穡의 詩文學 硏究」, 서울대 박사논문, 1993.
10) 鄭載喆, 「牧隱 李穡 詩의 硏究―그 思想的 志向의 探究」, 고대 박사논문, 1996.

또한 위 논문은 목은 시의 풍격에 대해서 雄豪, 平淡, 悽惋 등으로 나누어 살펴보고 있는데, 조선시대의 비평가들에 의해 이루어진 工緻, 閑寂, 雅健 등의 풍격을 담아내지 못한 점이 있다. 이러한 풍격비평은 河政承의 논문11)에서 보완되고 있다. 하지만 하정승의 논문은 목은에 대한 개별 논문이 아니라 고려 후기의 몇몇 문인들을 대상으로 일부 시화집에 언급된 작품만을 위주로 하고 있다.

가장 최근의 연구 성과는 柳浩珍의 논문12)이다. 이 논문은 먼저 목은의 시 중에서 도학적 성향의 시를 연구의 대상으로 삼아 그를 특징에 따라 분류하고 이를 다시 세분하여 살펴보고 있다. 목은의 시에는 도학적 성향의 시가 다수 존재하는 것이 사실이어서 나름대로 의의와 연구 가치를 인정할 수 있지만, 하나의 기준으로 전체를 대변할 만큼 목은의 시는 단조롭지 않다. 따라서 좀더 종합적이고 객관적인 연구가 되지 못한 아쉬움이 있다. 그 외 牧隱硏究會에서 나온 『牧隱 李穡의 生涯와 思想』에 수록된 林熒澤,13) 金時鄴,14) 宋載邵15)의 논문이 있다. 그중에서 임형택의 논문은 목은 문학 연구의 새로운 방향을 제시하고 있다는 점에서 큰 의의를 지닌다. 임형택은 元에서 형성된 세계문화의 일환으로 고려 후기 문인의 대표자로서 목은을 정립시키면서 그의 인식 속에 자리하고 있는 文明意識과 東人意識에 초점을 맞추어 논의하고 있다. 이것은 앞으로 고려 후기 문학의 위치를 비정하고 의미를 부여하는 데 선편을 잡았다고 하겠다.

이처럼 목은의 문학연구는 시에 집중되어 있고 상대적으로 산문에 대한 연구는 미미한 형편이다. 조선시대의 문인들이 목은의 문학을 평가함에 있어서 시보다는 문장을 우선시하였던 것을 상고해볼 때, 구체적인 목은의 문

---

11) 河政承, 「高麗後期 漢詩의 品格 硏究」, 성대 박사논문, 2000.
12) 柳浩珍, 「李穡 詩 硏究 - 道學 性向의 작품을 중심으로」, 고대 박사논문, 1999. 6.
13) 林熒澤, 「고려 말 文人知識層의 東人意識과 文明意識 - 牧隱文學의 논리와 성격에 대한 序說」, 『牧隱 李穡의 生涯와 思想』, 일조각, 1996.
14) 金時鄴, 「牧隱의 君子意識과 民生·風俗詩」, 위의 책.
15) 宋載邵, 「禑王代의 牧隱詩」, 위의 책.

학을 거론하기 위해서는 목은의 문장에 대한 논의는 필수적이라고 할 수 있다. 정정숙,[16] 李英徽,[17] 林鍾旭[18] 등의 개별 연구는 비록 '賦'와 '辭'라는 韻文文學을 연구의 대상으로 하고 있어 정통 散文文學과 구별이 있기는 하지만 산문연구에 촉매역할을 하였다고 평가된다. 이러한 점에서 볼 때, 최근 牧隱의 賦와 文에 나타난 道學思想을 밝힌 李東歡의 논문[19]은 산문연구의 선구라고 하겠다. 물론 洪性旭[20]에 의해 목은의 산문이 간헐적으로 분석되어 성리학 수용기의 산문을 특징짓는 중요한 바탕이 되기는 하였지만 본격적인 목은의 산문연구로 보기는 어렵다. 이처럼 목은의 시에 대한 연구는 主題別 分類, 思想的 側面에 대한 分析, 文學觀 및 詩認識 등 어느 정도의 성과가 이루어져 있지만 산문에 대한 연구는 아직 초기 단계라고 할 수 있다.

『牧隱藁』는 『牧隱詩藁』와 『牧隱文藁』로 구성된다.[21] 『시고』에는 총 4,344제 5,980수가 있는데,[22] 대체로 지어진 연대순으로 수록되어 있어 시기별 특징을 살펴보기에 용이하다. 『시고』 권2부터 권5까지는 21세부터 33세까지의 시이고 권6부터는 49세부터 68세까지의 시이다. 33세부터 49세까지 약 15년간의 시는 수습되지 않았다.

일반적으로 시는 작가의 성정을 표현하는 것으로 작가의 심리상태는 그의 시에 직접적인 영향을 미치게 된다. 또한 당시의 사회상과 문화 등을 충실하게 담아낼 수밖에 없다. 모든 예술작품이 그러하듯이 문학도 작가가 살아

---

16) 정정숙, 「李穡 散文의 一考察 - 「記」의 양상과 내용분석을 中心으로」, 『漢城語文學』 21, 한성대 한국어문학부, 2002.
17) 李英徽, 「牧隱 李穡의 賦 硏究」, 『한국어문학연구』 40, 한국어문학연구학회, 2003.
18) 林鍾旭, 「고려시대 辭賦의 성격 고찰 - 李奎報와 李穡, 鄭道傳의 사부를 중심으로」, 위의 책.
19) 李東歡, 「牧隱에게서의 道學思想의 文學的 闡發 - 賦와 文에서의 경우」, 『한국문학연구』 3, 고려대 민족문화연구원 한국문학연구소, 2002.
20) 洪性旭, 「性理學 受容期 散文의 硏究」, 고려대 박사논문, 1998.
21) 이하 『牧隱詩藁』는 『詩藁』, 『牧隱文藁』는 『文藁』라고 함.
22) 鄭載喆 논문의 통계를 따름.

가는 세계, 즉 인물이나 사물, 자연 등의 묘사이다. 하지만 찍어낸 듯 사실에 가깝도록 표현한다고 해서 좋은 작품은 아니다. 거기에는 작가만의 시각이 있어야 한다. 즉 작가가 삶을 살아오면서 축적해온 다양한 경험을 바탕으로 사물을 바라보고, 그 느낌을 표현한 것이라야 진정한 예술작품으로서의 가치가 생기는 것이다. 따라서 문인으로서 문학작품을 창작할 때, 당시의 사회상과 그 사회 속에서 살아오면서 숙성시킨 작가의 의식은 가장 중요한 요소로 작용한다고 할 수 있다. 그렇기 때문에 작가의 삶, 그리고 당시의 사회상을 이해하고 실제 작품을 분석하는 작업은 가장 적실하다고 하겠다.

이러한 관점에서 본 연구는 먼저 Ⅱ장에서, 목은의 삶과 문학이 출발하게 된 기반을 살펴보고자 한다. 목은이 실제로 문학활동과 아울러 정치활동을 시작하기 전까지, 바로 앞 세대들이 마련해 놓은 사회상과 문단의 흐름을 파악하고 이러한 潮流가 목은의 문학에 어떻게 영향을 미쳤으며 목은에 의해 어떻게 변화·발전되었는가를 밝히고자 한다.

Ⅲ장에서는 목은의 시에 대한 연구로, 이것은 청·장년기와 중·노년기로 양분하여 진행하고자 한다. 즉 21세부터 33세까지의 시를 청·장년기의 시로, 49세부터 68세까지의 시를 중·노년기의 시로 분류하였다. 시기별로 남아 있는 작품의 양이 큰 차이를 보이고 있어 숫자상으로 균형이 맞지 않아 보인다. 그러나 작가가 전 시기별로 골고루 작품을 창작할 수도 없으며, 작품의 多少로 高下를 평가할 수는 없다. 하나하나의 작품이 모두 커다란 의미를 가지고 있는 것이라고 하겠다.

또한 靑·壯年期와 中·老年期는 목은의 삶에 있어 확연한 구분이 있다. 앞의 시기가 수학과 정치 입문과정인 반면, 뒤의 시기는 정치적인 실의와 유배생활, 고려의 멸망 등 쇠퇴기이기 때문에 두 시기의 작시 태도와 사유방식 등의 측면에서 큰 차이를 보인다. 또한 표현방법, 제재, 내용면에 있어서도 선명한 대조를 드러낸다. 이러한 점을 고려하여 Ⅲ장에서는 시기별 작품의 內容과 思惟의 변화를 살펴보고 목은 시의 총체적인 특징을 밝혀보기로 한다.

Ⅳ장은 산문연구이다. 목은의 산문은 아직 본격적인 연구가 시작되지 않았기 때문에 먼저 산문에 대한 목은의 認識과 작법상의 특징을 살펴보겠다. 다음으로는 목은 산문연구의 본령이라고 할 수 있는 고문론과 주소어록체를 실제 작품을 통해 구명한다. 고려의 古文倡導는 목은의 좌주인 익재에 의해 이루어져 산문 창작의 중요한 이론적 근거를 제시하였다. 익재의 문생인 목은은 시뿐만 아니라 산문에 있어서도 익재의 영향을 많이 받았으며, 산문 창작에 있어서 항상 古文論에 입각하여 창작하였다. 그러나 성리학의 수용과 함께 논의되었던 道學文學觀에 의한 창작론은 고문론에서의 그것과 큰 차이가 없기 때문에 고문론의 한 부분으로 축소하여 다루기로 한다.

목은 산문에 있어 다른 한 가지 중요한 논의 대상은 바로 주소어록체에 관한 것이다. 창강 김택영은 삼한의 우수한 문장을 뽑아 『麗韓十家文鈔』를 만들면서 목은을 제외시키고 있는데, 그 이유가 바로 목은의 문장에는 註疏語錄體의 기습이 있기 때문이라고 하였다. 또한 이러한 기습은 조선 초기에까지 이어졌다고 하였다. 그렇다면 참된 고문을 짓는 것을 목표로 삼았던 목은의 산문 중에 과연 어떠한 점이 주소체이고 어떠한 것이 어록체인가를 알아보고, 그 빈도는 얼마나 되는가를 살펴보기로 한다. 그리고 그러한 기습이 어떻게 목은의 산문에 나타나게 되었는가도 究明하기로 한다.

마지막으로 목은의 시와 산문에 대한 분석을 바탕으로 목은 문학의 의의를 정의하고 후대 문학에 끼친 영향을 살펴본다. 흔히 목은을 고려 문학의 집대성자요, 조선 문학의 개창자로 평가한다. 그만큼 조선시대의 문학과 목은 문학은 긴밀한 관련을 가지고 있다는 것이다. 실제로 조선 초기의 대부분의 문인들이 목은의 문생이거나 목은이 성균관에서 性理의 학문을 敎授할 때 그에게 訓導를 받은 사람들이다. 따라서 조선 초기 문학의 양대 주류였던 館閣文人뿐 아니라 士林의 文人들도 목은과 깊은 관련을 가지고 있다. 이 점에 유의하여 목은의 학맥을 재구해보고 학문이 流轉된 상황을 밝혀서 한국 한문학사에서 목은 문학이 가지는 위상을 새롭게 정립하고자 한다.

3. 資料의 檢討

1) 初刊本『牧隱集』

목은의 시문집은 우선 그 양적인 면에서 55권 24책이라는 거질이다. 이는 자료의 부족으로 연구의 어려움을 겪고 있는 고려시대 문학연구에 큰 도움을 주고 있지만 또 한편으로는 너무나 방대한 분량으로 인해 연구의 어려움을 주고 있다. 이것이 목은에 대한 연구가 다른 문인들에 비하여 다소 미진한 부분이 많이 남아 있게 되는 원인이기도 하다.

목은의 문집인『목은집』은 조선 태종 때에 처음으로 간행되었다.

> 하루는 막내아들인 사헌부 집의 이종선이 와서 내게 말하기를 "선군의 유고를 목판에 새기는 일이 거의 끝나게 되었으니, 그대가 서문을 써주기를 청한다." 하므로, 내가 말하기를, "나는 공의 문객으로 공의 알아줌을 입었지만 학술이 성글고 거칠어 돌아보건대 은혜를 갚을 길이 없거늘 하물며 감히 부족함을 무릅쓰고 그 문집에 서문을 쓰겠는가?" 하였다.23)

이처럼 목은집의 초판간행은 막내아들인 李鍾善에 의해 간행되었으며, 목은의 문인인 권근, 하륜, 이첨 등이 서문을 썼다. 그중에서 權近이 쓴「恩門牧隱先生文集序」에 '永樂二年秋七月日 門人 …… 吉昌君權近序'라는 기록을 볼 때 1404년에 간행되었음을 알 수 있다. 永樂은 明나라 成祖의 연호로 조선 太宗 4년 甲申年이다. 이해는 목은이 죽은 지 8년 후이다.

그러나『태조실록』의 태조 5년 5월 7일자(1396년) 목은의 졸기를 보면,

---

23) 李詹,「牧隱先生文集序」,『雙梅堂集』, "一日, 季男司憲執義種善, 來謁余曰 先君遺藁板刊, 垂欲告成, 請吾子序之. 余曰 余公之客也, 辱公之知, 學術疎荒, 顧無以報效, 況敢冒眛而序其文乎."

'문집 55권이 세상에 전한다.'[24]라고 되어 있어 이미 목은 생전에 그의 문집이 세상에 유통되었을 가능성을 시사해주고 있다. 또한 태종 원년(1401년) 명나라의 사신으로 왔던 章謹이 목은의 문집을 청하니 판문하부사 趙浚이 '온전한 本이 없다.'고 대답하였다는 실록의 기록[25]을 보면 목은의 문집을 세간에서 볼 수 있었던 것으로 생각된다. 그러나 이것이 판본으로 간행되어 유포된 것인지, 아니면 단지 草稿本인지는 알 수가 없다.[26]

그런데 목은집과 관련하여 성현의 『용재총화』에 다음과 같은 기사가 있어 이 시기에 구할 수 있는 것이 초고본이었음을 말해주고 있다.

사문 설장수는 원나라 사람이다. ……또한 시문에 능하여 운재집이 있어 세상에 전해지고 있다. 손수 목은집을 썼는데 그 필법이 굳세어서 규범이 있다.[27]

偰長壽는 元末에 우리나라로 歸化한 偰遜의 아들로 字는 天民, 號는 芸齋, 本貫은 慶州이며, 諡號는 文良이다. 설장수는 공민왕 11년(1362) 右侍中이었던 洪彦博이 知貢擧로, 知都僉議로 있던 柳淑이 同知貢擧로 장시한 과거에 급제를 하였는데, 이때 함께 급제한 同年으로는 李崇仁, 朴宜中, 鄭道傳 등이 있었다. 설장수가 목은에게 나아가 학문을 익혔다는 기록은 없지만, 당시의 문인들 중에서 목은에게서 수학하지 않은 사람이 없을 정도였으니 설장수도 함께 급제한 동년들과 같이 목은에게서 학문을 익혔을 것으로 보인다. 특히 조선이 건국된 후 당을 만들어 난을 획책하였다는 탄핵을 받아 이색과 우현보, 정몽주 등과 함께 유배를 당했던 것[28]을 볼 때, 목은

---

24) "有集五十五卷行于世."
25) 『太宗實錄』 元年 六月 丙子, "章謹請牧隱李穡文集, 浚以無全本答之."
26) 李德懋, 『靑莊館全書』 卷57, 「盎葉記」 4, 〈生時刊行文集〉에서도 『지봉유설』의 기사를 원용하여 생시에 문집을 간행한 이로 李奎報와 徐居正, 姜希孟을 들고 있다. 그리고 羅興儒가 목은에게 자신의 문집 서문을 촉탁하는 일화를 소개하고 있다.
27) 成俔, 『慵齋叢話』 卷10, "偰斯文長壽, 大元人也. ……亦能詩文, 有芸齋集行于世. 手書牧隱集, 其筆法遒勁有範."
28) 『太祖實錄』 元年 7月 己酉.

과 정치적 행보를 같이 하였던 것으로 보인다. 그러나 1396년 목은이 죽고 얼마 지나지 않은 8월 判三司事로 조선의 조정에 출사하여 순탄한 宦路를 선택하게 되는데, 이러한 설장수의 행보가 목은과도 밀접한 연관을 지닌 것으로 추측해 볼 수 있다.

위에서 成俔의 언급에서 보이는 것처럼 설장수(1341~1399)는 목은집의 초고를 쓴 것은 분명하다. 그러나 55권이나 되는 목은집의 분량을 고려해 볼 때『목은집』을 간행하기 위한 대본으로 초고를 정서하였는지 아니면 부분만을 필사한 것인지는 확실하지 않다.

이 초고본에 대해서는『태종실록』의 기록을 참고해 볼 수 있다. 태종 때 호조참의로 있던 목은의 아들 이종선이 중국의 문인 진연에게 목은의 비명을 부탁하였다고 하는데, 이 진연이 쓴 목은의 碑銘에 조선건국과 관련된 내용이 문제가 되어 동래로 귀양을 갔다는 기록이 있다. 이 사건은 어떻게 국내사정을 잘 알지도 못하는 중국의 문인이 이와 같이 자세하게 비명을 쓸 수가 있었는가 하는 것이 문제였다. 이처럼 자세히 쓸 수 있었던 것은 권근이 썼던 목은의 행장을 당시 사신으로 왔던 축맹헌에게 주어 은밀히 부탁하였다는 것이다.

> "임오년에 축맹헌이 왔을 때, 대언 유기가 축맹헌과 사이가 좋았으니, 유기는 바로 이색의 아들 이종덕의 사위입니다. 아마도 유기가 필시 그 행장을 주어 제작해주기를 청했을 것입니다." 하니, 임금이 말하기를, "나는 그때 축맹헌이 이색의 초고만 구한 것을 알 뿐이지 이색의 행장을 얻어간 것은 알지 못하였다." 하였다. ……29)

임오년은 태종 2년 1402년으로 이때 축맹헌이 목은의 문집을 구해 중국으로 돌아갔음을 확인 할 수 있는데, 이것은 1404년 목은집이 간행되기 전에 이미 초고본으로 구해 볼 수 있었음을 알 수 있다. 당시 유전된 초고본

---

29)『太宗實錄』11年 6月, "歲壬午 孟獻之來也, 代言柳沂與孟獻善. 沂乃穡子種德之女壻, 沂 必授行狀請製. 上曰 予知其時 孟獻求穡之草藁而已, 未知得穡之行狀."

이 1404년 이종선에 의하여 목판으로 간행된 초간본의 저본이 되었을 것으로 생각된다.

1404년 간행된 문집은 모두 55권으로 詩藁가 35卷, 文藁가 20卷이었다. 그런데 『東文選』에 실려 있는 李詹의 「牧隱先生文集序」에서 '蔚爲大家 有詩若文 七十卷 郁乎富哉'라고 하여 70권으로 간행되었다고 되어 있어 논란의 소지가 있다. 그러나 현전하는 목은집에 부기된 이첨의 동일한 서문에서는 '蔚爲大家 有詩若文 五十五卷 郁乎富哉'라고 되어 있어 차이를 보이고 있다. 이에 대해서 이석구[30]는 1404년 처음 간행될 당시에는 70권으로 간행되었다가 태종 17년 陰陽讖緯書를 금지하는 명이 있어 목은집도 거두어들이게 되었는데 이때 15권이 소실되어 그 뒤로 간행될 때는 55권이 正本으로 간행되었다고 주장하기도 하였다. 그러나 이것은 『목은문고』 권15만을 지칭한 것을 가지고 15권으로 확대 해석한 결과이다.

> 영락 정유년에 書雲觀에 소장되어 있는 참서를 소각시키도록 명하고, 또한 경사와 지방에 개인적으로 소장하고 있는 요탄한 책들도 기일을 정하여 스스로 관에 바치게 하여 불살라 버리도록 하였으니, 이를 어긴 자는 누구라도 고하게 하고 요서를 조작하는 율법에 의거하여 벌을 주도록 하였다. 이색의 문집 제15권도 또한 기일을 정하여 바치도록 하였다.[31]

이정형의 위 언급을 통해보면 목은의 문집 제15권이 妖誕한 책으로 지목되었음을 알 수 있다. 그러나 목은집 권15는 碑銘을 수록하고 있어 위에서 말하는 내용에는 저촉될 것이 없다. 다만 있다면, 다음 두 개의 墓誌銘이 문제가 된 것으로 보인다.

---

30) 李瀷求, 「『牧隱集』解說」, 『國譯 稼亭集·牧隱集』, 韓山李氏大宗會編, 1980.
31) 李廷馨, 『東閣雜記』卷上. "永樂丁酉, 命燒書雲觀所藏讖書, 仍令京外私藏妖誕之書者, 定期日自納官燒火, 違者許人陳告, 依造妖書之律罪之. 李穡文集第十五卷, 亦令定日推納."

○ 高麗國贈純誠勁節同德輔祚翊贊功臣壁上三韓三重大光門下侍中判典理司事完
　　山府院君朔方道萬戶兼兵馬使榮祿大夫判將作監事李公神道碑銘 幷書
○ 全州李氏移居朔方以來墳墓記[32]

　앞의 것은 태조 이성계의 아버지이며, 조선 건국후 桓祖로 追封된 李子
春의 神道碑銘이고 뒤의 것은 삭방도로 이거한 이태조의 5대조 이래 선조
들의 분묘위치를 서술해 놓은 분묘기이다. 이 두 개의 글은 모두 이성계의
부탁을 받고 지은 것으로 내용상 요탄한 내용이 들어 있는 것은 아니다. 단
지 조선이 건국되고 이성계의 5대 선조들이 왕으로 추봉되면서 생기는 호칭
이 문제가 된 것으로 생각된다. 더구나 『태종실록』의 1417년 11월 기사에
아래 내용이 보인다.

　　신미일, 문정공 이색이 지은 定陵의 신도비문을 거두어들이라고 지시하였다. 예
　조에 지시하기를 "이색이 지은 함흥부 定陵의 비문 인쇄본을 가지고 있는 모든 사
　람들에 대하여 서울이나 지방에서 자세히 알아보고 찾아서 바치라."고 하였다.[33]

　위의 기록에서 문제가 되고 있는 정릉은 바로 조선의 건국과 함께 환조
로 추봉된 이자춘의 능호이다. 또한 이 신도비문이 목은집의 권15에 수록되
어 있는 것이다. 이렇게 볼 때 이정형이 언급한 내용은 음양참위서로 인한
것이 아니고 단지 권15에 수록된 이자춘의 묘지로 인한 것을 뒤에 혼동하
여 기록한 것으로 볼 수 있다.
　따라서 목은집은 70권으로 간행된 것이 아니라 『시고』 35권과 『문고』
20권, 총 55권으로 간행되었다. 이것은 후대 간행되는 『목은시문고』가 글
자의 교정과 누락된 곳을 보충하여 총 55권으로 간행된 것을 보아도 알 수
있다.

---

32) 『文藁』 卷15.
33) 『太宗實錄』 17年 11月 辛未, "辛未命收文靖公李穡所製, 定陵神道碑文. 下肯禮
　　曹曰大小員人, 印出李穡所製, 咸興府定陵碑文, 家藏者, 京外備細訪問求得以進."

2)『牧隱詩精選』과『牧隱文藁』

　초간본 이후의 목은문집의 간행은 시고와 문고가 분리되어 간행되었다. 이것은 목은의 시문이 너무나 방대하기 때문에 한번에 간행하기 어려웠던 이유 때문으로 생각된다. 목은의 시는『목은시정선』이라는 제목으로 목은의 손자인 李季甸에 의해 12권으로 분류·선발되고, 증손인 李封에 의해 간행되었다. 이『목은시정선』에는 오언·칠언의 고시 및 율시와 절구가 분류·선발되었는데, 수록된 시의 양은 2,200여 수에 달하였다.[34] 이 정선본에는 서거정의 서문이 달려 있어 간행의 경위를 살필 수 있다.

> 　先生의 遺稿가 모두 약간 권인데 長孫인 文烈公 李季甸이 오언·칠언의 古律詩를 채집하고 갈래를 나누어 분류하여 모아『精選』6卷을 만들었더니 曾孫인 府尹 李封이 장차 판목에 새기려 하면서 나에게 서문을 부탁하였다.[35]

　이『목은시정선』은 전체 12권 6책으로 편차되어 오언절구, 오언율시, 오언고시, 칠언절구, 칠언율시, 칠언고시의 순으로 배열되어 있으며, 卷一 맨처음에 수록된 것은 〈韓山八詠〉이다. "우리 가문 한산은 비록 소읍이지만 우리 父子가 중국의 과거에 급제하여 천하 사람이 모두 동국에 한산이 있음을 알게 하였다. 그런즉 그 뛰어난 경치를 노래로 싣지 않을 수 없으니, 이런 까닭에 여덟 경치를 읊는다."[36]는 小序에서 나타난 것처럼 한산에 대한 가정·목은 부자의 자부심과 함께 選詩를 한 이계전의 자부심도 알 수 있다.

　장서각에는『목은시정선』의 잔권이 전하고 있다. 전체 12권 6책 중에서 권1～권2가 수록된 제1책과 권8～권9가 수록된 제4책의 2책만이 전하며,

---

34) 呂運弼,『李穡의 詩文學 研究』, 太學社, 1995, 15쪽.
35) 徐居正,「牧隱詩精選序」, "先生遺稿, 總若干卷, 家孫文烈公諱季甸, 採五七言古律詩, 分門類聚, 爲精選六卷, 曾孫府尹諱封, 將繡于梓, 屬居正序."
36)『詩藁』卷3, 〈吾家韓山雖小邑, 以予父子登科中國, 天下皆知東國之有韓山也. 則其勝覽不可不播之歌章, 故作八詠云.〉

2·3·5·6책은 일실되었다. 표제는 '목은시선'이고 권수제는 '목은시정선'이며, 판심제는 '牧隱'이다. 9행 20자이다. 이 『목은시정선』의 완질본은 국립중앙도서관 등에 소장되어 있다.

『牧隱文藁』는 1583년(宣祖 16년) 충청도관찰사로 있던 7대손 李增에의해 洪州牧使인 崔興源의 도움을 받아 18권으로 간행되었다. 그런데 여기에서 주목할 것은 『牧隱集』에서 『文藁』는 전체 20권으로 되어 있는데, 당시 18권으로 간행하였다는 점이다.

> 文烈公 李季甸이 시를 정선하고 判書公 李增이 문을 改刊하였다. …… 처음에는 抄刊本을 가지고 간행하려 하였으나 당시에 문집과 시집이 문인 몇 사람의 손으로 만들어졌으니, 그 취사하는 데 반드시 의도하는 바가 있어서였을 것이다.[37]

위의 기록은 1626년(인조 4년) 10대손 李德洙가 목은시고와 목은문고를 합쳐서 목은시문고를 편찬하면서 쓴 발문이다. 여기에서 이덕수의 언급을 보면, 이증이 편찬한 목은문고도 목은시정선과 같이 初刊本의 체계와 같이 간행한 것이 아니라 일부를 빼버리고 선별 간행한 것으로 나타나 있다.

3) 『牧隱詩文藁』

이계전과 이증에 의해 『목은시정선』과 『목은문고』가 간행되었지만, 그 뒤 임진왜란이 일어나 대부분의 문적들이 소실되어 찾아보기 어렵게 되자 다시 10대손인 李德洙가 1626년 시고와 문고를 합쳐서 총 55권으로 순천에서 목판으로 간행하였다. 이 간본이 현재 널리 볼 수 있는 판본이다. 이덕수는

---

37) 李德洙, 「跋文」, 『牧隱集』附錄, "文烈公諱季甸精選詩, 判書公諱增改刊文 合而然矣. …… 欲因其抄開刊, 而顧念當時文詩之集, 出於門人數子, 則取舍之際, 意必有在."

그의 발문에서 선조인 목은의 문집이 병란을 겪으면서 찾아보기 힘들어 장차 없어져 버릴 것을 염려하여 다시 간행하게 되었다고 하였다.

내가 이를 중간하고자 하는 뜻을 가진 지 이미 오래되었지만, 10년 동안 귀양살이를 하느라고 어찌할 방법이 없었다. 다행히도 성군의 시대를 만나, 강남으로 와서 수령살이를 하게 되어 모든 재료를 수집해서 오래 바라던 소망을 이루기에 족하게 되었다. 이에 여러 사람이 소유한 것을 널리 구해서 그 없어진 것을 살펴보았다.[38]

또한 예전에 간행된 문집들은 그 글씨가 작고 글자간의 사이도 조밀하여서 읽는 사람들이 괴롭게 생각을 한다고 하면서 새롭게 간행하는 문집에서는 이를 바로잡았으며, 교감도 함께 보았다고 하였다.

舊本은 글씨 획이 매우 가늘고 조밀했기 때문에 전후에 가려 뽑아 간행하는 이들은 모두 큰 글자를 썼다. 보는 사람들이 괴롭게 여겼기 때문이다. …… 그리고 또 그 글자와 행의 간편함에 힘쓴 것이 어찌 우연한 일이겠는가? 이제 豚兒가 오류를 바로잡아 다시 베껴 쓸 때에 특별히, 그 글씨 획을 좀 크게 하였으나 행간의 글자 수는 모두 옛 규모를 따르게 했기 때문에 오늘날 忌諱에 속하는 것은 고치지 못했다. 글자의 잘못된 것, 즉 '尹'을 '君'으로 하고, '韓'을 '翰'으로 한 것 같은 것과, 또 마땅히 있어야 할 것이 빠지고 없을 것이 넣어져 있는 것은 고치지 않을 수 없었다. 그밖에도 의심나는 것이 간혹 있지만 못난 자손의 얕은 학문으로 헤아릴 수 없는 것이기 때문에, 그대로 남겨두어 후일의 식견이 높은 자를 기다린다.
그리고 選詩의 序文과 書院의 記文은 중간본의 끝에 두는 것이 옳지 못하지만, 행여 민몰되어 후세에 전하지 못할까 염려되었기 때문에 모두 후미에 부록하였다.
천계 6년 8월 일 10대손 통훈대부 행순천현감 겸춘추관기사관 덕수는 삼가 기록한다.[39]

---

38) 李德洙, 「牧隱集跋」, "余有志重刊, 日月多而十年謫斥, 無可奈何. 幸逢聖世, 來守江南, 拮据材料, 足償宿願. 於是遍求諸有, 閱其散秩."

이처럼 이덕수는 목은의 문집을 다시 간행하려는 계획을 오래 전부터 가지고 있었으나 여러 가지 사정에 의해 이루지 못하다가 物産이 풍부한 순천의 현감이 되면서 이를 실행하게 되었다고 하였다. 처음 목은의 문집을 간행하려고 할 때는 『목은시정선』과 『목은문고』만을 묶어 간행하려 하였는데, 그렇게 되면 후대에 온전한 『목은시문집』이 전해지지 않을까 염려하여 처음 간행되었던 『목은시고』 35권과 『목은문고』 20권을 수습하여 합본으로 간행하였던 것이다.

이 『목은시문고』는 여러 간본을 수습하여 이덕수의 아들이 정서한 것을 저본으로 하였다. 또한 이전의 간본들이 글자가 작고 행간이 조밀해 읽기가 어려웠기 때문에, 初刊本 이후 시정선과 문고를 간행할 때 범한 오류를 바로잡았다. 한편 서거정이 쓴 「목은시정선서」와 이항복이 쓴 「문헌서원기」[40]가 부록으로 실려 있다.

4) 『牧隱先生年譜』

목은집과 관련하여 『목은선생연보』가 1766년경 후손인 小山 李光靖(1714~1789)에 의하여 편집되고 목은의 17대손 李承學이 이를 간행하여 현재까지 전하고 있다. 이광정은 서문에서 목은집에 부기되어 있는 목은 선생의 연보는 누구의 기록인지 알지 못하고, 또한 상당히 소략한 것을 안타

---

39) 같은 곳, "舊本字劃頗纖密, 故前後抄而刊出者, 皆用大字, 以其觀者病之故也. …… 而其字行之簡便爲務者, 亦豈偶然. 今者豚兒繕寫之時, 特使之稍大其劃, 而行間字數, 悉遵舊規, 故當今所諱處, 亦不改之耳. 至於字之訛誤, 如以尹爲君, 以韓爲翰, 宜有而闕, 似無而添者, 則不得不修改. 其他可疑處, 間或有之, 而非裔末淺學, 所可擬議, 故仍存之以待後之具眼者. 且選詩之序, 書院之記, 不當置於重刊之末, 而慮或湮沒而無傳焉. 故並附于後. 時天啓六年八月日 十代孫 通訓大夫行順天縣監兼春秋館記事官 德洙謹跋."

40) 문헌서원은 충청남도 서천군 기산면 영모리에 있는 서원으로, 1594년(선조 27)에 지방유림의 공의로 목은의 아버지 稼亭 李穀과 牧隱 李穡의 학문과 덕행을 추모하기 위해 창건한 것이다. 임진왜란 때 소실되었다가 1610년(광해군 2) 한산 고촌으로 이건, 복원하여 1611년에 '文獻'이라는 사액을 받은 서원이다.

까워하여 그간 간행되었던 여러 문인들의 기록과 역사서 등을 참고하여 상
세하게 재편찬하였다고 하였다. 다음은 이광정의 서문이다.

> 문집 중에 있는 연보는 누가 지은 것인지 알지 못한다. 다만 생졸년과 관직
> 을 옮기신 것만을 기록하였을 뿐이고, 선생께서 평소 거처하시고 생활하시던
> 모습과 끝까지 지키시던 절개에 있어서는 모두 빠져 있다. 행장과 비명이 陽村
> 과 浩亭에게서 나왔지만 당시 혁명의 때를 당하여선 대개 두려워하고 삼가여
> 감히 모두 기록하지 못한 것이 많았다. 이로써 후세에 옛일을 논하는 선비들이
> 그의 언행의 자세함과 출처의 절개를 상고할 수 없게 되었다. …… 이에 옛 연
> 보와 유집, 고려사 본전 등에 의거하고, 후세의 논의들을 참고하여 연보 1편을
> 저술하였으니, 후세의 군자를 기다린다. 그러나 지금은 선생께서 살아계시던
> 때와 370년의 시간이 지났으니, 견문이 이어지지 않고 문적도 많이 일실되어
> 이른바 백에 한둘만을 보존한 것이니 또한 어찌 거듭 한스럽지 않겠는가? 후
> 손 광정이 삼가 서한다.41)

그는 목은집 부록으로 붙어 있는 구본의 연보는 고려 후기의 일반적인 형
태인 標譜로 아들 李鍾善이 초간하였으나42) 너무 소략하여 단지 생년과 몰
년, 그리고 관직을 이동하였던 대개만을 기록하고 있다. 그리고 연보의 저본
이 되었던 목은의 행장과 신도비명은 陽村 權近과 浩亭 河崙에 의해 찬술되
었지만, 당시는 조선건국 초기였기 때문에 모든 사실을 그대로 적지 못하였
다. 때문에 이광정은 목은의 행적과 절의를 모두 밝히지 못하였음을 한하여
고려사와 이후 문인들이 의론을 종합하여 2권 1책으로 간행한 것이다.

이 책의 편찬 시기는 이광정의 서문에서 목은 선생이 돌아간 후 370년이

---

41) 李光靖, 「牧隱先生年譜序」, 『牧隱先生年譜』, "集中年譜不知誰所著也. 只書生卒
遷除而已. 於先生平居日用 始終大節 並闕之. 行狀碑銘, 出於陽村浩亭 時當革命
之際 率多低回畏愼而不敢盡書. 以是後世尙論之士 無以以考其言行之詳, 出處之
節 …… 玆据舊譜遺集麗史本傳, 參以後來論議, 著爲年譜一編, 以竢後之君子. 然
今距先生之世, 三百七十年, 見聞不接, 文籍多逸, 所謂存十一於千百, 又豈不重可
恨也歟. 後孫光靖謹序."
42) 李鍾默, 「韓國 文人 年譜 硏究」, 『藏書閣』 5, 한국정신문화연구원, 2001, 194쪽.

라고 하였고, 부록에서 목은에 대해 언급한 선인들의 글을 열거한 후 마지막 부분에 이광정 자신의 감회를 "上之四十年甲申秋八月日後孫光靖謹書"라고 기록한 것으로 보아 1764년(영조41) 8월이다. 그러나 이광정의 생전에 간행되지는 않았던 것으로 보인다. 즉, "이제 그(이광정 – 필자 주)의 종증손 李承學이 小山公의 뜻을 좇아 오래된 상자에서 그것을 꺼내어 목판에 새겨 널리 유포한다.[43]"는 李承五의 발문으로 볼 때 이광정 사후 100여 년 후인 약 1800년대 중반에 간행되었다.

2권1책 분량의 목판본으로 표제와 내제, 판심제는 모두 '牧隱先生年譜'이고, 반곽은 20.8×15.7㎝로 10행 20자이다. 책의 크기는 30.3×21.4㎝이며, 총 63판이다. 이 책은 卷1이 年譜이고, 卷2는 다시 附錄, 祀享錄, 追錄으로 나뉘어 실려 있다.

이처럼 이광정의 『목은선생년보』는 조선시대의 문적 중에서 목은과 관련된 기사를 모두 뽑아 수록하고 있어 목은 연구에 있어 중요한 자료가 되고 있다. 이 중에서 부록에 실려 있는 내용을 주목할 필요가 있다. 고려시대의 문인들로는 耘谷 元天錫, 圃隱 鄭夢周, 圓齋 鄭樞, 陶隱 李崇仁, 廉興邦 등이 보이는데 이들이 목은에게 올린 詩와 次韻詩를 싣고 있다. 조선시대 문인로는 退溪 李滉, 寒岡 鄭逑, 雙梅堂 李詹, 重峯 趙憲, 鳴皐 任錪, 四佳 徐居正, 蛟山 許筠, 澤堂 李植, 象村 申欽, 月汀 尹根壽, 河潭 金時讓, 木齋 洪汝河 등의 글을 인용하여 수록하고 있다.

이상에서 열거한 문헌을 시기별로 간단히 보이면 다음과 같다.

---

43) 李承五, 「牧隱先生年譜跋」, "今其從曾孫承學, 追小山公志, 發諸巾衍之舊, 登梓而廣布."

간행년도	간행자	내 용	판 본	소 장 처
1396年頃	偰長壽	牧隱集 55卷	草藁本	전하지 않음
1404年	李種善	牧隱集 55卷	木板本	전하지 않음
成宗年間	李季甸 編 李 封 刊	詩精選 6卷	木板本	藏書閣, 奎章閣 등
1583年	李 增	文 藁 18卷	木板本	高大 晩松文庫, 誠菴古書博物館 등
1626年	李德洙	牧隱詩文藁 55卷	木板本	藏書閣, 國立中央圖書館, 奎章閣 등
1686年	未 詳	牧隱詩文藁 55卷	活字本	大邱에서 刊行
1850年頃	李光靖 編 李承學 刊	牧隱先生年譜 2卷	木板本	藏書閣

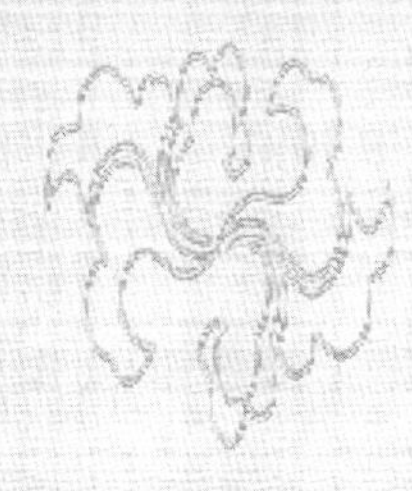

Ⅱ 高麗末 元文化의 受容과 文人意識

1. 元文化의 受容과 影響

　고려가 40여 년 동안의 對蒙抗爭을 그치고 開京으로 還都한 것은 1270년 5월의 일이다. 고려의 조정이 강화도로 옮겨있는 동안 내륙의 상황은 최악이었다. 고려의 행정력이 미치지 못하였기 때문에 백성들은 몽고군의 침탈을 그대로 감내해야만 하였다. 수많은 문화재가 소실되었으며, 수많은 사람들이 목숨을 잃거나 유린을 당하고 포로가 되었다. 이와 같은 상황하에서 백성들이 정상적인 경제생활을 유지하기란 기대할 수 없었으며, 시간이 지나면 지날수록 그 정도만 더해갈 뿐이었다.

　고려를 개국한 太祖이래 스물네 번째로 왕위에 오른 元宗은 武臣의 亂을 계기로 무단정치를 자행해오던 무신들의 강력한 반발을 물리치고 친히 세자인 諶과 원나라에 들어가 元 世祖와 대면하고 고려를 駙馬國으로 대우할 것을 약속받았다. 그 후 원종 11년 5월에 강화도에서 다시 개경으로 환도하게 된다. 그러나 개경으로의 환도를 반대하는 세력이 다수 존재하였는데, 이들은 바로 이른바 三別抄라고 불리는 무신들이다.

　4년 뒤인 1274년 元宗은 다시 元世祖에게 원의 공주를 下嫁시켜줄 것을 청하여 5월 丙戌日에 세자인 諶이 원 세조의 딸인 忽都魯揭里迷失을 맞이하였다. 이들이 후일 忠烈王과 齊國大長公主이다. 이처럼 원나라 황실의 공주를 고려의 세자에게 下嫁시킨 것은 특별한 일이었으며, 그만큼 원에 있어서 고려국의 위상이 남달랐다고 볼 수 있다. 그렇지만 한편으로는 이로부터 원나라의 고려국에 대한 간섭이 본격화되었다고 하겠다.

이렇게 시작된 元 干涉期는 원이 明나라에게 멸망한 1367년(공민왕16)까지 대략 100년 정도의 기간 동안 지속되었다. 이 기간 동안의 고려는 정치·경제·사회·문화 등 모든 방면에 있어 원과 밀접한 관계를 가질 수밖에 없었다. 특히 원문화와 고려문화와의 연관성은 주목할 만한 의미를 지니고 있다. 중국문화의 영향은 항상 큰 비중을 차지하고 있었지만 이 시기는 원과의 국경이 존재하지 않았다고 이를 수 있을 만큼 양국의 관계는 특별하였다. 더구나 고려의 세자는 서너 살이 되면 元都로 건너가 그곳에서 성장하였기 때문에 원의 문화가 고려로 전파되는 데 주도적 역할을 담당하기도 하였다.

고려 후기의 문학은 원나라와의 관계를 제외하고는 논의할 수 없을 정도로 깊은 관련을 가지고 있다. 따라서 고려와 원과의 문화적 혹은 문학적인 교류와 영향관계를 밝히는 것이 가장 중요한 관건이다. 그렇다면 이 시기에 대한 정확한 인식과 용어에 대한 정의가 선행되어야 할 것이다. 이제까지 '원 간섭기'를 정확하게 구분하여 사용한 예는 없다. 단지 막연하게 몽고와의 전쟁이 시작된 시기부터 공민왕이 즉위하게 된 시기, 혹은 원이 명에게 멸망한 시기 때까지를 의식하고 있을 따름이다. 용어에 있어서도 비슷한 처지이다. 문학사에서는 흔히 이 시기를 '元 服屬期'라는 용어로 표현한다. 그러나 '服屬'이라는 용어는 어감상 좋지 않을 뿐만 아니라, 사실상 고려가 원에 대해 '복종하여 붙좇았다'는 설정은 재고해 볼 필요가 있다. 고려는 군사적인 열세에 의해 원나라의 부마국이 되었지만 항상 자주적인 면모를 보여왔다. 비록 원의 황제에 의해 왕위를 인정받고 세자는 원의 수도에서 자라야 했지만, 다른 점령지가 원제국의 일개 성으로 편입되는 것과는 달리 고려는 독자적으로 존립할 수 있어, 우리 고유의 언어와 풍속을 유지할 수 있었다. 다만 정치적으로 왕권이 독립적이지 못하고 원에서 파견된 관리에 의해 간섭받았다는 점이 특징적인 것이다. 따라서 고려와 원나라 사이에 부마국이라는 특별한 관계로 맺어진 시기를 원나라에 의해 정치적으로 간섭을 받았던 시기라는 뜻의 '원 간섭기'라는 용어로 표현하는 것이 적당하다. 이미 역사학계에서는 이 용어의 사용이 보편화되어 있다.

그렇다면 원 간섭기의 출발선을 언제로 하고 하한선을 어디로 하는가 하는 문제가 제기된다. 원 간섭기는 바로 고려의 국왕이 예외 없이 원 황실의 부마의 위치에 있었다는 공통점이 있다. 따라서 고려 원종의 세자였던 諶이 원 세조의 공주와 혼인을 하였던 1274년부터 잡는 것이 타당하겠다. 이때가 5월의 일이고, 6월에 원종이 죽고 세자 심이 충렬왕으로 즉위하게 되니 별로 무리는 없다. 그러면 마지막 시기는 원이 명에 의해 멸망당한 공민왕 16년(1367)까지가 된다. 즉 원 간섭기는 1274년부터 1367년까지의 93년 간으로 정할 수 있다.

이 시기 원으로부터 고려로 전파된 문화는 사회 전반에 걸쳐 큰 변화를 초래하였다. 정치적으로는 그동안 북방의 야만인으로 보았던 몽고에 대해 巍巍蕩蕩의 문화인으로 인식이 바뀌었으며, 사회적으로는 복장과 장식, 머리모양 등이 몽고의 풍속을 따라 변화되었다. 학문적 성향과 사상적 체계까지도 원의 변화에 따라 민감하게 반응하였다. 성리학의 전파와 그에 따른 과거제도의 변화, 그리고 과거를 통해 새롭게 정계에 등장하는 신흥사대부들의 의식변화 등은 주목할 만한 특징이다.

1) 支配層 主導의 元文化 受容

고려가 부마국으로 원나라와 관계가 개선되자 양국 간의 교류가 활발하게 진행되었다. 우선 고려의 왕이 솔선하여 胡服을 입고, 머리 모양을 바꾸니 이하의 신하들과 백성들도 이를 따르지 않을 수 없었다. 이 시기 원문화의 수용에 있어서 특징적인 면은 바로 지배층이 중심이 되어 문화의 수용을 주도하였다는 것이다. 그런 까닭에 원의 문화는 큰 충돌 없이 빠르게 고려로 전파되었다.

　　왕은 李汾禧 등이 開剃하지 않은 데 대하여 책망하니 그들이 대답하기를 "저희들이 개체하는 것을 싫어하는 것이 아니라 다만 여러 사람들의 例를 기다릴 따름입니다."라고 하였다. 몽고의 풍습에 머리털을 정수리에서부터 이마까지 내려 깎는 데 그 모양이 네모나게 하고 가운데는 머리털을 남기어 두었는바 이것을 怯仇兒라고 하였다. 왕은 원나라에 갔을 때 이미 개체하였으나 나라 사람들은 아직 개체하지 않았기 때문에 책망한 것이었다.[1]

　이처럼 충렬왕은 원나라에 들어갔을 때 이미 머리를 깎고, 몽고의 복식을 입고 고려로 돌아왔다. 신하들도 몽고의 풍습을 따라 바꿀 수밖에 없었다. 이보다 앞서서 元宗에게 신하들이 머리모양과 옷 제도를 고치기를 권고하기도 하였지만 원종은 "나는 차마 하루아침에 조상 전래의 풍습을 갑자기 바꾸지 못하겠으니 내가 죽은 후에 그대들이나 그렇게 하라."[2]고 하여 고려 전래의 풍습을 고집하기도 하였다. 그러나 충렬왕에 이르러서는 아무런 거부감 없이 이를 시행할 수 있었으며, 이 풍습은 恭愍王代 中期까지 80여 년 동안 계속되었다. 이 시기에 원으로부터 들여온 문물은 이것뿐만이 아니다.

　　우리나라의 名花는 다 본국의 소산이 아니다. 고려 忠肅王이 元나라에 들어가서 원나라 공주에게 장가를 들어 총애를 받다가 본국으로 돌아올 때, 元帝가 천하에 진귀한 화초를 많이 주었다. 오늘의 烏紅, 燕京, 黃白, 閨深, 金銀兩紅, 鶴頂紅, 笑雪白 등과, 黃白牡丹, 楨紅牡丹, 洛陽紅과 重茶, 山茶, 重茶梅와 碧

---

1) 『高麗史』, 「世家」 28, 〈忠烈王〉 1, "王責汾禧等不開剃, 對曰 臣等非惡開剃, 唯俟衆例耳. 蒙古之俗, 剃頂至額, 方其形, 留髮其中, 謂之怯仇兒. 王入朝時 已開剃 而國人則未也, 故責之."
2) 같은 곳, "印公秀常勸元宗, 效元俗改形易服. 元宗曰 吾未忍一朝遽變祖宗之家風, 我死之後 卿等自爲之."

桃, 紛桃, 緋桃와 瑞香, 靑黑葡萄 등은 모두 그 당시 들어온 것이다.[3]

이것은 조선 초 仁齋 姜希顔(1417~1464)[4]의 저술인 『養花小錄』의 내용으로 우리나라의 유명한 화훼들이 대부분 원나라로부터 전래되었음을 밝히고 있다.

또한 고려의 문인들이 원 조정의 문인들과 교유하는 데 가장 중요한 역할을 담당하였던 것이 바로 忠善王의 萬卷堂이었다. 만권당을 중심으로 양국의 문인들이 활발히 교유했는데 이곳에 출입한 원의 문인들로는 趙孟頫, 閻復, 張養浩, 程文海, 虞集 등이 있었다. 이들 중에서 고려의 문인들에게 특히 많은 영향을 준 인물은 장양호와 조맹부이다. 張養浩[5]의 악부시풍은 고려 후기 문단에 많은 영향을 주어 고려로 돌아온 익재 이제현은 소악부를 창작하고 주위의 문인들에게 함께 짓기를 권면하기도 하였다. 趙孟頫의 松雪體는 고려 후기뿐만 아니라 조선시대 전반에 걸쳐서도 큰 영향을 미쳤다.

고려 忠宣王이 원나라에 가 있을 때, 중국에 萬卷堂을 지어 당시의 학자들을 모았는데 趙孟頫가 그 가운데 있어 왕과 더불어 자못 돈독하게 지냈다. 왕이 귀국할 때 조맹부의 글씨를 매우 많이 얻어와 동방에 널리 퍼져서 지금까지 우리나라에서 글씨를 익히는 사람들이 모두 조맹부를 받들게 되었다. 그런데 중국 땅에서 구하려 해도 극히 드무니, 그 까닭은 그의 글씨가 살지고 물러 鍾王의 수척하면서도 힘이 있고 맑으면서 간결한 書法을 잃었기 때문이다. 우리

---

3) 姜希顔, 『養花小錄』, 「菊花」, "吾東方名花, 俱非本國所産. 前朝忠肅王 入侍帝廷 尙公主有寵 及東還 天下韻芳珍草 帝皆賜賚 今之烏紅, 燕京, 黃白, 閨深, 金銀兩紅, 鶴頂紅, 笑雪白等, 若黃白牡丹, 禎紅牡丹, 洛陽紅, 若重茶, 山茶, 重茶梅, 若碧桃, 紛桃, 緋桃, 若瑞香, 若靑黑葡萄, 皆當時出來者."
4) 姜希顔은 학문은 물론이고 詩書畵에 모두 뛰어나서 詩는 韋應物, 柳宗元과 같고, 그의 그림은 宋나라의 柳松年, 郭忠恕, 그리고 글씨는 晉나라의 王羲之와 元나라의 趙孟頫와 비견되기도 하였던 인물이다. 이 『양화소록』은 진문 화훼서적으로 『晉山世稿』에 수록되어 있다.
5) 張養浩(1270~1329): 字를 希孟, 號를 雲莊이라 하였으며 濟南(지금의 山東) 사람이다.

나라의 글씨가 늘어지고 약한 것만 거칠게 익히고 晉氏의 서체를 전하지 못한 것은 다 조맹부가 그르친 것이다.[6]

萬卷堂은 충선왕이 원나라의 연경에 세운 서재의 이름이다. 처음에는 '濟美基德堂'이라고 하였는데 이곳을 중심으로 고려의 문사들과 원의 문사들이 교유하였다. 충선왕은 1307년(충렬왕 33년) 원나라에 머무르며 武宗을 옹립하는 데 큰 공을 세우자 원의 조정에서 자신의 입지를 굳건히 할 수 있었으며, 고려의 국왕으로 복위할 수 있었다. 그러나 충선왕 5년(1313年) 왕위를 충숙왕에게 물려주고 1314년 원나라로 가서 자신의 저택에 만권당을 세웠다. 여기에는 南宋 출신의 유학자들이 대거 출입하게 되었다.

충선왕이 元 仁宗을 도와 내란을 평정하고 武宗을 迎立하였으므로 양조의 寵遇가 비할 데가 없이 컸다. 왕이 드디어 나라를 충숙왕에게 전하기를 청하고 자신은 太尉로 燕邸에 있으면서 만권당을 짓고 학문을 연구하는 것으로 스스로 즐겼다. 인하여 말하기를 "京師의 문학하는 선비는 모두 천하에서 선발한 사람들인데 우리 府中에는 마땅한 사람이 없으니 이것은 나의 수치이다."라 하고 이제현을 불렀는데, 공이 경사에 이른 것은 바로 延祐 甲寅年(1314) 정월이었다. 姚牧菴, 閻子靜, 元復初, 趙子昂 등이 다 왕의 문하에서 놀았는데, 공도 그들과 종유하여 학문이 더욱 진보되니 諸公이 칭찬하여 마지않았다.[7]

이처럼 원의 문화가 만권당을 중심으로 고려의 문인들과의 연결을 통해

---

6) 柳夢寅, 『於于野談』, "高麗忠宣王之朝元也, 作萬卷堂于中原, 聚一時學士. 趙孟頫與其中, 與王頗相款. 王之還也, 得趙孟頫書甚多, 大布東方, 學書者皆趙孟頫. 求之中原, 孟頫之書極罕, 盖其書肥脆, 殊失鍾王瘦勁淸簡之法. 我國之書粗熟緩弱, 不傳晉氏之體者, 皆孟頫誤之也."

7) 『文藁』卷16, 「鷄林府院君諡文忠李公墓誌銘」, "忠宣王佐仁宗定內難, 迎立武宗, 故於兩朝寵遇無對. 遂請傳國于忠肅, 以太尉留京師邸, 構萬卷堂, 考究以自娛. 因曰, 京師文學之士, 皆天下之選, 吾府中未有其人, 是吾羞也. 召至都, 賞延祐甲寅正月也. 姚牧菴・閻子靜・元復初・趙子昂 咸游王門, 公周旋其間, 學益進, 諸公稱歎不置."

고려로 수용되었다. 이 과정에서 또한 중요한 역할을 한 인물이 바로 만권
당을 세워 원나라의 인물들과 교유할 수 있도록 했던 忠宣王이다. 충선왕은
初名이 謜이었으나 璋으로 고쳤으며, 몽고의 이름은 益智禮普化이다. 忠烈
王의 맏아들이고 모친은 齊國大長公主이며, 원 世祖(쿠빌라이칸)의 외손자
이다. 1298년 정월에 24살의 나이로 충렬왕으로부터 왕위를 선양받았으나
8개월 만에 다시 충렬왕에게 왕위를 돌려주고 1308년까지 10년간 원나라
에 들어가 宿衛를 하였다. 1308년 충렬왕이 죽자 고려로 환국하였으나 어
린시절부터 元都에서 성장을 하였기 때문에 4년여의 재위기간 동안에도 대
부분 원에서 보냈다. 그러다 1313년 왕위를 忠肅王에게 물려주고 원도에서
살기를 원했으나 원의 仁宗이 이를 허락하지 않자 아들인 충숙왕과 함께 고
려로 돌아오게 되었다. 이 과정에서 충선왕은 그동안 모아두었던 書畵와 典
籍 등을 가지고 들어와 원문화 수용에 한층 더 활기를 불어넣었다.

> 丙戌日. 王이 上王과 공주를 모시고 燕京을 출발하려 할 때, 상왕은 왕위
> 를 물려주고 그대로 원나라에 체류하려 하였으나 원나라 조정에서 승인하지
> 않으므로 부득이 출발하게 되었다. 이삿짐을 실은 마차가 140대요 이에 따르
> 는 마필들도 같은 수였다. 皇帝가 丞相 納刺忽과 內侍 遙授, 平章 李伯帖木
> 兒 등 36명을, 皇太后가 恻薛 丹納憐 등 18명을, 中書省에서 直省舍人 脫脫
> 帖木兒 등 16명을, 徽政院에서 也先不花 등 3명을, 中政院에서 內侍 察罕帖
> 木兒 등 3명을, 宣政院에서 八哈思 和尙 등 16명을 각각 파견하여 일행을 호
> 송하였다.8)

1313년 4월 충선왕이 고려로 돌아올 때의 모습을 잘 보여주고 있는 내
용이다. 원의 황제는 물론이고 황태후와 그 이외의 중요한 관서에서 물자와

---

8) 『高麗史』, 「世家」 34, 〈忠肅王〉 1, "丙戌, 王侍上王及公主, 發燕京, 上王遜位欲
    留朝廷, 不聽, 故不得已而遂行. 傳車百四十兩馬稱是. 帝遣丞相納刺忽·宦者遙
    授·平章李伯帖木兒等三十六人, 皇太后遣恻薛·丹納憐等十八人, 中書省遣直省舍
    人脫脫帖木兒等十六人, 徽政院遣也先不花等三人, 中政院遣宦者察罕帖木兒等三
    人, 宣政院遣八哈思和尙等十六人護送."

인원을 내어 고려까지 이들을 호송하였다. 그만큼 충선왕의 입지가 원나라
내에서 공고했음을 말해준다. 충선왕이 고려로 돌아오면서 그와 함께 원의
많은 문화가 유입되었다.

> 충선왕이 우리나라로 돌아올 때 文籍과 서화 萬籤을 싣고 왔으며 趙의 筆跡
> 이 우리나라에 많은 것은 대개 이 때문이다. 우리나라에서 조공의 필법정신을
> 얻은 이는 杏村 李嵒 한 사람뿐이다.9)

徐居正의 이 언급에서도 알 수 있듯이 충선왕이 東還하였던 1313년부터
본격적으로 고려사회에 중국의 문화가 수용되며 확산되었다. 충선왕은 원나
라에 있으면서 많은 전적들을 모아 상당한 양의 장서를 보유하고 있었으며
이것을 모두 고려로 들여왔던 것이다.

또한 원문화의 수용에서 주목해서 보아야 할 것은 서적의 수입이다. 이미
安珦과 白頤正, 權溥 등이 원나라의 문사들과 깊은 교분을 맺고 원의 서적
을 구해오기도 하였다. 특히 백이정과 같은 사람은 원의 수도에서 충선왕을
따라 10여 년간 숙위생활을 하면서 주자학을 배워왔음은 물론 이와 관련된
서적도 고려로 수입하였다. 그리고 고려로 돌아와서도 원으로 가는 사신들
에게 부탁하여 많은 서적들을 수입하는 데 심혈을 기울였다. 권보도 중국을
자주 왕래를 하며 『四書集註』와 같은 서적을 가지고 와서 널리 유포시켰다.

원나라는 1279년 世祖에 의해 南宋이 병합되면서 명실상부한 통일 왕조
를 성립하게 되었다. 그러나 문화적으로 훨씬 앞서 있는 중원을 통치하기 위
해서 우수한 중원문화를 흡수할 수밖에 없었다. 따라서 원 세조는 점차 남송
의 유학자들을 등용하는 회유책을 펴기 시작하였고, 급기야 元 仁宗 延祐 2
년인 1315년에 100여 년간 실시되지 못하던 과거제가 다시 부활하게 되었
다. 이 당시 원나라에서 유행하던 학문은 魯齋 許衡(1209~1281)과 그의

---

9) 徐居正, 『筆苑雜記』 卷1, "王之東還, 文籍書畫, 馱載萬籤, 趙之手跡, 滿於東方,
  蓋由是也. 吾東方之人, 得趙公筆法精神者, 杏村李嵒一人而已."

문인들에 의해 주도되고 있던 북방계 관학파가 주류를 이루고 있었다.10)

  따라서 백이정과 권보가 元都에서 10여 년을 숙위하며 습득하여 고려에 들여온 성리학은 대체로 허형이 중심이 되었던 북방계 관학파의 것으로 알려져 있다. 앞서 언급한 것처럼 원의 정치적 입장은 南人에 대해 극도의 혐오감을 가지고 있었으며, 사회 신분상으로도 가장 하층민으로 취급하였다. 그러나 朱子에 의해 정립된 성리학은 기본적으로 남송의 문인들에 의해 그 정통의 맥이 유지되었기 때문에 당시 원에서 주도권을 가지고 있던 북방계 성리학은 주자학 그 자체의 이론적·철학적인 窮理의 측면을 중시하는 남방의 성리학과 달리, 실천적·윤리적인 居敬을 통한 修己의 측면을 위주로 하고 있다.

> (1314년) 6월 경인일. 贊成事 權溥, 商議會議都監事 李瑱, 三司事 權漢功, 評理 趙簡, 知密直 安于器 등이 成均館에 모여 새로 구입한 서적들을 고열하고 또 경학시험을 치르게 하였다. 애초에 成均提擧司에서 博士 柳衍과 學諭 兪迪을 강남에 보내어 서적을 구입하게 하였는데, 가는 도중에 배가 파선되어 유연 등이 빈 몸으로 상륙하게 되었다. 마침 판전교시사 洪瀹이 태자부 참군으로 南京에서 체류 중이었으므로 그가 寶鈔(원나라 화폐-필자 주) 150정을 유연에게 주어 경적 일만 팔백 권을 구입하여 돌아가게 하였다.11)

  위의 기사는 충숙왕 1년의 내용이다. 권보, 이진, 권한공, 조간, 안우기 등이 남경에서 새로 구입한 서적을 고열하고 경학시험을 주관하였다는 내용이다. 위의 인물들은 당시 고려에 성리학이 전래되는 데 지대한 영향을 끼

---

10) 周采赫, 「元 萬卷堂의 設置와 高麗 儒者」, 『孫寶基博士停年紀念 韓國史學論叢』, 지식산업사, 1988, 216쪽.
11) 『高麗史』, 「世家」 34, 〈忠肅王〉 1, "六月庚寅. 贊成事權溥·商議會議都監事李瑱·三司使權漢功·評理趙簡·知密直安于器等, 會成均館, 考閱新購書籍且試經學. 初成均提擧司遣博士柳衍·學諭兪迪于江南, 購書籍, 未達而船敗, 衍等赤身登岸. 判典校寺事洪瀹以太子府叅軍在南京, 遣衍寶鈔一百五十錠, 使購得經籍一萬八百卷而還."

쳤던 사람들이다. 특히 안우기는 안향의 아들로 아버지의 학문에 크게 감발되어 성리학에 상당한 조예를 가지고 있었던 인물이다. 즉 이들은 고려에서 성리학에 대해 가장 막강한 권위를 가지고 있었던 인물들이다. 이들 모두가 새로 구입한 책을 고열하고 이어서 경학에 대해 시험을 주관하였다면 성리학과 관계된 서적들이 대부분이었을 것으로 추측할 수 있다. 남경은 宋이 元의 세력에 의해 남으로 밀려나 옮긴 도읍이다. 따라서 남송문화의 중심이었으며, 주자의 성리학이 완성된 곳이기도 하였다. 또한 일만 팔백 권이라는 방대한 양의 經籍은 남송학문의 전부라고 해도 과언이 아닐 정도의 분량이다. 이처럼 방대한 양의 서적을 구입하였다는 것은 바로 고려에 전래된 성리학이 당시 元都를 중심으로 관학을 주도하고 있던 북방계 성리학뿐만이 아니라 남송의 정통 성리학이 전래되었음을 말해주고 있는 것이다.

> (1314년 7월) 갑인일. 원나라 황태후가 사신을 보내어 공주에게 술과 과일을 선사하였으며, 황제는 서적 사천삼백칠십일 책에 도합 일만 칠천 권 모두 송나라 비각의 장서로서 홍약의 요청에 의하여 보낸 것이었다.[12]

더구나 그 다음 달인 7월에는 원나라의 황제가 고려의 충숙왕에게 일만 칠천 권이나 되는 서적을 보내주었는데, 이들은 모두 송나라의 비각에 수장되어 있던 전적들이었다. 秘閣은 역대 중국 朝廷의 귀중서들을 수장하던 곳이기 때문에 이곳에 있는 책들은 내용 면에 있어서나 형태 면에 있어서나 그 가치를 인정할 수 있는 가장 우수한 서적이라고 할 수가 있다. 이와 같은 귀중서가 도합 삼만여 권이나 고려로 수용되었다면 중국의 학문이 그대로 고려로 옮겨졌다고 보아도 과언이 아닐 것이다. 즉 송대의 학문은 그대로 고려로 이어졌다고 할 수 있다.

이미 고려 중기부터 송의 문학에 지대한 관심을 가지고 있던 고려의 문

---

12) 같은 곳, "甲寅. 元皇太后遣使賜公主酒果, 帝賜王書籍四千三百七十一冊, 共計一萬七千卷, 皆宋秘閣所藏, 因洪瀹之奏也."

인들은 이와 같은 송대의 귀중서들이 대량 유입되는 것을 계기로 더욱 송대
의 문학과 사상에 대해 심도 있게 이해할 수 있었으며, 이렇게 유입된 정통
송의 학문은 고려 후기는 물론이고 조선 전기에까지 주류를 이루게 된다.

2) 科擧制 整備와 性理學의 受容

고려의 과거제도는 光宗 9年 雙冀의 건의에 따라 처음 시행된 이후 관료로
등용되는 가장 빠른 길이었다. 일단 과거에 급제를 하게 되면 신분상의 상승
과 중앙의 핵심부로 진출할 수 있는 여건이 마련되는 셈이었다. 중기에 들어
무신들이 정권을 專斷하게 되면서 잠시 공백기가 있었지만, 무신들 스스로 자
신들의 한계를 인식하고 다시 문신을 등용하여 국정을 운영할 수밖에 없었다.
　원나라의 부마국이 된 이후에도 사정은 마찬가지였다. 국내의 관료로 진
출할 수 있는 공식적인 길은 과거를 통하는 것뿐이었다. 물론 이미 권문세
족의 자제들의 경우에는 과거를 통하지 않고도 충분히 고위관직에까지 이를
수가 있었다. 그러나 이러한 경우는 극히 제한적인 것이었다. 그러기 위해
서는 일단 권문세족으로 편입되어야 하는데, 극히 배타적일 수밖에 없는 권
문세족에 편입된다는 것은 상당한 노력을 필요로 하였다. 따라서 권문세족
의 영역에 들지 못하는 일반 가문에서는 새로운 활로를 모색하지 않을 수
없었으며, 그 방법이 바로 원나라를 통하는 것이었다.
　이 시기 원나라는 世祖에 의해 南宋이 멸망되고 명실상부한 통일 왕조를
성립하게 되었다. 그러나 문화적으로 훨씬 앞서 있는 중원을 통치하기 위해
서 우수한 중원문화를 흡수할 수밖에 없었다. 따라서 원 세조는 점차 남송
의 유학자들을 등용하는 회유책을 펴기 시작하였고, 급기야 元 仁宗 延祐
2년인 1315년에 100여 년간 실시되지 못하던 과거제가 다시 부활하게 되
었다. 이 당시 원나라에서 유행하던 학문은 許衡과 그의 문인들에 의해 연

구되고 있던 주자학이 주류를 이루고 있었다. 그렇기 때문에 당연히 주자의 학설이 정설화되었으며, 중국의 과거에 급제하기 위해서는 주자의 註를 보지 않을 수 없게 된 것이다.[13] 일반적으로 고려에 주자학을 처음 도입한 사람은 安珦이며, 그 뒤 白頤正과 權溥가 중국에 10여 년간 체류하면서 주자학을 배워왔고, 그중 권보가 주자의 주석이 있는『四書集註』를 들여와 고려사회에 유포하면서 고려에 성리학이 전파되기 시작한 것으로 알려져 있다. 그러나 주자학을 처음 고려로 수입하는 데 중추적 역할을 하였던 이들은 당시 고려사회에서 상당한 위치를 구축하고는 있었지만 이른바 권문세족이라고 할 수는 없었다. 즉 충선왕 대의 대표적인 宰相之宗에 포함되는 가문이 아니었다는 말이다. 때문에 이들은 자신들의 입지를 확고히 하는 방안을 모색하여야 했고, 그 방안으로 당대 원나라에서 주자학을 바탕으로 시행되고 있던 制科에 응시하였다.

중국에서 과거제가 시행되기 시작한 것은 隋 文帝(587년) 때부터이다. 이후 唐, 宋으로 이어져 귀족세력을 견제하고 관료를 통치자가 직접 선발하여 기용함으로써 중앙집권을 공고히 하는 데 큰 공헌을 하였다. 세계제국을 건설하였던 元에서는 太祖 칭기즈 칸의 뒤를 이은 太宗 오고타이 칸이 耶律楚材의 청을 받아들여 과거를 실시하였으나 곧 중단되었다. 그 후 世祖 쿠빌라이 칸이 과거제를 다시 부활시키기 위하여 많은 노력을 기울였으나 성공하지 못하고 元 仁宗 3년(1314년) 향시를 실시하고, 다음해인 1315년 2월에 大都에서 會試를 실시하여 비로소 과거제가 부활되게 되었다.

원에서 과거제가 다시 시행되는 데는 충선왕의 공헌이 지대하였다. 충선왕이 1313년 왕위를 아들인 충숙왕에게 물려주고 원으로 다시 들어가 만권당을 개설하자 당시 원의 조정에 출사한 남송의 학자들을 중심으로 다수의 문사들이 모여들어 교유하였으며, 고려의 문사들도 여기에서 함께 학문을 토론하게 됨으로써 안목을 한층 넓힐 수 있었다.

---

13) 周采赫, 앞의 책, 201~225쪽.

> 과거의 설치는 왕(충선왕-필자 주)이 일찍이 요수의 말로써 황제에게 아뢰어 허락을 받고, 李孟이 平章政事가 되어 시행하기를 주청하였다. 그 근원은 대개 왕에게서부터 나온 것이다.[14)

이처럼 충선왕이 요수를 통해 황제에게 진언하게 하여 과거제를 실시하게 하였다. 그만큼 충선왕이 당시에 원의 조정에서 가지는 정치적 입지를 짐작하게 하는 부분이다.

원에서 과거제가 다시 시행됨에 따라 고려의 과거제도 함께 바뀌게 되었다.

> 충숙왕 2년(1315) 정월에 瀋王이 東堂監試의 과거를 고쳐 응거시제도로 하였다.[15)

여기에서 瀋王은 바로 충선왕을 이른다. 충선왕은 중국에서 과거가 시행되자 제일 먼저 고려에서 시행되고 있던 과거제를 개선하게 되는데, 바로 원에서 시행되는 과거에 응시할 인원을 선발하는 제도로 바꾼 것이다. 원의 제과는 중국의 다른 왕조와는 다르게 이민족들에게도 비교적 공평하게 기회를 제공하였다. 蒙古人, 色目人, 漢人, 南人으로 신분을 구분하여 남인을 제외한 세 계층만 과거에 응시할 수 있었다. 하지만 이민족들이 누구나 제과에 응시할 수 있는 것은 아니었다. 각 지역에서 향시를 실시하여 각 계층마다 1명씩 응시할 수 있었다. 이때 고려인의 신분은 색목인과 한인의 중간쯤에 위치하고 있었으며, 고려에는 몽고인과 색목인이 없기 때문에 이들의 몫까지 하여 매년 3명의 응시자를 뽑아 보내게 되었다. 원의 제과에 급제한 사람으로 『高麗史』에 안진(1318), 최해(1321), 안축(1324), 이곡(1333), 이인복(1342), 안보(1345), 윤안지(1349), 이색(1354) 등 8명이 기록되어 있다. 하지만 『증보문헌비고』에는 20인이 급제하였다고 기록되어 차이가 있는데, 최해가 급제하기 이전에 이미 6명이 급제한 사실이 있다[16)는 기록

---

14) 『元史』 卷174, 「列傳」 第61, 〈姚燧〉, "科擧之設, 王嘗以姚燧之言, 白于帝, 許之, 及李孟爲平章政事, 奏行焉. 其源, 盖自王發也."
15) 『高麗史』 73, 「志」 27 〈選擧〉1, 科目, "忠肅王 二年正月, 瀋王改東堂爲應擧試."

을 보면 고려사의 기록보다 훨씬 많은 인원이 제과에 급제하였다는 것을 알 수 있다.

이처럼 원의 제과가 고려의 문사들에게 큰 비중을 차지하게 되자 고려의 과거도 원의 제과에서 보는 과목과 동일하게 시행되도록 개정할 수밖에 없었다.

> 충목왕이 임금이 된 해(1345) 8월에 초장에서 六經義와 四書疑를 중장에서 古賦를 종장에서 策問을 시험 치르도록 고쳤다.17)

이는 제과에서 시험하는 과목과 동일한 것이다. 그만큼 고려 문단의 흐름이 제과를 중심으로 변화되고 있음을 쉽게 알 수 있는 것이다. 광종 대 처음으로 실시된 고려의 과거제도는 지방호족들을 견제하고, 왕권을 강화하여 중앙집권을 굳건하게 하는 가장 중요한 수단으로 자리하고 있었다. 따라서 음서로 관직에 나아갈 수 있는 귀족계층을 제외한 일반인들이 중앙관리로 진출할 수 있는 유일한 길이 바로 과거에 등제하는 것이었다. 그러나 원과의 관계가 개선될 즈음에는 이미 관직은 포화상태에 이르렀으며, 관리들에게 주는 녹봉조차 조달하기 힘들 정도의 피폐한 국가재정을 가지고 있었다. 이러한 상황에서 고려의 문사들은 새로운 활로를 모색하지 않을 수 없었는데, 그것이 바로 원나라에서 새롭게 실시하는 제과에 응시하는 것이었다.

> 이제 고려는 스스로 사람을 관리에 임명함을 얻어서 그중에서 우수한 자가 왕왕 이미 실시되는 과거에 응해서 그 나라에 벼슬을 한다. 그런데도 다시 수천 리를 멀다 하지 않고 京師로 와서 응시하는 것은 아마도 그 나라에서 벼슬을 얻는 것이 이 조정에서 벼슬을 얻는 영광만 같지 못하기 때문이다. 그렇기

---

16) 崔瀣, 『拙藁千百』卷2, 「送奉使李中父還朝序」, "…… 東土故與中原俊秀竝擧, 列名金牓, 已有六人焉."
17) 『高麗史』73, 「志」27, 〈選擧〉, "忠穆王卽位之年八月, 改定初場試六經義四書疑, 中場古賦, 終場策問."

때문에 비록 제일 마지막에 급제를 하거나 일없는 한직에 임명되더라도 그 나라에서 몹시 영광으로 여기는 터이다. 하물며 높은 과거에 뽑히고 벼슬이 높이 되어 천하의 사람이 다 같이 영광으로 여기는 바임에랴![18]

위의 인용문은 稼亭 李穀이 1333년(忠肅王 復位 2年) 원나라의 制科에 급제를 한 후 그 다음해인 1334년 사신의 임무를 띠고 고려로 돌아올 때, 중국의 문인들이 그를 위해 송별의 시를 지어주었는데 거기에 붙어 있는 서문의 한 부분이다. 위의 글에서 고려의 지배층들이 얼마나 원나라의 과거에 큰 비중을 두고 있는가를 볼 수가 있다.

이와 같은 사회적 분위기가 형성되면서 고려의 많은 문사들은 중국의 제과를 修學의 목표로 삼게 되었다. 따라서 평소 과거시험 준비의 과정도 제과의 출제경향에 맞추어 준비하게 된 것이다.

漢人과 南人이 보는 제1장은 明經과 經疑 두 문제가 출제되는데, 대학·논어·맹자·중용 안에서 출제가 되며, 장구에 주자가 註를 모아 놓은 것을 사용하되 다시 자신의 의견으로 결론을 맺어야 하며 三百字 이상을 써야 한다. …… 제2장에서는 古賦와 詔誥·章表 중에서 하나를 써야 하는데 古賦詔誥는 古體를 쓰며, 章表는 사륙문인데 고체를 섞어 쓴다. 제3장에서는 책문 하나를 써야 하는데 經史와 時務에서 출제하며 부화하고 화려한 것은 좋지 않고 오직 直述에 힘쓴다. 千字 이상을 써야 한다.[19]

이처럼 제과는 모두 3장으로 나뉘어 시험을 실시하는데, 제1장에서 경전에 대한 이해도를 시험한 후, 제2장에서는 古賦나 章表 등을 시험하게 된

---

18) 陳旅, 『稼亭雜錄』, 「送李中父使征東行省序」, "今高麗得自官人, 而其秀民往往已用所設科, 仕其國矣. 顧復不遠數千里來試京師者, 盖以得於其國者, 不若得諸朝廷者之爲榮. 故雖得末第冗官, 亦甚榮於其國. 況擢高科官華近, 爲天下之所共榮者乎."

19) 『元史』卷81, 「選擧志」第31, 〈選擧〉1, "漢人南人, 第一場明經經疑二問, 大學論語孟子中庸內出題, 尤用朱氏章句集註, 復以己意結之, 限三百字以上. …… 第二場古賦·詔誥·章表內科一道, 古賦詔誥用古體, 章表四六, 參用古體. 第三場策一道, 經史時務內出題, 不矜浮藻, 惟務直述, 限一千字以上."

다. 그리고 마지막 3장에서는 策文을 쓰도록 되어 있다. 이와 같이 제과에서 시험하는 과목은 이후 고려의 문사들의 수학방향에 커다란 영향을 주었으며, 이러한 상황이 지속되자 고려의 문학도 이를 중심으로 변화되는 것을 볼 수 있다.

고려의 문사들이 원의 제과를 볼 때 제일 먼저 유의해야 할 것은 바로 경전에 대한 정확한 이해이다. 그중에서도 논어, 맹자, 중용, 대학 등의 四書에 대해 깊은 성취가 있어야만 한다. 고려에서는 일찍부터 유학이 중요시되어 초기에 실시되던 과거에서도 경전의 이해를 묻는 과목이 시행되기도 하였다. 그러나 이때는 대부분 禮記를 위주로 실시되었다. 그러나 원 간섭기에 들어 원의 제과가 부활하고 출제경향이 달라지자 경전에 대한 학습방향도 달라졌다.

> 皇慶 3년(1314) 8월……몽고인 색목인이 보는 제1장에서는 경전에 관한 다섯 문제가 나온다. 대학·논어·맹자·중용의 안에서 문제를 내는데, 주자의 四書章句集註를 사용하며, 의리가 정밀하고 명확하며 문사가 전아한 사람을 선발한다. ……한인과 남인이 보는 제1장은 明經과 經疑 두 문제가 출제되는데, 대학·논어·맹자·중용 안에서 출제가 되며, 주자의 四書章句集註를 모아 놓은 것을 아울러 사용하되 다시 자신의 의견으로 결론을 맺는다.[20]

이처럼 원 제과에서 四書의 이해를 묻는 것으로 초장을 삼게 되면서 논어, 맹자, 중용, 대학에 대한 학습이 중요시되기 시작하였다. 그중에서도 주자에 의해 정립된 정주학에 대한 관심이 고조되었다. 정주학을 처음 고려로 들여온 사람은 白頤正이다. 그가 충선왕을 따라 연경에서 10여 년간을 머물다가 고려로 돌아온 인물이다. 즉 충선왕이 다시 고려의 왕으로 복위되어 돌아온 1308년경으로 생각된다. 이때는 아직 원에서도 과거가 다시 실시되

---

20) 같은 곳, "皇慶三年八月, …… 蒙古色臣人, 第一場經問五條, 大學論語孟子中庸內設問, 用朱氏章句集註, 其義理精明, 文辭典雅者, 爲中選. …… 漢人南人, 第一場明經經疑二問, 大學論語孟子中庸內出題, 尤用朱氏章句集註, 復以己意結之."

었던 1314년보다 몇 년 앞선 시기이다. 그러나 원에서 과거가 실시되면서 사서를 초장에 시험하면서 주자의 주를 정설로 못 박아 놓은 것은 이미 원의 사회에서 주자의 주석이 정론으로 보편화되었기 때문으로 볼 수 있다. 따라서 10여 년간 원의 수도에서 머물렀던 백이정으로서는 이러한 사회분위기를 짐작할 수 있었으며, 고려로 돌아오면서 그동안 배운 정주학과 이와 관련된 서적을 함께 들여왔으며, 이는 다시 李齊賢, 朴忠佐 등에게로 전파되었다.

한편 權溥에 의해『사서집주』가 판각되어 유포되면서 주자학이 더욱 활기를 띠게 되는데, 권보도 또한 자주 원의 수도에 왕래를 하였던 인물이었기 때문에 새로운 학문에 대한 이해와 수용이 용이하였던 것으로 보인다. 더구나 원의 제과를 준비하기 위해서는 필독서였기 때문에 더욱『사서집주』를 위주로 하는 경전학습이 필요하였던 것이다.

이처럼 경전에 대한 학습이 중요시되고 활기를 띠게 되자 고려사회에서도 적극적으로 유학의 부흥에 힘을 기울이기 시작하였다. 이와 같은 유학 부흥의 일환으로 국가적인 차원에서 원에 들어가 서적을 구입하였다. 이때 구입한 서적은 일만여 권이나 되었는데, 이들 서적이 대부분 유학경전이라는 것은 權溥, 李瑱, 權漢功, 趙簡, 安于器 등이 서적을 고열하고 경학시험을 주관하였다는 것에서 알 수 있다. 이처럼 고려에서는 원에서 과거가 부활되기 전부터 관심을 가지고 학습하였으며, 1314년 정월 정식으로 원의 과거가 실시된다고 알려지게 되자 사서를 중심으로 하는 경학에 대한 관심이 고조되기 시작하였다.

그러나 이 시기에 들어와 전파되었던 신학문이 곧 고려 말 신흥사대부들이라고 일컬어지는 새로운 지식층의 사상적 체계를 형성하였던 '성리학'이라고 할 수는 없다고 하겠다. 즉 이때 새롭게 전파된 정주학은 기존의 사상체계를 배척하고 변혁을 요구하며, 새로운 이상을 실현하고자 하는 요구에 의해 '학문체계'로서 받아들여진 것이 아니라는 것이다. 단지 원나라의 변화를 인식하고 그 변화를 빠르게 수용하고 대처함으로써 남들보다 사회적인 우위를 선점하고자 하는 이유에 의해 주자학을 받아들였다고 보는 것이 더 타당하다고 하겠다. 이러한 사정은 安珦을 필두로 白頤正, 權溥의 뒤를 이어 李齊賢, 朴忠佐, 李穀, 李穡에 이르는 고려 말의 유수한 문사들이 모두 성리학을 솔선하여 학습하였지만 어느 누구도 새로운 사상체계로 이것을 받아들지 않았음에서도 확인할 수 있다. 따라서 진정으로 성리학이 새로운 사상체계로 받아들여져서 모든 생활과 사고에 중심적으로 작용하게 되기는 다음 세대인 鄭夢周, 李崇仁 등에 의해서이다. 물론 앞 세대들에 의해 마련되었던 바탕이 있었기 때문에 가능한 것이기는 하다.

요컨대, 일찍이 원 사회에서 일어나기 시작하였던 四書를 중심으로 한 주자학에 대한 관심은 원에서 과거제가 부활되면서 고려의 문사들에게 커다란 관심사가 되었다. 이미 과거가 부활되기 이전, 원의 수도에서 다년간 머물렀던 고려의 문사들은 이와 같은 분위기를 미리 알 수가 있었으며, 성리학과 이와 관련된 서적들을 구입하여 학습하였다. 그러나 과거가 부활되고 초장에서 주자의 주석을 중심으로 하는 시험이 실시되면서 주자에 대한 관심은 한층 고조되었다. 즉 원의 제과에서 주자의 주석을 위주로 하는 경전 시험의 실시는 고려의 주자학 수입에 있어 활기를 띠게 하였으며, 그와 관련된 다량의 서적들도 유입됨으로써 이후 성리학이 고려 후기의 새로운 사상체계로 자리할 수 있는 바탕을 마련하였다고 하겠다.

2. 高麗末의 文人意識

1) 對元意識의 變化

고려인들은 처음 몽고족을 접할 때 상당히 부정적으로 인식하였다. 고려

인들은 나름대로 학문적인 전통을 유지해왔기 때문에 문화적 자부심이 강했
다. 따라서 몽고족에 대한 인식은 오랑캐로 분류하여 저급하고 흉악한 이민
족이라는 인식이 팽배해 있었다. 그러나 원나라가 중국을 평정하고 고려도
또한 원나라의 부마국으로 자리를 잡게 되어 양국 간에 안정이 이루어지자
이러한 의식도 변화하게 되었다.

> 元이 일어난 지 백여 년에 文과 理가 크게 다스려져 사방의 학자들이 모두
> 그 재능을 정밀하게 다하니 찬란하게도 일대의 성세를 이루었다. 그렇기 때문
> 에 논평하는 자는 '그 文章은 漢과 같고, 그 詩는 唐과 같으며, 그 글씨는 晉
> 과 같다.'라고 말했다.[21]

이와 같은 이색의 언급으로 볼 때, 더이상 원의 문화가 저급한 수준이 아
니라 어느 시대보다 뛰어나다고 인식하고 있다. 문장은 고문의 발원이었던
한나라와 비견하였으며, 시에 있어서도 한시의 가장 흥성기인 당나라와, 서
법에 있어서도 각 체의 종합을 이루었던 진나라와 견주어 원 문물의 우수성
을 논하고 있다.

이처럼 고려인들이 원나라에 대한 인식이 변화되게 된 가장 큰 원인은 원나
라 세조가 펼쳤던 한족에 대한 회유책이었다. 원 세조는 몽고족의 문화수준이
중원의 문화와 비교하여 상당히 뒤떨어져 있음을 인식하고 우수한 한족의 문
화를 흡수함으로써 중원지배의 기반을 튼튼히 하려 하였다. 이 결과 南宋의
儒學者層이 대거 元의 조정으로 진출하게 되었으며, 이로 인하여 원의 문화는
점차 진보되어 갔다. 따라서 원의 지배층으로 새롭게 등장한 강남의 유학자층
과 직접적으로 교유하기 시작하면서 고려인들의 의식도 변하게 된 것이다.

당시의 국내 정치상황은 이미 권문세족들의 세력에 잠식되어 있었기 때문
에 신흥관료들이 권력의 핵심으로 파고드는 것은 극히 어려운 일이었다. 때

---

21) 『文藁』 卷13, 「書上札補正雪菴大字卷後」, "元興白餘年, 文理大治, 四方學者咸精
　　其能, 蔚乎一代之盛矣. 是以論者謂其文似漢, 其詩似唐, 其字似晉."

문에 이들이 선택한 방법이 바로 원나라를 통해 자신들의 입지를 굳건히 하
는 것이었다. 당시는 원나라의 간섭하에 있는 처지였기 때문에 모든 국가운
영이 원나라에 의해 간섭될 수밖에 없었다. 따라서 원나라의 권력을 배경으
로 가질 수 있으면 절대적인 후원세력을 얻는 것이었으며, 이러한 이유에
의해 고려의 지식인들은 원나라의 황실이나 고위관료와 연관을 맺기 위해
끊임없이 노력하였다.

　　정포는 유배지에 있으면서 시를 읊으며 예전과 마찬가지로 생활했으나, 개연
　히 원나라에 가서 벼슬하려는 생각을 가지게 되었다. 그는 일찍이 말하기를 "대
　장부가 어찌 세상의 한 구석에서 답답한 생활을 하고 있겠는가?"라고 하였다.22)

　위의 언급은 고려 후기에 급성장하였던 西原鄭氏인 鄭誧(1309~1345)
의 언술이다. 그는 호를 雪谷, 자를 仲孚라 하였다. 그의 본관인 서원 정씨
가문은 무신집권기에 武官을 주로 배출하던 가문이었다. 그러다가 그의 증
조부인 環이 監察御事를 역임하고, 조부인 瑎가 元宗 13년 과거에 급제하
면서 점차 고려 후기의 문신관료 가문으로 등장하게 되었다. 그러나 권문세
족으로 성장하기에는 가문의 연원이 너무 짧았기 때문에 여타 가문의 압력
이 상당히 거세었다.
　이처럼 국내에 정치적인 기반을 가지지 못한 지식인들은 그들의 포부를
실현시키기 위한 장소로 원나라를 꼽고 있었으며, 이와 같은 생각으로 원나
라로 들어간 인물들이 상당히 많았던 것으로 생각된다.

　　乃翁은 그 사절 일행과 함께 고생을 겪으면서 북으로 올라가서 帳殿에서 황
　제를 뵈었다. 드디어 灤京에까지 따라가서 수개월간 머물러 있다가 다시 燕都
　로 돌아가서 또 수개월간을 머물렀다. 나 또한 그와 같이 노닐게 되었는데 내
　용은 옛날이나 다름이 없었다. 사절단 일행이 다 돌아갔는데도 내용은 혼자서

────────────

22) 『高麗史』, 「列傳」 19, 〈鄭瑎〉, "誧在謫中, 吟嘯自若, 慨然有遊宦上國意, 嘗曰,
　　大丈夫安能鬱鬱一隅耳耶."

머물러 있으면서 무엇을 해보려 한 지가 수개월이나 되었다.[23]

을미년 가을에 나는 한림원에 있다가 이듬해에 돌아가려.할 때 함께 하룻밤
을 이야기한 일이 있었다. 白氏는 객지에 있는 몸으로 곤란이 심했다. 하지만
뜻은 조금도 위축되지 않았다. 대개 그는 공명에 뜻이 있었던 사람이었다. 하
지만 끝내 아무것도 해 놓은 일이 없이 연경에서 죽어 장사지냈으니 아아! 슬
픈 일이다.[24]

고려에서는 상당히 빈번하게 원나라에 사신을 파견하고 있었는데, 당시
지식인들은 여기에 합류하여 元都에 가는 것을 상당히 염원하였던 것으로
보인다. 앞서의 鄭誧도 그의 장인인 崔文度가 聖節使가 되어 燕京으로 가
게 되자 그를 따라간 것이며, 위의 乃翁도 또한 사신을 빌미로 중국으로 들
어갔다가 홀로 남아서 원나라의 관직을 찾고자 노력하였던 인물이다. 그러
나 대부분의 경우는 성공을 하지 못하고 불우하게 타국에서 생을 마치고 마
는 경우가 허다하였다.

그러나 무엇보다 가장 확실한 방법은 직접 원나라에 들어가 중국의 制科
에 급제를 하여 정식 관직을 제수받아 재직한 후 국내로 환국하여 입지를
굳건히 하는 것이었다. 崔瀣, 李穀, 李穡 등 이른바 신흥사대부로 지칭되는
이들이 그 대표적인 인물들이었다. 이들이 가지는 원의 문물에 대한 인식은
상당히 호의적이었으며, 자신들이 중국의 제과에 급제하였다는 사실을 자랑
스럽게 여기고 있다.

崔瀣는 고려 후기의 대표적인 신흥사대부로 분류되고 있는 인물로, 그의
나이 34세인 1321년에 "배운 바를 시험해보겠다."고 하며 安軸, 李衍宗과
함께 원으로 건너가 制科에 응시하여 홀로 급제하였다. 그러나 遼陽路盖州

---

23) 李穀, 『稼亭集』卷7,〈乃翁說送裵君允堅東歸〉, "乃翁與其使輔, 間關北上, 用賓
于帳殿. 遂從至灤京, 居數月 旣還燕都, 又居數月. 予又與之遊, 其爲乃翁, 固自
若也. 其使輔皆已歸, 乃翁獨留, 若有所爲者, 又數月矣."
24) 『文藁』卷20,「白氏傳」, "乙未秋, 予供職翰林, 明年將歸, 共話一夜. 白氏羈蹤艱
甚, 而志不少衰, 盖於功名有志者也. 卒無所立, 而藁葬于燕, 吁痛哉."

判官이라는 미관말직을 제수받자 5개월 만에 사직하고 고려로 돌아왔으나, 성격상 원만한 대인관계를 유지하지 못하여 국내에서도 크게 쓰이지 못하고 끝내 불우하게 일생을 마감한 인물이다.

그러나 그는 "나는 당나라 시어사(崔致遠 – 필자 주)의 후손으로. 筆耕의 유업을 계승하여 오로지 했다네. 감히 성역의 뛰어난 조예를 논하랴마는, 그런대로 과장에 여러 번 뛰어다님은 면했네. 분수로는 國擧에 참여함이 부끄러우나, 과거에서 天恩을 입었으니 얼마나 다행인가!"25)와 같은 작품에서 나타나는 것처럼 평생토록 자신이 원의 과거에 합격한 것에 대해 큰 자부심을 가지고 있었다.

옛날에 蘇穎濱이 百家의 서적을 읽고도 족히 그 지기를 드높이지 못하여 책을 버리고 서울로 가서 宮闕, 倉廩, 府庫, 城池, 苑囿의 큰 것을 구경하고, 歐陽公을 만나서 굉장한 의논을 듣고, 또 韓太尉를 만나 그 빛을 받아서 천하의 대관을 다하여 유감이 없기를 바랐다. 仲孚가 이미 서울에 조회하게 되었으니, 그 크고 화려한 구경은 마땅히 소영빈에게 양보하지 않을 것이나 다만 지금의 호걸과 위인 중에 한태위, 구양공 같은 이를 뵙고 격발하여 성취할 수 있을지 모르겠다. 훗날 돌아오면 반드시 지금 보는 것과 달라야 할 것이니, 선비가 작별한 3일 만이면 눈을 부비며 서로 마주한다는 말이 어찌 빈말이겠는가.26)

위의 최해의 언급은 1334년 元나라 順帝의 생일을 축하하기 위해 중국에 聖壽使를 파견하였는바, 이때 雪谷 鄭誧가 서장관의 임무를 띠고 중국으로 들어가게 되자 崔瀣가 이것을 축하하고 동시에 중국에서 보고 배워야

---

25) 崔瀣, 『東文選』 卷18, 〈拙詩六韻呈狀元修撰宋木誠夫先生兼奉示同年諸公共爲一笑〉, "我是唐朝侍御孫, 筆耕遺業繼專門. 敢從聖域論超詣, 粗向科場免數奔. 揣分始慙充國擧, 觀光何幸拜天恩."

26) 崔瀣, 『拙藁千百』 卷2, 「送鄭仲孚書狀官序」, "昔蘇穎濱讀百氏之書, 不足激其志氣, 捨去遊京師, 觀宮闕倉廩府庫城池苑囿之大, 見歐陽公, 聽議論之宏辯, 而又見韓太尉, 願承光耀, 以盡天下之大觀而無憾也. 仲孚旣朝京闕, 其巨麗之觀, 當不讓於穎濱矣, 第未知得謁今之豪傑偉人如韓歐二公者, 有以激發而成就之乎. 他日歸來, 必有異於今日所見矣, 士別三日, 刮目相對, 豈虛言也哉."

할 바를 당부한 글이다. 여기에서 최해는 蘇轍을 예로 들어 견식의 중요성을 역설하고 있으며, 특히 중국의 문물을 보고, 뛰어난 학자들에게서 배운 뒤라야 비로소 큰 선비가 될 수 있다고 하였다. 이와 같은 최해의 언급은 다분히 고려라는 좁은 나라에서 벗어나 좀더 넓은 세상으로 나가고자 하는 생각이 내포되어 있다고 하겠다.

이처럼 원나라를 大國, 中華로 인식하고 있던 최해는 그의 제자였던 정포에게 이러한 의식을 그대로 물려주고 있다. 鄭誧는 일찍부터 拙翁 崔瀣에게 나아가 공부하여 그의 어법을 얻음으로써 詩文에 俗氣가 없었다고 한다.27) 그는 나이 18세에 과거에 급제를 하는 등 일찍부터 그 才藝를 드러내었다. 그러나 가문의 연원이 깊지 않았기 때문에 주위의 시기와 견제가 심하여 忠惠王 때에는 蔚川과 福州로 유배를 가게 되었으며, 유배에서 풀린 후 그의 장인이었던 崔文度를 따라 燕京으로 갔으나 원으로 들어간 다음해에 병을 얻어 元都에서 죽은 인물이다.

〈中父 李翰林을 다시 元으로 보내면서〉
　　翰林豪氣浩難收　　한림의 호탕한 기운 넓고 넓어 거두기 어려워
　　湖海元龍百尺樓　　호해지사 元龍이 백 척 누대에 앉은 듯.
　　我欲隨君遊上國　　나도 그대 따라 상국에서 노닐고 싶으니
　　安能鬱鬱在荒陬　　어찌 답답하게 황폐한 구석에만 있을 수 있으랴.28)

이 시는 설곡의 절친한 친구였던 稼亭 李穀이 중국에 가서 과거에 급제한 후 고려로 사신의 임무를 맡아 환국했다가 다시 중국으로 되돌아갈 때 전송하며 지은 시이다. 여기에서 설곡은 원에 가서 벼슬을 하고 있는 가정을 부러운 눈길로 바라보고 있으며, 고려라는 작은 나라에서 답답하게 살만한 인물이 아니라고 스스로 생각하고, 자신도 중국으로 들어가 雄志를 마음

---

27) 『文藁』 卷20, 「鄭氏家傳」, "雪谷字仲孚, 泰定丙寅年十八, 連中進士科及第科. 喜從鷄林崔拙翁游, 得其語法, 故其詩文無俗氣."
28) 『雪谷詩稿』 卷1, 〈送中父李翰林還朝〉.

껏 펴보고 싶은 호기를 나타내고 있다. 이러한 경향을 나타내는 정포의 시로는 〈瀋陽雜詩〉, 〈奉表將之燕都黃崖嶺道中〉 등이 있다.

이처럼 원의 간섭이 시작된 후에 태어난 고려의 문인들은 적극적으로 원의 문화를 수용하려는 방향으로 변화되었다. 고려라는 한정된 공간에서 기득권층 세력을 제치고 중앙으로 진출할 수 없음을 인식한 일부의 문인들은 원으로의 진출을 통해 새로운 세력을 형성하고자 하였다. 이미 원은 세계의 제국으로 확립되었으며, 그 문화도 다양하게 형성되었다. 따라서 상당수의 고려 문인들은 이러한 문화를 빠르게 습득하여야 자신의 목적을 쉽게 이룰 수 있기 때문에 원의 문화를 적극 수용하였으며, 이를 고려에 전파하게 되었다. 즉 원 간섭 초기의 문인들은 사회적 진출을 위한 방편으로 원의 문화를 빠르게 수용하였으며, 다양하고 폭넓은 문화를 형성하고 있던 원에 대해 막연한 희망과 선망 의식을 가지게 되었다.

이와 같이 막연한 원의 문화에 대한 동경은 원을 통해 그 입지를 굳건히 한 세력이 늘어나면서 점차 호감으로 바뀌게 되었고, 원의 문화 속에 편입되는 데 대해 강한 자부심을 가지는 경향이 나타나게 되었다. 또한 실제로 원의 과거에 급제를 하여 관직을 받는 것이 훨씬 더 명예스러운 일이 되었다.

稼亭 李穀은 1317년(忠肅王 4年) 고려의 擧子科에 급제를 하였으며, 1332년(忠肅王 復位 1年) 정동행성 향시에 선발되고, 다시 13년(忠肅王 復位 2年) 원나라의 制科에 합격하여 翰林國史院檢閱官이라는 원 조정의 정식 관직에 임명되었다. 이후 그는 원나라에서나 고려에서나 그 능력을 인정받아 순탄한 관직생활을 보내게 되었다.

이곡은 본관이 韓山인데, 이 韓山 李氏는 이곡과 그의 아들 穡에 의해 고려 후기 사회에 널리 알려지게 된 가문이다. 이곡의 아버지인 李自成은 뒤에 都僉議贊進士 井邑監務를 追封받았지만, 그의 代까지만 하더라도 戶長에 불과하였다. 즉 이곡과 그의 아들인 이색은 고려 후기에 진출한 대표적 신흥사대부층인 것이다. 따라서 이곡도 원나라에 가서 선진문물을 익히고, 넓은 식견을 얻는 것을 높이 평가하였다.

군이 매번 시를 짓고 술을 마시는 자리에서 개연히 탄식하며 "지금 우리 원나라가 높고 혁혁하여 처음엔 武力으로 천하를 통일하더니, 지금은 文治로 海內를 윤택하게 하였다. …… 남아로서 한 고을만 지키고 한 가지 일에만 국한될 수 없다. 나는 장차 북으로 중국에 가서 배우겠다."라고 말하더니 곧 小雅 伐木篇의 "깊은 골짝에서 벗어나 우뚝한 나무에 옮긴다.(出于幽谷 遷于喬木)"는 구절을 외우며 세 번이나 되씹었다. …… 나는 負薪의 병으로 행보를 끊은 지가 며칠 되었는데, 어제 누가 와서 군의 북행을 말해주므로, 그 말과 행동이 일치함을 장하게 여기고 곧장 20자를 지어 송별하노라.[29]

고려 후기 과거에 급제를 하게 되면 그 과거를 중심으로 여러 가지의 관계가 형성된다. 考試를 주시하였던 知貢擧는 급제자의 座主가 되고 급제자들은 좌주의 門生이 되는데, 이들은 아버지와 아들과 같이 극진한 예를 다하였다. 또한 같은 과거에 함께 급제한 사람들은 同年이라고 하여 친형제와 같이 지내며, 壯元을 한 사람을 우두머리로 하여 함께 모임을 가지기도 하였다.

여기서 이곡은 同年인 金東陽이 평소에 큰 뜻을 품고 중국에 가서 그 뜻을 한번 펼쳐보려는 마음이 있었는데, 그것이 말로만 그런 것이 아니라 실제 중국으로 떠나가게 되자 이를 축하하는 의미에서 시를 지어 송별하고 거기에 序文을 붙이고 있다. 여기에서도 당시 문인들의 원나라에 대한 의식이 잘 드러나고 있다. 이들은 원나라를 고려와는 다른 별개의 국가로 인식하는 것이 아니라 하나의 공동체로 인식을 하고 있음을 볼 수 있다. 또한 좀더 넓은 세계인 원나라로 가는 것에 대해서도 긍정적으로 받아들이고 있다.

〈길을 가면서 읊다〉

我行灤京路九百	내 난경을 향해 가니 길은 구백 리
風土雖殊差可樂	풍토는 비록 다르나 자못 즐거워라

---

29) 李穀, 『稼亭集』 卷8, 「送金同年東陽遊上國序」, "君每於詩酒間, 慨然嘆曰, 今我皇元, 巍巍赫赫, 始以武功定天下, 今以文理洽海內. …… 男兒不可守一鄕局一事也. 吾將北學于中國, 仍誦小雅伐木篇出于幽谷, 遷于喬木, 未嘗不三復也. …… 僕以負薪之憂, 絶往還者有日矣. 昨有以君之北轅來告者, 壯其言行之相侔, 立綴二十字爲別."

> 鵬窠以南山漸佳　　鵬窠 이남으론 산이 점점 아름답더니
> 龍門之北水皆惡　　龍門의 북쪽은 물이 다 사납구나.
> 李老谷深天地窄　　李老谷이 깊으니 하늘과 땅이 좁고
> 槍竿嶺峻雲霄薄　　槍竿嶺이 드높으니 구름도 엷구나.
> 皇朝風雅不敢繼　　황조의 風雅야 감히 이을 수 있으랴만
> 遇興拙筆無由閣　　흥을 만나면 졸렬한 붓이라도 놓을 수 없구나.[30]

이처럼 李穀도 당시의 여타 지식인들과 같이 원나라를 부정적인 나라로 인식하지 않고 있으며, 오히려 강남을 근거지로 원나라에 항거하였던 南宋人들을 비웃고 있다. 나아가 원나라가 중원을 통일하여 통치하는 것에 대해 큰 자부심마저 느끼고 있다. 또한 원으로 벼슬살이를 하기 위해 가는 길이 아무리 험하고 힘들어도 즐겁기만 하다고 하면서 원의 풍속에 대해서도 극찬하고 있음을 볼 수 있다.

〈家兄의 韻으로 아들에게 부치다〉
> 男兒須宦帝王都　　남아는 제왕의 도읍에서 벼슬해야 하는 법
> 若欲致身均是勞　　몸을 빛내려 한다면 노력뿐인 게야.
> 汝識宣尼小天下　　명심해라! 공자가 천하를 작게 여기신 것은
> 只緣身在泰山高　　오직 그 몸이 드높은 태산에 있기 때문이란 것을.[31]

이것은 이곡이 원나라의 수도인 太都에 있으면서 집에 있는 아들인 이색에게 보낸 시이다. 이 시는 1345년(忠穆王 元年)에 쓴 시로 이곡의 나이 48세 때이고, 이색의 나이 18세 때의 일이다. 여기에서 이곡은 아들에게 원대한 포부와 뜻을 지녀야 하며, 그러기 위해서는 그만큼의 노력이 필요하다는 것을 역설하고 열심히 공부할 것을 권하고 있다. 또한 사나이로 태어나서 벼슬을 하려면 마땅히 큰 나라에서 해야 될 것이라고 말하고 있다.

---

30) 『稼亭集』, 卷14, 〈途中吟(上都作)〉.
31) 『稼亭集』, 卷18, 〈用家兄詩韻寄示兒子納懷〉.

2) 東人意識의 擡頭

　몽고의 침입과 함께 오랫동안 전란을 겪고, 급기야 원나라의 정치적 간섭기에 처하게 되자 고려인들은 이민족, 특히 몽고에 대한 인식은 상당히 부정적이고 적대적이었다. 또한 고려의 문인들은 원 세조가 중원에 大元이라는 왕조를 건설한 후에도 외교적인 경우를 제외하고는 나름대로의 자주성과 정통성을 강하게 유지하고 있었음을 확인할 수 있다. 李奎報의 〈東明王篇〉과 李承休의 〈帝王韻紀〉라는 장편 서사시를 통해 海東文化의 우월성과 역사적 전통에 대해 강한 자부심을 나타내기도 하여 자주적인 면모를 나타내었다. 이 두 작품은 비록 무력에 의해서 핍박을 받고는 있지만, 고려는 역사와 전통이 다른 어느 민족과 비교하여 뒤지지 않는 국가임을 은연중에 강조하고 있는 것이다.

　이와 같은 의식은 고려와 원과의 관계가 밀접하게 개선되면서 퇴색되는 듯 하였다. 문물과 인물의 교류가 활발해지게 되자 양국 간 문사들의 교유도 빈번하게 되었으며, 숙위로 원도에서 다년간 체류를 하거나 원의 제과에 응시하기도 하고, 원의 관직을 얻어 자신의 입지를 굳건히 하고자 하는 예가 늘어나게 되었다. 그러나 고려의 문인들은 원의 문사들과 접촉이 많아지면 많아질수록 고려 고유의 문학에 대한 자부심과 애착을 가지게 되었다. 우리의 문학이 다른 어느 것과 비교하여도 뒤지지 않는다는 확신을 가지게 된 것이다.

　　다행히 하늘이 皇元을 열어 列聖이 연이어 나와 천하가 문명으로 밝아졌고, 과거를 마련하여 선비를 뽑은 것도 벌써 7회나 거쳤다. 德化가 크게 일어나 文軌가 다르지 않은지라 비록 나 같은 疎淺으로도 역시 일찍이 외람되이 합격되어 이름을 金榜에 걸고 중국의 才子와 더불어 서로 접촉한 기회를 얻었던 것이다. 간혹 東人의 文字를 보기 원하는 자가 있었는데, 나는 다만 만들어진 책이 있지 않다고 대답하고는 물러나 부끄럽게 여겼다. 이에 비로소 類書를 편찬할 뜻을 두고 東으로 돌아와서 10년을 두고 일찍이 잊은 적이 없었다. 지금 집에 간직된 文集에서 찾아내고, 本家에 없는 것은 두루 남에게 빌리어 모두 모아 엮어서 그 다르고 같음을 교정했다. 新羅 崔孤雲에서 시작하여, 忠烈王 시대의 여러 名家에 이르기까지 약간의 詩를 뽑아서 題를 五七이라 하고, 약간의 문장을 뽑아서 題를 千百이라 하고, 약간의 騈驪文을 뽑아서 題를 四六이라 하고, 총괄하여 제목을 東人文이라 하였다. …… 그러나 동방의 작문 체제를 보고자 할진대, 이것을 버리고 달리 구할 길은 없다.[32]

이처럼 원에서의 생활을 경험한 사람일수록 동방의 문학과 문화에 대한 관심과 자부심을 강하게 나타내고 있다. 이것은 당시 세계적인 대제국을 건설하였던 원나라였기 때문에 원도의 문화는 다국적이었을 것으로 생각된다. 이와 같은 다양한 문화를 접할 수 있었던 고려의 문인들은 우리 고유의 문화에 대해 다시 한번 깊이 생각할 기회를 가질 수 있었으며, 고려의 문화가 절대 다른 여타의 문화와 비교하여도 뒤지지 않는 뛰어난 것임을 인식하였던 것이다.

또 나는 일찍이 말하기를, "말이 입에서 나와 글이 이루어지는데 중국 사람의 學은 그 固有를 바탕삼아 나아가므로 정신을 많이 허비하지 않고도 세상에 뛰어난 인재를 쉽게 헤아릴 수 있다. 우리 東人의 경우는 언어가 이미 華夷의 구별 있어서, 천부적 자질이 진실로 명민하고 예리하여 천백 배 힘을 쓰지 않는다면 학문에 있어 어찌 성취함이 있을 수 있으랴! 다만 一心의 妙를 의지하여 천지사방에 통달한다면 털끝만큼도 차이도 없을 것이요, 得意의 경지에 이른다면 오히려 어찌 스스로 굴하여 그네들에게 많이 양보하겠는가.[33]

---

32) 崔瀣, 『拙稿千百』 卷2, 「東人之文序」, "幸遇天啓皇元, 列聖繼作, 天下文明, 設科取士已七擧矣. 德化丕昌, 文軌不異, 顧以予之疎淺, 亦嘗濫竊掛名金牓, 而與中原俊士得相接也. 間有求見東人文字者, 予直以未有成書對, 退且恥焉. 於是始有撰類書集之志, 東歸十年, 未嘗忘也. 今則搜出家藏文集, 其所無者, 偏從人借, 裒會採掇, 校厥異同, 起於新羅崔孤雲, 以至忠烈王時 凡名家者, 得詩若干首, 題曰五七, 文若干首, 題曰千百, 騈驪之文若干首, 題曰四六, 摠而題其目曰東人文. …… 然欲觀東方作文體製, 不可捨此而他求也."

33) 같은 곳, "又嘗語之曰, 言出乎口而成其文, 華人之學, 因其固有而進之, 不至多費

　이처럼 우리의 문자가 중국의 그것과 다르기 때문에 저들은 많은 노력을 기울이지 않고서도 문장과 시를 지을 수 있지만, 우리의 경우 몇 갑절의 노력을 들여야만 한다는 것을 말하고 있다. 그러나 마음속에서 느끼고 그것을 진실하게 표현하는 것은 누구나 마찬가지이기 때문에 중국과 비교하여도 다를 바가 전혀 없다는 것이다. 즉 우리나라의 감정과 느낌으로 지은 것은 그들과 비교하여도 조금도 뒤지지 않으니 굳이 애석해할 필요가 없다고 하였다.[34]

　이처럼 원과의 문화교류가 확대되면 될수록 고려 고유의 문학이 가지는 가치를 새롭게 인식하였으며, 이러한 연장선상에서 동방의 역사와 문화에 대한 관심도 고조되기 시작하여 우리의 지명, 우리의 인물을 작품 소재로 사용하여 중국 문학과 대등한 가치를 지니고 있다는 것을 증명하려고 하였다.

　　하지만 전대의 작품을 보니 모두 진부한 말들을 답습했을 뿐 新意를 드러내지 못했으니 족히 볼만한 것이 없었다. 근자에 起居注 李公이 중국의 과거에 급제하여 돌아오니 사대부들이 시를 지어 바쳤는데, 저마다 三韓異迹을 각각 점하여 제목으로 삼으니 語意가 비슷하지 않아 기발한 작품이 되었다.[35]

　謹齋가 1343년 상주목사로 있을 때, 白文寶가 안렴사로 오게 되자 함께 기거주 이공의 시체를 본받아서 우리나라의 지명을 소재로 시를 지었다는 내용이다. 여기에서 기거주 이공은 李仁復이다. 이인복은 1342년(충혜왕 복위 3년) 원의 제과에 급제를 하였던 인물이다. 여기에서 전대의 작품은 모두 중국의 지명과 사적을 소재로 중국의 시를 모방하여 지어졌기 때문에

精神, 而其高世之才, 可坐數也. 若東人, 言語既有華夷之別, 天資苟非明銳, 而致力千百, 其於學也, 胡得有成乎! 尚賴一心之妙, 通乎天地四方, 無有毫末之差, 至其得意, 尚何自屈而多讓乎彼哉!"

34) 최해의 민족문학론에 대해서는 韓榮奎, 「최해의 시문학과 선시의식」(성대 석사논문, 1992)와 김성룡, 「최해의 민족문학론」(『여말선초의 문학사상』, 한길사, 1995)에서도 언급하고 있다.

35) 安軸, 『謹齋集』 卷2, 〈白文寶按部上謠八首 幷序引〉, "然閱前代之作, 皆踏襲陳言, 而不能表出新意, 故皆不足觀也. 近者, 起居注李公自中朝登第而還, 士夫賦詩贈行, 各占三韓異迹爲題, 語意不類, 眞奇作也."

진부한 것이 되었고, 우리 삼한의 이적을 소재로 지은 것은 말뜻이 달라 진정 기발한 작품을 이룰 수 있었다는 말이다.

이처럼 동방의 지명이나 사적을 중심으로 시문을 창작하려는 경향이 원에 가서 중국의 문물을 접해본 문인들을 중심으로 활발하게 일어난 것이 원 간섭기 문학의 두드러진 특징 중의 하나이다. 익재 이제현과 급암 민사평에 의해 창작된 소악부도 이와 같은 선상에서 평가될 수 있다. 이 소악부는 고려시대의 대표적인 민간의 가요인 고려 가요를 소재로 하여 이를 칠언절구의 악부형식에 맞추어 새롭게 창작한 것이다.

원 간섭기의 詩文은 우리나라의 역사와 지명, 사적, 민요에 이르기까지 그 작품의 소재가 확대됨을 볼 수 있다. 이러한 경향이 대부분 원의 다양한 문화를 직접 접할 기회를 가진 문사들을 중심으로 나타난다는 것이 특징이라고 하겠다. 이들은 이제까지 중국의 시문을 모방하고, 중국의 사적과 역사를 시문의 소재로 사용하며, 그들이 보고 생각한 것에 근접하려고 부단히 노력했던 과거를 반성하고 우리 고유의 소재와 사상을 담는 것이 더욱 중요하다는 것을 인식한 결과라고 하겠다. 동인의 문학은 남을 모방하거나 뒤쫓아 가는 것이 아니라 우리의 시문에 담겨져 있는 의미를 발견하고 확대해 나간다면 저 오랑캐로 천대받던 몽고족이 중원 대륙의 지배자로 인정되는 것처럼 고려도 중화를 이룰 수 있다는 인식을 가지게 되었다고 할 수 있다.

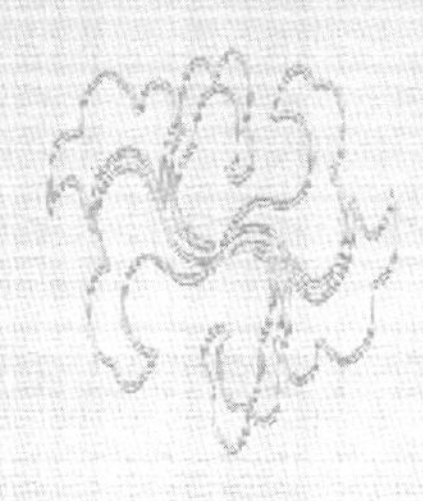

Ⅲ

牧隱의 삶과 詩世界

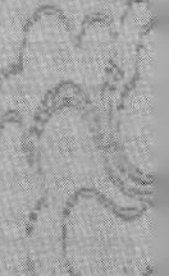

1. 牧隱의 삶과 思惟의 變化

1) 出生과 少年期의 讀書

1329년(戊辰, 충숙왕15) 5월 9일 외가인 영해에서 출생한 목은은 두 살이 되던 해에 고향인 한산으로 돌아와 살았으며, 이미 8세 때부터 한산의 숭정산을 시작으로 이곳저곳의 산천을 돌며 시문을 익히고 수학을 하였다. 14세 때인 1341년(辛巳, 충혜왕 복위2)에는 江華島 喬桐의 華盖山에서, 17세 때인 1344년(甲申, 충혜왕5) 봄에는 漢陽의 三角山에서, 이해 가을에는 見州(현재의 경기도 楊州)의 紺嶽山에서, 다시 겨울에는 靑龍山에서, 18세 때인 1345년(乙酉, 충목왕 원년)에는 西州(현재의 충청남도 舒川)의 大芚山에서, 그 다음해인 19세 때에는 平州(현재의 황해도 平山)의 牧丹山에서 공부를 하였다.[1]

---

1) 『詩藁』卷17, 〈讀書處歌 幷書〉, "韓山崇井山, 予生二歲, 父母歸于鄕, 八歲以後所居也. 喬桐華盖山, 十四歲所居也. 漢陽三角山, 十七歲春所居也. 見州紺嶽山, 其秋所居也. 靑龍山, 其冬所居也. 西州大芚山, 十八歲所居也. 平州牧丹山, 十九歲所居也."

이때까지는 특별한 스승이 없이 산사에서 독서를 하거나 시문을 짓는 연습을 하면서 보냈던 것으로 보인다. 왜냐하면 이때 부친인 稼亭은 원나라의 制科에 급제를 하여 원의 大都에서 관직생활을 하고 있었기 때문에 직접 가르침을 받을 수 없었기 때문이며, 또한 불교중심의 문화 발전과 무신의 난 이후 詩僧들이 많이 늘어난 이유로 생각된다. 고려 중기 이후 산사의 승려들과 문인 관료들이 문학을 매개로 활발하게 교류한 흔적은 쉽게 찾아볼 수 있다. 이러한 상황에서 어린 시절 산사에 들어가 학습하는 것은 당연한 일이었을 것으로 생각된다. 이러한 사정은 목은의 시에서도 알 수 있다.

〈모란산 3수〉
　　細嚼僧窓飯一盂　　절의 창가에서 밥 한 바루 꼭꼭 씹어 먹고
　　盍簪談笑送朝晡　　선비들 모여 담소하며 하루해를 보내네.
　　乘間誦過全篇語　　틈틈이 전편의 글을 모두 외워 나가다가
　　問却諸公箇箇無　　물어 보던 여러 사람들 모두 어디로 갔는지?2)

위의 시는 평주의 모란산에서 19세 때 공부하던 모습을 읊은 세 수의 시중 마지막 수이다. 여기에서 '盍簪'은 선비들의 모임을 뜻하는 것으로, 이미 목은 이외에 많은 선비들이 모란산에 있던 산사에 모여 함께 강론하며 수학하고 있음을 알 수 있다. 또한 『牧隱詩藁』곳곳에서 젊은 시절 산사에서 함께 공부하던 친구들을 그리워하는 내용을 볼 때에도 잘 알 수 있다.

이처럼 8세부터 원으로 건너가기 전까지 10여 년이 넘도록 산사를 찾아 학습을 하였으며, 이 과정에서의 학습방법은 서책을 보고 외웠던 것으로 생각된다. 그러나 일정한 스승이 없었기 때문에 시와 문을 읽고 외우는 학습을 위주로 하였다. 하지만 특별히 총명하였던 목은은 이런 방법의 학습을 통해 14세에 이미 成均館試에 합격할 수 있는 바탕을 마련하였으며, 원의 국자감에 입학한 이후에도 중국의 학자들이 놀랄 만한 학문적 깊이를 축적

---

2) 『詩藁』卷6,〈牧丹山 三首〉.

할 수 있었다.

2) 靑·壯年期 詩의 東人意識과 改革意志

(1) 元文化의 經驗과 東人意識의 自覺

목은의 나이 20세가 되는 1347년(丁亥, 충목왕3), 중국 원의 제과에 급제를 하고 원의 수도인 대도에서 관직생활을 하고 있던 부친 가정을 따라갔다가 그곳의 국자감인 벽옹에서 공부할 수 있는 기회를 얻었으며, 다음해에 정식으로 국자감의 생원이 되었다. 이곳에서의 3년간의 수학은 목은의 학문에 있어 커다란 전환점이 되었다. 수많은 석학들과 다양한 학문세계를 접할 수 있었으며, 다양한 세계문화를 체험할 수 있었기 때문이었다.

이때 원의 정치·사회적 상황은 그리 좋은 편은 아니었다. 가장 강력한 권력으로 기반을 다졌던 원 세조 이후 잦은 권력 투쟁과 왕위의 교체, 그리고 중국의 문화를 제어하고 견제할 수 있는 문화적 기반을 갖추지 못하였기 때문에 날로 혼란스러워지는 상황이었다. 특히 마지막으로 황위에 오른 順帝는 우유부단한 성품으로 인해 통치 후기로 가면서 국정이 더욱 흔들리고 강남을 중심으로 중국 각 지역에서 원에 대한 반대세력들의 발호가 거세지던 시기였다.

하지만 원 세조에 의해 세계 최대의 국가가 이루어지고, 중국의 전통문화를 중심으로, 색목의 문화, 아라비아의 문화 등을 아우른 다원적 문화가 융합되던 시기도 또한 이때이다. 이때 원의 수도는 다양한 인종과 다양한 문화가 함께 공존하던 국제적인 도시였다. 이러한 다양하고 화려한 문물을 접한 목은의 감회는 남달랐으며, 이후 그의 학문세계도 큰 변화를 맞이하게 되었다.

〈연산의 노래〉

燕山之陽雲如堆	연산의 남쪽엔 구름이 산더미같이 쌓여
龍飛鳳舞源源來	용이 날고 봉이 춤추듯 끝없이 이어졌네.
長城中斷居庸關	만리장성은 居庸關에서 끊어지고,
春風秋月軒轅臺	봄바람 가을 달은 軒轅臺에 있도다.
昭王一去亦已矣	소왕은 한 번 가서 다시오지 않거늘
黃金千載空塵埃	황금대는 천년의 세월에 부질없이 먼지가 되었네.
天旋地轉光嶽合	하늘과 땅이 돌아 삼광 오악의 정기가 합쳐지고,
土圭日影明堂開	토규로 해 그림자 재어 명당이 열렸구나.
四方漕廥蓄山海	사방에서 운송한 곡식 산해처럼 쌓였고
萬國玉帛馳風雷	만국의 백옥, 비단 바람과 우뢰처럼 내닫네.
吾聞在德不在險	나는 덕에 있지 험준함에 있지 않다고 들었으니
傳世百萬何疑哉	백만 년 전해짐에 무엇을 의심하랴!
秦皇唐明共一轍	진시황과 당 현종은 같은 길을 걸었으나,
不是驪山爲禍胎	驪山이 재앙의 근원은 아니었다네.
臨風獨立意蒼莽	바람 앞에 홀로 서니 뜻이 아득한데,
日暮車馬爭喧豗	해질녘 수레와 말 울음소리 어찌나 시끄러운지.3)

　23세 때인 1350년(庚寅, 충정왕2) 목은은 원의 국자감 생원으로 입학하여 수학을 하다가 잠시 휴가를 얻어 고려로 돌아오면서 노래한 시이다. 여기에서 燕山은 본래 지금의 북경근처에 있는 산으로 일반적으로 원의 수도인 大都를 의미하는 異稱으로 쓰인다.

　20대에 쓴 목은의 시가 대부분 그러하듯이 이 시도 호쾌한 기상을 느낄 수 있는 시이다. 먼저 원은 천지의 운수가 돌고 변하여 三光五嶽의 기운이 합쳐져 이룩된 나라라고 하면서, 각 처에서 밀려온 온갖 문물들이 산처럼 쌓이고 번성하였으니 틀림없이 이러한 운수는 길이길이 오래갈 것이라고 읊고 있다. 그만큼 목은이 느꼈던 원의 문화가 다양하고 번화하였던 것을 알 수 있다.

---

3) 『詩藁』 卷2, 〈燕山歌〉.

元都에서의 생활도 점점 시간이 지나면서 나아지기 시작했다. 이 시기에는 고려와 원의 관계는 국경이 없었다고 할 수 있을 만큼 긴밀한 관계에 있었다. 따라서 元都에서도 고려인들을 쉽게 찾아볼 수 있었고, 함께 모여 시를 읊거나 고향에 대한 이야기를 할 수 있었다. 당시 고려는 문벌 귀족사회가 고착화되어 있었기 때문에 지방 호족세력이 새롭게 중앙으로 진출할 수 있는 기회가 거의 없었다. 과거를 통하는 방법이 유일한 것이었지만 이것도 한계가 있어 쉽지 않았다. 이러한 어려움 때문에 고려 내에서 관직을 찾는 것보다 원나라에 들어와 관직을 얻고, 다시 고려로 돌아가는 방법을 모색하게 되었으며, 실제로 원에서 관직을 얻게 되면 고려 내에서의 관직보다 훨씬 영광스럽게 여기곤 하였다. 가정도 이러한 당시의 사회분위기에 힘입어 목은을 원의 국자감에 입학시켰던 것이다.

灤京分學去	灤京에 分學되어 갔다가
瀚海省親回	넓은 바닷가로 부모님 뵙고 돌아왔네.
久別心應苦	오랜 이별에 마음은 응당 괴로웠지만
初逢意自開	만나자마자 뜻이 절로 즐거워지네.
杏壇春欲動	杏壇에는 봄기운이 움직이려 하고
槐市雪猶來	槐市에는 아직 눈이 내리네.
肯使飢腸凍	기꺼이 굶주린 배가 얼어붙더라도
晨鐘動月臺	새벽종에 月臺로 나아간다네.4)

이 시는 23세 되는 1350년(庚寅, 충정왕 2) 가을 잠시 휴가를 얻어 고려로 돌아와 부모님을 뵙고, 다시 12월에 松京을 떠나 1351년 正月 국자감에 들어가 동료들을 보고 지은 것이다. 모두 세 수이며 이것은 두 번째 수이다. 고향으로 부모님을 뵙고 오는 동안 동료들과 떨어져 있어 아쉬웠는데, 다시 만나게 되니 마음이 저절로 즐거워진다고 말하고 있다. 아직 辟雍

---

4) 같은 곳, 〈十二月二十日 發王京 明年正月還學〉.

의 주위는 한겨울이지만 곧이어 봄이 올 것이라는 희망을 가지고 새벽부터 추위와 배고픔을 잊고 학업에 전념하고자 하는 결의를 보이고 있다. 이미 3년 동안이나 원도에서 생활을 하였기 때문에 중국의 언어와 문화에 어느 정도 익숙해져 안정된 모습을 보이고 있다.

이처럼 20세에 원도의 국자감에 입학을 하면서 시작한 중국 생활은 규모의 광대함과 문화의 다양함을 체험하게 되고 이를 통해 넓은 세계관과 문학적 역량을 기를 수 있었다. 또한 그동안 가지고 있었던 華夷觀에도 큰 변화를 가져오게 되어 中華와 邊夷의 사이는 아무런 차이가 없다는 평등적 사고방식을 형성하는 바탕이 되었다.

〈봉성을 나서며〉

皇帝龍飛十八春	황제가 즉위한 지 18년,5)
赫然萬目俱更新	찬연히 모든 것이 더 새롭네.
夔皐稷契效寅亮	기, 고요, 후직, 설의 인량을 본받으니
蹕世唐虞堯舜民	세대를 뛰어 넘어 요순시대의 백성이 되었네.
磨光刮垢無不錄	빛을 갈고 때를 닦아내어 기록하지 않음이 없고
黃鍾瓦缶相成倫	황종과 와부는 서로 짝을 이루네.
滋泉莘野迹如掃	莘野에 샘물이 불어나니 자취가 쓸어버린 듯하고
鋤鐵牛角流芳塵	쇠뿔을 기름사초로 꿰매니 향기로운 기풍이 흐르네.
天教小臣生東埛	하늘이 나로 하여금 동쪽 들판에 태어나게 하였지만,
變化氣質希螟蛉	기질을 변화시켜 배추벌레를 드물게 하길 바라네.
負笈來游壁水下	책궤를 짊어지고 壁水 아래 유학하면서
數年聽瑩絃誦聲	몇 년 동안 글 읽는 소리 알아듣지 못했네.
今朝垂橐故山去	오늘 아침 봇짐을 늘어뜨리고 고향으로 가느라고
騎馬悠悠出鳳城	말을 타고 유유하게 봉성을 나서네.6)

---

5) 元 順帝는 寧宗의 뒤를 이어 1333년 6월 즉위를 하였다. 따라서 목은이 이 시를 썼을 때인 23세 때가 순제 즉위 18년이 되는 해가 된다.

6) 『詩藁』 卷2, 〈出鳳城〉.

이 시도 국자감에서 공부하던 중 휴가를 받아 고려로 돌아오기 위하여 대도를 출발하면서 지은 시이다. 목은에게 있어서 원의 문화는 새롭고 체계화되어 있는 것으로 비춰졌다. 그동안 빛나는 문화를 더욱 빛나게 하였고, 문물·제도는 요순시대와 같이 되었음을 노래하고 있다. 또한 비록 자신은 동쪽의 조그만 구석에서 태어났지만 원이라는 크고 번화한 문화를 익힘으로써 그 기질을 변화시켜 앞으로 큰일을 하겠다는 당당한 포부를 내비치고 있다.

하지만 목은은 원의 국자감에 입학하여 수학하면서 언어가 달라 공부하는 데 많은 어려움이 있었음도 말하고 있다. 그렇지만 집으로 돌아가는 지금은 모든 고난을 이겨내어 안정된 모습을 되찾고 있다. 이때는 고려가 원의 간섭을 받기 시작한 지 상당한 기간이 지난 후이기 때문에 고려인들 중에 중국어나 몽고어를 구사할 수 있는 사람들이 많이 있었을 것으로 생각되기는 하지만, 목은이 원으로 건너가기 전에 이들 언어를 배웠다는 기록이 없고, 부친인 가정도 이미 고려로 귀환한 이후이기 때문에 언어 소통에 있어서의 장애를 극복해야만 하였다. 더구나 민족에 따라 차별이 심하던 원의 사회에서 상대적으로 약세에 있던 고려인으로서 받는 소외감은 훨씬 더 큰 고통이었음을 볼 수 있다.

　　목은이 처음 원나라에 들어갔을 때, 원의 문사들이 그를 조금 얕잡아 보고 조롱하기를 "잔 들고 바다에 들어오니 바다 넓은 줄 알았구나."라고 하자, 목은이 이에 응답하여, "우물에 앉아 하늘 바라보며 '하늘 좁다' 하는구나."라고 하니, 조롱하던 자들이 더이상 뒤를 잇지 못하였다.[7]

원의 문사들에 비해 조금도 굴하지 않는 당당함과 목은의 능력을 보여주는 내용이기는 하지만 당시 고려 문인들이 가졌던 원에서의 사회적 지위를

---

7) 徐居正, 『東人詩話』 卷下, "牧隱初入元朝, 文士稍輕之, 嘲曰, 持杯入海知多海. 牧隱應聲曰, 坐井觀天曰小天, 嘲者更不續."

짐작할 수 있는 내용이다. 약소국의 이민족으로서 받는 차별은 원에 머물며 계속 받았을 것이며, 이러한 기회는 다시 한번 자신이 태어난 고려라는 국가와 민족의 정통성을 일깨워주는 계기가 되었으리라 생각된다.

이와 같은 민족적 정통성에 대한 자긍심을 東人意識이라고 말할 수 있다. 이런 동인의식은 이미 앞에서도 밝힌 바와 같이 고려 중기 이후 외세의 침략이 거세지면서 두드러지게 나타나기 시작하였다. 민족의 연원과 역사성에 관심을 가지고 얼마나 독자적으로 다양하고 수준 높은 문화를 발전시키며 살아왔는가에 대한 올바른 이해는 외세에 의해 간섭되는 고려사회의 상황을 조금이나마 위안할 수 있는 것이었다.

〈정관음, 유림관에서 짓다〉

晉陽公子結豪客	진양공자(唐 太宗)는 호걸들과 결탁하여
風雲壯懷滿八極	풍운의 장한 뜻이 천하에 가득했네.
赫然一起揮天戈	우뚝이 떨쳐 일어나 天戈를 휘두르니
隋堤楊柳無顔色	수나라 제방의 버들이 빛을 잃었네.
已蹝殷周成武功	은나라 주나라 이어 무공을 세웠으니
宜追虞夏敷文德	舜과 禹를 따라 문덕을 펼쳐야 한다네.
持盈守成貴安靖	커다란 공적을 지키며 안정을 귀히 여겨야지,
好大喜功多反側	큰 공만 좋아하면 도리어 뒤집히기 쉽다네.
三韓箕子不臣地	삼한은 기자가 신하 되지 않은 땅
置之度外疑亦得	그냥 버려두는 것이 득이 될 법하건만
胡爲至動金玉武	어찌하여 금옥 같은 군사를 움직여서
銜枚自將臨東土	말에 재갈 물리고 동쪽으로 치러 왔나
貔貅夜擁鶴野月	사나운 군사들 요동 땅에서 밤을 새우고
旌旗曉濕鷄林雨	깃발은 계림의 새벽 비에 젖었네.
謂是囊中一物耳	주머니 속의 물건처럼 쉽게 여기더니
那知玄花落白羽	어찌 알았으랴! 흰 화살이 눈에 꽂힐 줄을.
鄭公已死言路澁	정공은 이미 죽어 언로도 막혔으니
可笑豊碑蹶復立	풍비가 넘어졌다 다시 일어섬이 우습구나.

回頭三叫貞觀年   고개 돌려 정관년을 세 번 소리치니
天末悲風吹颯颯   하늘 끝에서 슬픈 바람만 휘휘 불어오네.8)

　이 시도 원도에서 수학을 하다가 처음으로 휴가를 얻어 고려로 돌아오며 中國 河北省 景縣 근처에 있는 楡林關에서 묵으며 지은 목은의 대표작 중의 하나이다. 豪放하고 거침없는 시상의 전개와 짜임새 있는 시어들은 당시 목은의 활달하고 자신감에 가득찬 심리적 상태를 짐작하기에 충분하다.

　晉陽公子는 唐 高祖 李淵이 晉陽公이었기 때문에 그의 아들인 唐 太宗을 지칭한 것이다. 唐 太宗 李世民은 아버지 高祖를 도와 隋를 멸망시키고 唐을 세우는 데 결정적인 역할을 했던 인물이다. 이후 태자인 형과 동생을 죽이고 아버지 高祖에 이어 두 번째 황제가 되었다. 당 태종은 중국 역사상 "貞觀의 治"라는 말이 있을 정도로 정치・사회적 안정과 문물의 번성을 이루어 후대의 제왕들이 본받을 만한 표상으로 삼았던 인물이었다.

　하지만 목은의 눈에는 그렇게 보이지 않고 있다. 겨우 사리판단을 잘못하여 몸을 상한 인물로 그리고 있다. 隋를 멸망시키고 당이라는 새로운 나라를 세웠으면 文治를 통해 이를 안정시키는 것이 가장 중요한 일인데, 큰 공을 탐하기만 하여 도리어 화를 당했다고 표현하였다. 우리 삼한은 이미 箕子 때에도 중국의 신하가 되기를 거부한 독자적인 국가요 민족이었는데, 이와 같은 東土를 공격하러 왔으니 아무리 날래고 용맹한 군사들이라도 패하는 것이 당연한 일이라고 하였다. 또한 주머니 속의 물건처럼 쉬운 일이라고 호언하던 당 태종이 도리어 화살에 눈을 잃을 줄은 꿈에도 생각하지 못하였을 것이라고 공격하고 있으며, 틀림없이 고구려 정벌을 반대하였을 鄭國公 魏徵을 생각하고 그의 비를 다시 세웠다는 사실을 조소하고 있다.

　마지막 연의 "고개 돌려 정관년을 세 번 소리치니, 하늘 끝에서 슬픈 바람만 휘휘 불어오네.(回頭三叫貞觀年, 天末悲風吹颯颯)"라고 한 것에서는 목은의 비분강개함을 느낄 수 있다. 당 태종의 강력한 군사들을 무참히 패

---

8)『詩藁』卷2,〈貞觀吟 楡林關作〉.

배시킨 당시 삼한의 기개와 대비되어 외세를 물리치지 못하고 핍박을 받고 있는 고려의 현실은 목은으로 하여금 부끄러움과 슬픔을 일깨워 주었다고 할 수 있다.

이 시에 대하여 조선시대 서거정은 다음과 같이 설명하고 있다.

> 목은의 시 〈貞觀吟〉은 호방하고 굳세며, 시원스럽고 웅장하다. 그 시의 한 구에 "주머니 속의 물건같이 쉽다고 하더니, 현화가 흰 깃에 떨어질 줄 어찌 알았으랴!"라 하였다. '玄花'는 당 태종의 눈을 말하고, '흰 깃'은 화살을 말한다. 세상에 전하기를, 당 태종이 고구려를 정벌하려 안시성에 이르렀다가 화살에 눈을 맞아 되돌아갔다고 한다. 『唐書』와 『通鑑』을 살펴보면 모두 이 사실을 싣고 있지 않다. 설령 그러한 사실이 있었다 하더라도 당시 사관들이 필경 중국을 위하여 쓰기를 꺼렸을 것이니, 그 기록되지 않은 것을 괴이하게 생각할 것은 없다. 다만 김부식이 지은 『三國史記』에도 역시 이 사실을 싣고 있지 않으니, 목은은 어디서 이 일을 알았는지 잘 모르겠다.[9]

여기에서 서거정은 중국 측의 史書에서 당 태종에 관한 위의 사실을 기록에 남기지 않은 것은 그리 이상할 것이 없다고 하면서, 다만 김부식의 『삼국사기』에도 기록되지 않은 것을 어떻게 목은이 알았을까 하는 의문을 제시하고 있다. 하지만 이 사실을 목은이 직접 만들어낸 이야기라고 보기는 어렵고 이전의 전적이나 말을 들어 알게 되었을 것인데, 중요한 것은 이러한 내용을 처음으로 시 속에 표현하여 민족적 자긍심을 높이고, 현실에 대한 반성을 하고 있다는 데 있다. 그만큼 목은이 인식한 東人意識은 외세의 침략을 물리치고 독립적이고 대등한 관계를 유지하고자 하는 인식에서 나온 것이라고 하겠다.

---

9) 徐居正, 『東人詩話』 下, "牧隱貞觀吟豪健快壯. 其一聯曰謂是囊中一物耳, 那知玄花落白羽. 玄花言其目, 白羽言其箭. 世傳唐太宗伐高麗, 至安市城, 箭中其目而還. 考唐書通鑑皆不載此事. 雖有之, 當時士官必爲中國諱. 無怪乎其不書也. 但金富軾三國史亦不載, 未知牧老何從得此."

〈파사부〉

我今長吟過遼野	나는 지금 길게 읊조리며 요동벌판을 지나는데
山路縈紆知幾舍	산길이 뒤엉켜 있으니 어디쯤이나 되었는가?
忽此數家鷄犬聲	홀연 여기 몇 집에서 닭과 개 짖는 소리 들리더니
當道誰何皆老兵	길에서 누구냐고 묻는 이 모두 늙은 병사이네.
鴨江東岸是吾土	압록강 동쪽 언덕은 우리 땅.
靑嶂白波相媚嫵	푸른 산봉우리와 흰 물결이 곱구나.
東韓仁壽君子國	동쪽 삼한은 仁壽한 군자의 나라로
唐堯戊辰稱始祖	요임금 무진년에 시조를 일컬었네.
綿歷夏商不純臣	하와 상을 거치며 순전히 신하 노릇은 않았고
箕子受封師道新	기자가 봉해지니 사도가 새롭게 되었네.
九疇森列照天下	구주가 삼엄하게 펼쳐져 천하를 비추었으니
當時親炙知何人	당시에 친히 감화받은 이가 누구이던가?
婆娑居民語音別	파사부에 사는 사람들은 말소리가 다르니
咫尺風氣如胡越	지척 간의 풍기가 마치 호와 월처럼 판이하네.
嗚呼世變日趨末	아, 세상은 변하여 나날이 말단으로 달려가는데,
楊花隨風亂飛雪	버들꽃은 바람 따라 날리는 눈발처럼 어지럽네.10)

　이 시는 목은의 나이 27세가 되는 1354년(甲午, 공민왕3) 2월에 실시된 원의 會試에서 第2甲 第2名으로 합격을 하고, 3월 고려로 돌아오는 도중에 지은 것이다. 파사부는 고려와 압록강을 사이에 두고 마주보고 있는 곳으로 遼寧省 鳳城縣(지금의 遼寧省 丹東市 鳳城)에 있던 곳이다.

　원의 制科에 급제를 하고 금의환향하는 목은은 압록강을 마주한 감회가 남달랐을 것이다. 강 건너 고국의 산천을 보고 '媚嫵'라고 표현한 것을 볼 때 그 기쁨이 얼마나 큰가를 짐작할 수 있다. 그는 이 시에서도 고려의 깊은 역사와 정통성이 중원의 나라와 민족에 비하여 훨씬 더 뛰어남을 말하고 있다. 요임금과 동시대에 나라를 세운 檀君의 일을 회고하고, 독자적으로 질서를 유지하고 문화를 발전시켜온 민족으로 성인들의 교화가 직접 이르러

---

10) 『詩藁』 卷3, 〈婆娑府〉.

현재와 같은 군자의 나라가 되었다고 하였다. 이와 함께 고려와 중원의 민족을 비교해보고는 강 하나를 사이에 두고 지척으로 접해 있지만 그 수준에 있어서는 현격하게 차이가 남을 역설하고 있다.

〈종 장〉

> 東方世教儘悠悠　　우리나라의 세교가 지극히 아득한데
> 箕子封來又幾秋　　기자가 봉해진 이래로 또 몇 해인가?
> 禹範九疇明似日　　우 임금의 홍범구주 태양처럼 밝으니
> 蒼生萬古倚洪休　　만고에 창생이 큰 복에 의지하게 되었네.11)

이 시도 위에 든 시와 같은 의미를 지니고 있다. 마치 고시의 형태로 쓰인 앞의 시를 절구의 형태로 요약한 것처럼 느껴진다. 이 작품은 1353년(癸巳, 공민왕2) 5월 益齋 李齊賢이 知貢擧로, 陽坡 洪彦博이 同知貢擧가 되어 실시한 과거에서 목은이 장원을 하였는데, 이때 종장에서 썼던 것으로 보이는 시이다. 그러니까 앞의 작품보다 1년 먼저 쓴 것이다.

또한 "일찍이 조천석이 있었다는 말 들었거니, 단군은 빼어나고 밝아 군웅의 으뜸이었다네.(聞說朝天曾有石, 檀君英爽冠群雄)"12)에서처럼 檀君始祖와 '朝天石'의 전설을 담고 있는 高句麗의 始祖 東明王 神話 등에도 큰 관심과 깊은 인식을 보이고 있음을 볼 수 있는데, 이와 같은 동명왕 신화는 목은 시의 대표작이라고 하는 〈浮碧樓〉 시에서도 볼 수 있다.

이처럼 목은의 초기 시에는 단군과 동명왕 등의 신화를 소재로 하여 고려와 민족의 역사성과 정통성을 강조하고 있으며, 고려의 문화가 중원의 문화와 비교하여 더 뛰어나면 뛰어났지 뒤지지는 않는다는 문화적 자긍심도 강하게 표현하고 있다. 이와 같이 목은의 시에서 강조되는 東人意識은 고려 중기 李奎報, 李承休 등이 마련한 기틀을 바탕으로 목은에게 이르러 다시

---

11) 『詩藁』 卷2, 〈終場〉.
12) 『詩藁』 卷3, 〈西京〉, "方舟容與水如空, 驛騎飛塵一瞬中. 辦得兩湯雖甚易, 哦成七字却難工. 城頭老樹猶遮日, 山頂高樓遠引風. 聞說朝天曾有石, 檀君英爽冠群雄."

한번 발현되었다고 하겠다.

이와 같이 東人意識이 목은의 시에서 특별하게 강조된 것은 20여 세의 젊은 나이로 중원에 들어가 수학한 것이 가장 큰 원인이라고 할 수 있다. 원에서 3년간 수학하는 기간 동안 목은은 불합리하게 차별을 받는 고려인들의 실상을 보았으며, 중원의 문화에 결코 뒤지지 않는 고유한 고려문화의 우수함을 깨달았기 때문으로 보인다. 또한 변방의 오랑캐로 멸시를 받던 몽고족이 송나라를 멸망시키고 중원의 새로운 지배자로 떠오르면서 당시 사람들의 의식에 점차 華·夷에 대한 구별이 없어졌던 것도 큰 원인이라고 할 수 있다. 夷도 변하여 華가 될 수 있고, 華도 변하면 夷가 될 수 있다는 것이 元에 의해 증명되었으며, 이것은 그동안 고착화되어 있던 華夷觀이 누구나 華가 될 수 있다는 多元的 世界觀으로 발전하게 된 것이다.

(2) 未來에 대한 抱負와 社會改革 意志

수학기의 시가 대부분 그러하듯이 이 시기 목은의 시에서도 학문을 연마함으로써 사회적으로 영달을 꿈꾸고, 이를 통하여 가문을 빛내 개인적인 이상을 실현시키고자 하는 의지를 확인할 수 있다. 특히 원에서의 수학기간에는 어려움이 많았던 만큼 이러한 의지가 굳어지게 되고, 그 의지가 어려움을 극복할 수 있는 활력으로 작용하게 되었다.

목은이 부친인 가정을 따라 원으로 향한 것은 20세가 되는 1347년(丁亥, 충목왕3) 겨울이었다. 가정은 이해 10월에 陽川君 許伯이 지공거가 된 과거에서 동지공거가 되어 金仁琯 등 33명을 뽑았는데, 이 科試가 끝나고 바로 아들인 목은과 함께 元都로 향하였다. 그리고 그 다음해에 元朝 官員의 자제들에게만 입학을 허가하던 국자감에 목은을 입학시키고 고려로 영구 귀국을 하게 된다. 원의 조정에서 관직생활을 하였던 가정은 아들의 교육을 위해 오랫동안 계획했던 일이었으며, 목은의 국자감 입학으로 원에서의 관직생활을 미련 없이 마무리하게 되었다.

〈술을 마주하고 부른 노래〉

燕塞吹塵半天黑	연경 변방 부는 먼지에 온 하늘이 어두운데
荒村客舍多荊棘	거친 마을 객사에는 가시밭도 많다네.
行人日暮卸鞍馬	길손은 날 저물어 말안장을 풀고
風塵滿面長太息	바람 먼지 가득한 얼굴로 길게 한숨짓네.
少年志氣本磊落	소년 시절 가진 뜻 원래 컸었건만
縱橫不就肝膽激	이리저리 이루지 못하니 마음만 격해지네.
時斟白酒更高吟	때때로 막걸리를 마시며 다시 높게 읊조리나니
未必將身老岩壑	반드시 입신하여 골짜기에서 늙지 않으리.[13]

위의 시는 원의 국자감에서 수학을 하다가 잠시 고려로 돌아오는 길에 지은 것이다. 공부도 끝나지 않았고, 이룩한 결과도 아직 없어 불안하기는 하지만 그래도 꼭 입신하여 공명을 떨치겠다는 강한 의지를 나타내고 있다. 首聯에서는 이국에서의 行路에 대한 어려움을 이야기하고 있다. 목은이 元都를 출발한 것이 봄철이었기 때문에 모래바람이 아주 심할 시기였다. 따라서 고려로 돌아오는 여정이 그렇게 순조롭지는 않았던 것으로 보인다. 하늘이 검어질 정도로 몰아치는 모래바람을 뚫고 객사를 찾아 들었지만, 마음 편하게 쉴 수 없는 異域의 풍토에 절로 한숨을 내쉴 수밖에 없었다.

頸聯과 尾聯에서는 어린 시절에는 큰 뜻을 품었고, 쉽게 이룰 수 있으리라 생각했지만 마음먹은 대로 쉽게 이루어지지 않아 마음이 상할 때도 있었다고 하였다. 하지만 반드시 학업을 이루어서 보잘것없는 촌부로 늙지 않을 것이며, 동해의 물고기가 용으로 변하여 천하에 그 이름을 떨칠 것[14]이라고 다짐하고 있다.

〈내가 장차 京師에서 會試를 치르려고 할 때, 마침 나라에서 판서 김희조를 보내 東宮을 세운 일을 축하하려고 하기에, 서장관으로서 동행하며 가는 길에

---

13) 같은 곳, 〈對酒歌〉.
14) 『詩藁』 卷2, 〈遼陽路〉, "…… 我如東海魚, 化龍登禹門. ……."

짓다. 2수〉

高麗擧子縱眞才	고려의 과거 응시생 비록 참재주 있어도
只與雲南作對來	다만 운남 사람과의 상대로만 여긴다네.
況我不文人共鄙	하물며 나는 문장이 못하여 남들이 비루하게 여기니
雖天有命衆應猜	비록 천명이 있다 해도 모든 사람들 응당 시기하리.
欲從明月重攀桂	밝은 달을 따라 거듭 계수나무에 오르려 하니
已見黃花又著槐	이미 누런 꽃이 다시 괴목에 붙었음을 보았다네.
況此冬寒襲貂帽	더구나 이 겨울 추위 모피 모자를 파고들지만
風霜養出棟樑材	바람, 서리가 동량될 재목을 자라게 한다네.[15]

이 시는 목은이 26세 때 지은 작품이다. 이해 10월 원의 태자 책봉을 축하하기 위해 고려에서는 金希祖를 사신으로 보내게 되었는데, 이때 목은이 서장관이 되어 함께 원나라로 가는 도중에 지은 시이다. 목은은 이해 5월과 9월에 시행되었던 과거와 향시에서 모두 장원을 하고, 다시 원에서 실시되는 會試에 응시하기 위한 것이었다.

앞서 살펴본 바와 같이 이때 실시되던 원의 會試는 蒙古人, 色目人, 漢人의 순서에 따라 급제를 안배하는 공평하지 못한 것이었다. 여기에서 네 번째에 속하는 南宋人들은 아예 과거에 참여하지도 못하도록 근본적으로 차단을 하고 있었다. 원에서 과거제도를 이와 같이 파행적으로 운영할 수밖에 없었던 이유는 상대적으로 학문적 수준이 떨어지는 몽고인과 색목인들을 우선적으로 선발하여 지배권을 확고히 하고자 하는 계산에서였다. 고려인들은 이들 네 가지의 계급으로 나누어진 민족계층 중에서 세 번째인 한족과 비슷한 지위를 가지고 있었다. 하지만 중국 내의 漢人들은 고려인을 자신들과 동류로 인식하지 않았으며, 자신들과 다른 보잘것없는 변방의 이민족으로 취급한 것이 바로 현실이었다.

이 시의 首聯에서 목은은 이러한 중국 내의 불평등한 사정에 대해 토로

---

15) 같은 곳, 〈予將會試京師　會國家遣金判書希祖入賀立東宮　因以書狀官偕行　途中有作(其二)〉.

하고 있다. 고려인들은 아무리 재주가 뛰어나더라도 저 멀리 雲南의 다양한 소수민족들 중 하나로 여기고 있음을 밝히고 있다. 頷聯에서는 이와 같은 상황이기 때문에 만약 하늘의 도움이 있어 급제를 한다고 해도 그들의 시기가 심할 것이라고 하였다. 하지만 목은은 이러한 것을 전혀 개의치 않고 있다. 頸聯과 尾聯에서 다른 사람들의 시기와 질투를 눌러버릴 수 있는 자신감을 보이고 있으며, 틀림없이 자신이 계수나무의 가지를 꺾어 보이겠다고 예견하고 있다. 또한 현재의 상황은 이처럼 고통스럽지만 이런 어려움을 견디고 자라난 재목이 나라를 위해 든든한 버팀목이 될 것이며, 그 재목이 바로 자신임을 은근히 과시하고 있다.

이처럼 자신감에 가득찬 목은은 과연 다음해인 1354년 3월에 실시된 殿試에서 第2甲 第2名으로 합격하게 되었다. 이때 함께 급제한 사람은 모두 300명이었다.

〈興義站의 猪灘에서〉

水淸石出兩山間	물 맑고 돌 드러난 두 산 사이에
行數游魚照見顔	노는 물고기 세어도 보고 얼굴도 비추어 보네.
今日東歸非昨日	오늘 동으로 돌아가는 나는 지난날의 내가 아니니,
中朝內翰跨飛鸞	중국 조정의 내한으로 난새를 타고 나네.[16]

이 작품은 원의 制科에서 우수한 성적으로 급제를 하고 원의 조정에서 應奉翰林文字 承事郎 同知制誥 兼 國史院編修官을 제수받은 후 고려로 돌아오는 도중에 지은 시이다. 목은의 한없이 즐거운 심정과 자신감에 가득찬 得意가 잘 표현되어 있다. 起句와 承句에서처럼 주위의 산천이 모두 밝고 맑아 보이고, 흐르는 물에 자신의 얼굴을 비춰보며 스스로 대견해하는 모습은 목은이 가지고 있는 흥분과 즐거움을 충분히 짐작할 수 있다. 또한 轉句와 結句에서도 중국 조정의 翰林이 된 현재의 자신은 이제 예전과 같이 평

---

16) 『詩藁』 卷3, 〈興義站猪灘〉.

범한 사람이 아니라는 것을 뽐내고 있으며, 구름 위를 걷는 듯한 자신의 심
정을 나타내고 있다.

〈눈을 밟는 노래〉

昔年踏雪走燕山	지난해에 눈을 밟으며 연산으로 갈 때는
破帽弊裘氷滿顔	헤진 모자 낡은 갖옷에 얼굴은 온통 얼었었지.
今年踏雪游王京	금년에는 눈을 밟으며 왕경에 노니니
新知舊識爭相迎	새 얼굴과 옛 친구가 다투어 나를 맞이하네.
亦知冷蘂無少異	차가운 꽃잎은 조금도 다름없음을 또한 알겠지만
觸境自憐移我意	이르는 곳마다 내 마음 움직임이 절로 안타깝네.
誰家有酒主人賢	어느 집에 술이 있고 주인이 어질기에
鼓吹蘭麝熏靑天	난초와 사향으로 푸른 하늘에 훈기 날리나.
酣歌擊碎珊瑚樹	취한 노래로 산호수를 쳐서 부수고
豪氣壓人揮醉袖	호탕한 기개로 사람을 압도하여 취한 소매 휘젓네.
樵夫跣足復誰憂	나무꾼은 맨발일지니 누가 다시 걱정하겠나!
甲士聯鞍方赴戍	병사들은 안장을 나란히 하고 수자리로 떠나네.
由來爲樂自有宜	원래 즐거움이란 스스로 마땅함에 있는 것
分別黑白非吾誰	흑과 백을 분별하는 것 나 아니면 그 누가 하리.
嗚呼天地卽太素	아! 천지가 곧 태초의 흰 빛이니
努力直探開闢時	힘써 곧바로 개벽하던 그 때를 찾아봐야지.17)

이 시는 목은이 28세 되는 해인 1355년(乙未, 공민왕4) 초에 지은 것
이다. 아직도 지난해에 있었던 制科 급제에 대한 흥분과 득의함이 남아 있
기는 하지만, 사물을 바라보는 시각이 많이 달라졌음을 볼 수 있다. 그만큼
정신적으로 안정되었다는 것을 의미하는 것이다. 여기에서 특히 주목되는
것은 마지막 두 聯이다. "흑과 백을 분별하는 것 나 아니면 그 누가 하리
(分別黑白非吾誰)"에서처럼 목은의 의식이 바뀌었다는 점이다. 달라진 자신
의 위치에 맞는 책임감을 느끼고 있음을 볼 수 있다. 원의 조정에서 제수받

---

17) 같은 곳, 〈踏雪歌〉.

았던 관직 이외에 고려에서는 通直郎 典理正郎 藝文應敎 知製敎 兼 春秋
館編修官을 제수받은 목은이었다. 이처럼 官人으로서 해야 할 의무와 책임
에 대해서 스스로 인식하고, 바르고 바르지 않음을 구별하여야 할 책임이
젊은 자신에게 있음을 깨달았다고 하겠다. 그리고 태초의 깨끗함으로 세상
을 변화시키기 위해 노력할 것이라는 의지를 밝히고 있다.

목은은 25세가 되던 1352년(壬辰, 공민왕 원년) 부친 稼亭의 喪中에
있으면서도 새롭게 왕위에 오른 공민왕에게 〈陳時務書〉를 올려 正境界, 禦
倭寇, 論文武, 崇學校, 抑異端 등 다섯 가지의 국정개혁안을 제안하여 실
행시키는 등18) 일찍부터 고려의 정치와 사회개혁에 관심을 기울이고 있었
다. 더욱이 이제는 이러한 개혁을 주도적으로 추진해야 할 의무가 바로 자
신에게 있음을 인식하고 백성들이 처한 현실에 눈을 돌리기 시작한 것이다.

〈곡산의 노래〉

長江沄沄入滄海	긴 강은 넘실넘실 큰 바다로 들어가고
海上靑山色不改	바닷가 푸른 산은 색도 변하지 않네.
江村豈夢軒冕榮	강 마을에서 어찌 벼슬 영화 꿈꾸랴.
有書可讀田可耕	책 있어 읽을 만하고 밭도 갈 만한 것을
邇來倭舶日入冠	요사이 왜놈 배가 날로 노략질하러 들어와
烽火直照扶桑明	봉화가 곧바로 비추어 동쪽 바다가 밝네.
居民蹙頞成役苦	마을 백성 수자리 괴로움에 콧등을 찡그리고
風波倒山魚尾楨	풍파는 산을 뒤집어 백성들 수고롭네.
鵠山之屯尤戱劇	곡산의 주둔군은 더욱 기가 막히나니
老兵弱卒慘無色	늙고 약한 병졸 참담히 핏기도 없구나.
吾知爾輩無能爲	나는 이들이 무능함을 알고 있으니
拒轍螗螂非匹敵	수레바퀴에 대항하는 사마귀처럼 상대가 아니네.
憂君自古在布衣	임금을 걱정하는 자는 예부터 布衣 중에 있었으니
肉食何曾懶謀國	고기 먹는 부자들이 나라일 대충이라도 한 적 있었나?

---

18) 『高麗史』, 「列傳」, 〈李穡〉.

漁人得雋叫江天	어부는 살진 고기 잡아 강가에서 소리치고
斫膾風生縷如雪	바람이 일도록 회를 치니 잘기가 눈과 같네.
且呼白酒共沈酣	또 막걸리 가져와 함께 흠뻑 취하고
拍手長歌鵠山月	손뼉 치며 길게 곡산의 달을 노래하네.[19]

이 시는 목은이 益齋가 掌試한 과거에 급제를 하고 고향으로 내려와 있으면서 지은 시이다. 잦은 왜구의 침입으로 쉴 겨를도 없이 고통을 받고 있는 백성들의 실상을 이야기하면서, 왜구를 막기 위해 배치된 군사들을 보고 다시 한번 한숨을 내쉬고 있다. 군사들이라고는 늙고 나약한 병사들이 전부이니 수레바퀴를 향해 두 다리를 들고 대드는 사마귀와 다를 바가 없음을 지적하고 있는 것이다. 하지만 이러한 현실을 직시하고 개혁해야 하는 사람들은 바로 글을 읽어 관리가 된 선비들의 책임인데, 도리어 후한 녹을 받아 잘 먹고 살면서 자신들의 본분을 제대로 지키지 못함을 질책하고 있다. 하지만 이제 막 벼슬길에 들어선 젊은 목은은 이처럼 현실의 모순을 지적하고는 있지만 이를 해결할 방법을 제시하지는 못하고 있으며, 오히려 회피하고 있는 모습을 볼 수 있다.

그러나 원의 제과에 급제를 하고 원의 조정과 고려의 조정에서 관직을 제수받아 본격적으로 관원이 된 이후의 모습에서는 보다 적극적인 모습을 보여주고 있다.

〈폭우의 노래〉

狂風吹塵半天黑	광풍이 먼지를 날려 온 하늘 컴컴하고
金蛇迸走光熠熠	번개는 흩어져 달아나고 빛은 번쩍번쩍.
雷聲霹霹復靂靂	우레 소리 쿵쾅대다 다시 퉁탕 울리니
海爲瀾飜雲爲泣	바다는 물결이 뒤집히고 구름은 흐느끼네.
初看屋瓦亂跳珠	처음엔 기와지붕에 어지러이 구슬이 튀듯 하더니
已是滿空銀竹立	어느새 허공 가득히 은빛 빗발이 섰구나.

---

19) 『詩藁』, 卷2, 〈鵠山歌〉.

回頭天地如孤城　　머리 돌리자 천지가 외로운 성 같고
百萬雄兵忽來襲　　백만의 웅장한 군대 갑자기 습격해오는 듯.
悍夫躑躅亦破膽　　용감한 사내도 주저하여 간담이 무너지는데
癡兒塞聰那可及　　어리석은 아이 귀를 막은들 어찌할 수 있으랴?
可憐吾家雙燕子　　가련하구나! 우리 집 한 쌍의 제비새끼는
傍簾無語翠衣濕　　발 옆에서 말도 없이 파란 날개 적셨구나.
園中無數蜀葵花　　뜰 안의 수많은 접시꽃들은
傾倒紅房正愁絶　　붉은 꽃망울을 꺾여 바로 수심이 간절한 듯.
天公愛物本於仁　　조물주의 만물 사랑은 인자함에서 나오는데
風不驚條肯吹折　　바람은 가지를 놀래지 않고서 불어 꺾을 수 있으랴.
吹折我花尙可言　　내 꽃을 부러뜨리는 것은 오히려 말할 만하지만
王省一缺何可說　　왕실이 한 번 무너지면 무엇을 말하리오.
狂夫赤心誰得知　　미친 사내의 진실한 마음을 누가 알아주랴?
叫徹蒼旻頭欲雪　　푸른 하늘 향해 부르짖다 머리가 희어지려 하네.[20]

　　이 시는 목은의 나이 28세 때인 1355년(乙未, 공민왕4)에 지어진 것이다. 고려에서는 이해 3월 密直副使 尹之彪를 사은사로 원에 보냈는데, 서장관으로 목은이 함께 가서 元都에서 지은 것이다. 거센 비바람과 뇌성벽력이 치는 여름날을 읊은 것으로 거센 빗줄기를 공중에 은빛 대나무가 서 있는 것과 같다고 표현하고 있다. 그런데 목은은 이와 같은 폭풍우에 꺾이는 나뭇가지와 꽃망울을 보고 풍전등화처럼 위태로움에 처해 있는 고려의 왕실을 생각하고 어려움에 처해 있는 고려를 바로잡을 수 있는 방법을 모색하느라 고민하고 있는 모습을 볼 수 있다. 이 당시 목은이 가장 크게 의식하고 있던 문제가 바로 고려의 안정이었음을 짐작할 수 있는 것이다.

　　다음해 목은은 원의 관직을 모두 사직하고 고려로 돌아오게 되며, 이후 공민왕을 도와 원의 정치적 간섭의 핵심이었던 정동행성을 폐지하고 원래 고려의 관제로 회복시켜 100여 년간 지속되어 왔던 원과의 관계를 새롭게

---

20) 『詩藁』 卷3, 〈暴雨行〉.

정립함으로써 고려의 자주성을 되찾는 데 중추적인 역할을 담당하였다.

> (공민왕)5년에 어머니가 늙었다는 이유로 사직하고 귀국하였다. 왕에게 時政에 대한 8개 항목의 제의를 하였는데 그 하나는 政房을 폐지하고 이부와 병부에서 銓選하는 제도를 회복하는 것에 관한 일이었다. 왕이 이 제의를 받아들여 드디어 이색을 吏部侍郞 兼 兵部郞中으로 임명해 문무 관리의 銓選 사업을 주관하게 하였다.[21]

이처럼 목은은 부친을 따라 원도에 들어가 국자감에 입학을 하여 수학을 하면서 여러 가지 어려운 여건을 극복하고, 마침내 고려와 원의 과거에서 우수한 성적으로 급제를 하는 영예를 한 몸에 받게 되었다. 그동안 있었던 고난을 당할 때마다 미래에 대한 큰 포부와 강한 자부심을 가지고 이겨냈으며, 고려 왕실의 보존과 백성들의 안정에 관심을 가지기 시작하였다. 과거 급제 이후 본격적으로 관직생활에 들어서면서 적극적으로 고려의 관제를 회복하고 원의 정치적인 간섭에서 벗어나 고유성을 회복하는 데 앞장을 섰음을 알 수 있다. 또한 30세가 되던 1357년(丁酉, 공민왕6)에는 3年喪 制度를 건의하여 시행하게 함으로써 성리학적 기반을 가지고 제도를 정비하였으며, 司諫 李寶林과 鄭樞와 함께 상소를 올려 鹽鐵別監의 폐해를 지적[22] 하는 등 고려의 왕실을 튼튼히 하고, 제도를 정비하여 사회적인 안정을 이룩하려는 데 힘을 기울였다.

(3) 故鄕에 대한 그리움과 思親의 情

20세의 젊은 나이에 언어도 잘 통하지 않는 외국 생활은 목은에게 고향에 대한 그리움과 부모님을 그리워하는 마음을 불러일으켰음은 당연한 것이다. 특히 아버지 稼亭과 어머니 咸昌郡夫人 사이의 외아들로 태어난 목은

---

21) 『高麗史』 115, 「列傳」 28, 〈李穡〉, "五年, 以母老弃官東歸, 上書言時政八事, 其一罷政房, 復吏兵部選也. 王嘉納, 遂以穡爲吏部侍郎兼兵部郎中, 以掌文武之選."
22) 李光靖, 『牧隱先生年譜』.

은 효성이 깊었기 때문에 在元時期의 詩 중에 思親에 대한 것이 많다.

목은이 부친인 가정을 따라 원으로 향한 것은 20세가 되는 1347년(丁亥, 충목왕3) 겨울이었다.

〈동문에서 아버지를 전송하고〉

遠游萬里爲思親	이역만리 노니는 것도 어버이를 생각함이었는데
親却東還鼻自辛	어버이가 문득 동으로 가시니 콧등이 시큰해지네.
天地一身渾似夢	천지 사이에 이 한 몸 온통 꿈만 같고
風塵四面暗傷神	풍진 세상에 은근히 마음이 상하네.
書林底處猶迷路	서책의 숲 저쪽에서 아직 길을 잃었고
宦海無涯試問津	환해는 끝이 없어 나루를 물어보기도 하네.
努力分陰當自惜	힘쓰고 힘써 짧은 시간이라도 마땅히 스스로 아껴
好將功業樹昌辰	공업을 창성한 날에 잘 세워야겠네.[23]

목은은 부친을 의지하여 이역만리 元都에 왔는데, 이제 부친이 고려로 돌아가게 되니 말로 형언하기 어려운 불안함과 서운함을 잘 표현한 시이다. 頷聯에서 넓고 넓은 중원 땅에 아는 이도 별로 없이 혼자 남겨지게 된 상황을 은근히 걱정하고 있다. 학업을 성취하기 위해 글을 읽는 일은 언제나 끝이 나게 될지도 모르고, 지금 가고 있는 길이 올바르게 가고 있는 것인가 하는 불안함과 초조함이 잘 나타나 있다. 마지막 尾聯에서는 그래도 이러한 역경을 견디고 열심히 노력하여 앞으로 큰 功業을 세우리라고 다짐하고 있다.

이처럼 불안과 두려움으로 시작한 元都의 생활은 시간이 지나면서 점점 나아지기는 하였지만 고향과 부모님에 대한 그리움은 더욱 커졌다.

〈같은 學舍의 사생과 함께 짓다〉

遠遊孤影自零丁	멀리 노니는 외로운 그림자는 절로 쓸쓸한데
挾冊橋門氣尙獰	교문에서 책을 끼고 있으니 기운이 오히려 드세네.

---

23) 『詩藁』 卷2, 〈東門送家君〉.

毛羽不凡君鸞鷟　　털과 깃이 범상치 않으니 그대는 봉황이요
神形欲變我螟蛉　　정신과 몸이 변하려 하는 나는 배추벌레라.
年年春草傷心碧　　해마다 봄풀은 마음 상하도록 푸르고
夜夜雲山入夢靑　　밤마다 구름 걸린 산은 꿈속에 들어와 푸르네.
未識他年榮養否　　어느 해에 입신하여 부모를 봉양할 수 있으려나?
只今深恨阻趨庭　　다만 지금의 깊은 한은 집 뜰로 달려가지 못함이네.[24]

이 시는 원의 국자감에 있으며 동료들과 주고받은 시이다. 타국에서의 외로움과 학문에 대한 어려움, 고향과 부모에 대한 그리움 등, 복잡한 목은의 심정이 잘 나타나 있다. 함께 이야기할 친구도 없이 말도 통하지 않고 생활 풍습도 다른 중국의 생활은 외로움이 가장 큰 난관이다. 밤마다 고향으로 돌아가는 꿈을 꾸고, 부모의 품으로 달려가고 싶은 심정은 감출 수가 없었다. 그러나 이것을 이길 수 있는 방법은 오직 확고한 목표를 가지고 꾸준히 책을 보는 것밖에 없음을 목은은 알고 있었다. 그래서 스스로를 '배추벌레(螟蛉)'라고 지칭하고 있는 것처럼, 지금은 보잘것없이 완성되지 못한 애벌레의 신세지만 시간이 지나 몸과 마음이 완성되어 화려한 날개를 달고 하늘을 날 수 있는 날이 올 것임을 확신하고 있는 것이다.

〈단 오〉
今年端午好天時　　금년의 단오는 날씨가 좋은데
老母天涯費遠思　　늙으신 어머니를 하늘 끝 먼 곳에서 그리네.
艾葉扶翁上瓊戶　　쑥 잎으로 노인을 부축하며 좋은 집에 오르고
菖花和蟻入金卮　　창포꽃은 술과 어울려 금술잔에 넣네.
眼驚佳節非吾土　　눈은 좋은 명절에 놀라는데 우리 땅이 아니요
身與浮名繫綵絲　　몸은 뜬 이름과 함께 채색 실에 매였네.
想得家山游戲處　　고향에서 노닐던 곳에 생각이 미치니
鞦韆斜影半空垂　　그네 타는 비낀 그림자가 허공에 드리웠겠지.[25]

---

24) 같은 곳, 〈與同舍同賦〉.
25) 『詩藁』 卷3, 〈端午〉.

　이 시는 28세 때인 1355년에 지은 것으로, 이때 목은은 서장관으로 원도에 머무르고 있었는데, 마침 단오절을 맞아 어머니와 고향을 그리는 마음을 담고 있다. 날씨가 특히 좋은 단오를 맞이하였건만 타국에 있기 때문에 어머니를 모실 수 없음을 안타까워하고 있다. "자모의 얼굴은 이미 늙었고 나 하나뿐이니, 때맞추어 효도하는 일을 어찌 남에게 양보하랴?"26)에서도 알 수 있는 것처럼 어머니에 대한 그리움이 강하게 나타나고 있다. 아버지인 稼亭이 1351년 별세하고 어머니 홀로 남게 되자 외아들인 목은으로서는 그 애틋함이 한층 더했던 것으로 보인다. 부모에 대한 그리움과 함께 고향에 대한 목은의 감정은 남달랐다. 특히 韓山에 대한 애정은 그의 시 곳곳에서 찾아볼 수 있다.

〈새로 숭덕사에 머물면서〉

千車萬馬九街頭	수많은 수레와 말이 다니는 황도의 거리
咫尺祇林境自幽	지척 사이에 절이 있어 땅이 절로 그윽하네.
枸杞暎堦紅欲滴	구기자 섬돌에 비쳐 붉은 물방울 뚝뚝 떨어질 듯
蒲萄滿架翠如流	포도송이 시렁에 가득하여 비취색이 흐르는 듯.
僧窓寄食前生事	절의 창에서 기식했던 것 전생의 일인 듯하고
客枕思親半夜愁	나그네 베갯머리에서 어버이 생각에 한밤의 수심이라.
屈指歸軒今到未	집에 돌아갈 날 손꼽아 보니 그 언제나 되려나.
鎭江烟雨滿漁舟	鎭江27)의 안개비만 고기잡이배에 가득하네.28)

　원으로 들어가서 정식으로 국자감에 입학하면 국자감 내에서 생활해야 한다. 그러나 이때는 입학하기 전에 임시로 崇德寺라는 절에 머물렀던 것으로 보이며, 이 시는 그때 지은 것이다. 중국의 절은 번화한 곳에 자리하고 있는데, 아홉 갈래 길의 어귀에 있다는 것으로 보아 숭덕사도 元都의 중심부

---

26)『詩藁』卷2,〈鄕試有感〉, "慈顔已老我一身, 榮孝及時何讓人. 氷魚冬筍尙感格, 肯斲一枝丹桂新."
27) 鎭江은 忠南 舒川郡 韓山面의 서쪽 21리쯤에 있는 鎭浦를 말한다.
28)『詩藁』卷2,〈新寓崇德寺〉.

근에 자리하고 있었던 것으로 보인다. 하지만 조용하고 그윽하여서 고려에서 수학을 하며 머물렀던 산사를 떠올리게 되고, 이어서 고향의 부모님을 생각하는 데에까지 미치게 된다. 원으로 온 지 얼마 되지도 않아서 벌써 돌아갈 날을 세어본다는 말에서 고향을 그리워하는 목은의 심정이 잘 나타나 있다. 특히 부모님이 계시고 자기가 자라난 곳인 韓山의 정경이 머릿속에서 떠나지 않고 있는 것이다.

이처럼 재원시기에 지은 목은의 시 중에는 타국에서 혼자 시작하는 새로운 생활에 대한 불안감이나 외로움을 나타낸 것이 다수 있다. 또한 부모님과 고향의 산천을 그리워하는 시도 많은데, 이와 같은 마음의 動搖는 애벌레가 허물을 벗고 하늘을 마음대로 날 수 있게 되는 것처럼 목은도 열심히 학업에 열중하여 자신의 뜻을 마음껏 펴보겠다는 결의로 위안하고 있다.

3) 中·老年期 詩의 復興意志와 歸田修養

창작 연대순으로 편차된 『牧隱詩藁』를 보면 34세 이후부터 49세 초기까지의 기간에 지어진 시는 전혀 남아 있지 않다. 목은은 34세가 되던 1361년(辛丑, 공민왕10) 11월 紅巾賊의 침입으로 왕을 호종하여 福州(지금의 安東)로 갔다가 尙州로 가게 되었으며, 그 다음해 9월에는 다시 淸州로 옮겨갔다. 그런데 이때 공민왕은 청주성의 성루인 拱北樓에 올라 그곳에 남아 있던 權漢功의 시를 보고 호종을 하던 신하들에게 차운하여 시를 짓도록 하였다. 여기에 참여한 사람은 知申事 元松壽, 代言 李穡, 成士達, 左政丞 陽坡 洪彦博, 杏村 李嵒, 檜山 黃瞖 등이었으며29), 이들의 시를 모아 시권

---

29) 白文寶, 『淡庵逸集』 卷1, 〈伏次拱北樓應製詩韻 幷書〉, "歲在辛丑, 宮駕遷自福而尙. 行駐淸州. 壬寅秋九月十九日, 上率群臣, 拜賀正表于郊, 因御州之拱北樓, 覽一齋權漢功舊題五言句, 卽命知申事 元松壽, 代言 李穡, 成士達 次韻製進. 於是左政丞洪陽坡, 李杏村, 黃檜山瞖 諸大夫儒士皆和進."

을 만들기도 하였다. 여기에 목은의 차운시가 한 수[30] 전하고 있는데, 『牧隱詩藁』에 수록되어 있지 않은 것이다. 이와 같이 34세 이후 시를 짓지 않은 것이 아니라 散失되었을 가능성이 크다. 40세 되던 1367년(丁未, 공민왕16)에 座主인 益齋 李齊賢의 喪을 당하였고, 44세 때에는 모친상을 당하였으며, 47세 때에는 공민왕이 갑자기 죽음을 당하게 된다. 이와 같은 상황에서는 시를 짓지 않았을 가능성도 있으며, 여러 차례의 외환과 피난생활 등으로 30세 중반으로부터 40대 대부분의 시가 수습되지 않았던 것으로 생각된다.

(1) 高麗 復興의 念願과 儒者의 自覺

30세 이후부터 목은은 원의 간섭에서 벗어나 자주성을 회복하기 위해 큰 폭의 개혁을 계획하고 있던 공민왕과 함께 하나씩하나씩 고려를 본연의 모습으로 바꾸어 나갔다. 원 순제의 황후인 기황후의 형제들을 중심으로 하는 부원세력들을 제거하고, 원의 정치적 간섭을 실제로 담당하였던 정동행성을 폐지하여 원과의 연결고리를 끊는 등의 일들이 바로 그것이었다. 하지만 끊임없이 이어지는 왜구의 침입과 더욱이 두 차례의 대대적인 홍건적의 침입으로 정치적인 안정을 이루기가 어려웠다. 1361년에 있었던 홍건적의 2차 침입 때에는 왕과 모든 신하들이 수도인 개경을 버리고 복주, 상주, 청주 등으로 피난을 다녀야 했으며, 2년 뒤인 1363년 2월에야 다시 개경으로 돌아올 수 있었다. 이러한 상황에서 정치적 개혁을 진행시키고 사회적 안정을 이룩하기란 불가능하였다.

〈김추부가 해를 입었다는 말을 듣고〉
　　劍戟交鋒處　　칼과 창이 서로 부딪히니

---

30) 같은 곳, "鑾輿淸曉動, 文物太平初. 樓逈瞻天近, 詩成奉勅書. 山光生悅懌, 秋氣集冲虛. 他日南巡紀, 含香亦有予."

朝廷破膽初　　조정은 간담이 무너질 듯,
方思築城策　　바야흐로 성을 쌓을 계책을 생각하여
催下點軍書　　군사를 점검하라는 글을 재촉하여 내리네.
雛馬心猶壯　　雛馬의 마음이 아직 씩씩한데
靑蛇讖豈虛　　靑蛇劍의 비결이 어찌 헛되리?
腐儒文墨爾　　썩은 선비는 문묵뿐이니
他日定何如　　뒷날을 정녕 어찌하리?[31]

　　이 시는 추밀원부사 金元鳳(?~1359)이 홍건적과 싸우다 전사하였다는 소식을 듣고 쓴 것으로 갑자기 큰 전란이 일어나니 고려의 조정에서 대책을 논의하느라 허둥대는 모습을 나타내고 있다. 성을 쌓고 군사들을 정비하여 대비하도록 하는 것이다. 그리고 頸聯에서 목은은 고려가 가지고 있는 능력에 대해 믿음을 나타내고 있으며, 도리어 자신이 책을 읽은 선비이기 때문에 직접 나설 수 없음을 안타까워하고 있다.

〈슬 픔〉

有國有國自太祖　　나라여 나라여, 태조로부터 시작되었는데,
英風凜凜映千古　　뛰어난 풍도 늠름하여 천고를 비추었네.
典章文明開寶圖　　전장이 문채롭고 밝아 보도를 열었고,
山河險固幷天府　　산하는 험하고 굳세니 천연의 요새를 아울렀네.
邊防網漏來遠鋒　　변새의 그물이 터져 먼 데서 적의 선봉이 내침하고
腥穢屠殘毒豺虎　　비리고 더러운 무리 잔혹하여 승냥이와 범처럼 독하네.
哀哀一曲兮心膽苦　　슬프디 슬프게 한 번 곡하니 마음이 괴로운데,
聲出復呑氣如縷　　소리를 냈다가 다시 삼키니 기운이 실낱같네.[32]

　　이 시는 모두 세 수로 되어 있는데, 그 첫 번째 것이다. 두 번째는 어머니를 편히 모시지 못한 것에 대해 슬퍼하는 내용이며, 세 번째는 목은 자신

---

31) 『詩藁』 卷5, 〈聞金樞副遇害〉.
32) 같은 곳, 〈哀哀 三首〉.

에 대한 각오를 나타내고 있다. 尾聯의 上句에서 '哀哀一曲'이 두 번째와 세 번째에서는 '哀哀二曲'과 '哀哀三曲'으로 표현하여 목은이 현재 느끼고 있는 안타까운 세 가지의 것을 연관지어 나타내고 있다.

먼저 首聯과 頷聯에서는 태조로부터 내려온 고려가 지닌 뛰어난 풍도와 역사성이 천고에 빛날 만함을 서술하고 있으며, 문물제도는 물론이고 지리적인 이점이 있다고 하였다. 頸聯에서는 이처럼 이어져온 나라였지만 한번 흔들리기 시작하여 변방에 틈이 생기자 끊임없이 외적들이 침입해 들어와 나라의 운명을 흔들고, 잔혹하게 백성들을 짓밟고 있음을 한탄하고 있다. 尾聯에서는 이와 같은 상황하에서 나라를 이끌어가는 관료가 되어 별다른 해결책을 제시하지 못하는 안타까움을 나타내고 있다. "혼자 읊조리고 또 높은 소리로 노래하니, 가슴속 피가 황하처럼 굽이치네. 하늘의 신과 땅의 신에게 죽어도 마음 변치 않기를 맹세하네. 외적들 근심이 빙설과 같으니, 이를 장차 어떻게 없애려나."33)에서도 볼 수 있는 것처럼 하루빨리 외적을 물리치고 국가를 안정시키고자 하는 간절한 염원을 나타내고 있다. 천지의 신명에게 고려가 당한 어려움을 해결해 달라고 맹세하는 목은의 기원에서 憂國愛民의 마음을 충분히 짐작할 수 있다.

〈우연히 짓다〉

病餘身世少塵緣　　　앓고 난 신세라 세속 인연이 적어지니
黃卷時時對聖賢　　　때때로 책에서 성현을 만나네.
樂在心中誰復識　　　즐거움이 마음속에 있음을 누가 또 알랴?
言超象外偶然傳　　　말이 형상 너머 있으니 우연히 전해지네.
山林長往非無地　　　산림에 길이 가고자 함에 땅이 아닌 곳이 없는데
禮樂重興自有天　　　예악이 다시 일어남은 본래 천명이 있기 때문이네.
擊磬豈知逢荷蕢　　　경쇠를 친다고 어찌 삼태기를 진 사람을 만나랴?
東周志願老彌堅　　　그래도 東周를 바라는 마음 늙을수록 굳어지네.34)

---

33) 같은 곳, 〈又歌〉, "獨吟又高歌, 心中血如河. 皇天與后地, 之死矢靡他. 外患似氷雪, 消之將奈何."

이 시는 목은의 나이 51세인 1378년(戊午, 우왕4)에 지은 것이다. 목은은 이때 10여 년이 넘도록 지병을 앓고 난 후였으며, 그동안 직무를 제대로 수행할 수 없었고 가끔씩 표문 등 외교문서를 교정하고 윤색하는 일을 주로 담당하였다. 그의 시를 살펴보면 관절에 문제가 있어 새벽이면 뼈가 아프고 외부출입을 잘 못하였음을 알 수 있다. 따라서 한가한 시간에는 책을 읽으며 소일을 하였으며, 그 가운데서 즐거움을 찾았다고 하였다.

頸聯과 尾聯에서는 예악이 다시 일어나 국가가 흥성하게 되는 것은 바로 하늘의 운이 있어야 되는 것이지 억지로 해서는 되지 않는다는 뜻을 이야기하고 있다. 하지만 숨은 인재를 찾아내어 꼭 다시 성현의 교화가 펼쳐지는 周와 같은 나라를 이루고 싶은 의지가 나타나고 있음을 볼 수 있다. 이것은 1374년 9월 그동안 고려의 자주성을 회복하고 제도를 정비하여 고려의 부흥을 꾀하던 공민왕이 갑자기 죽고, 우왕이 그 뒤를 이었지만 왕권은 안정되지 못하고 점차 쇠퇴의 길을 걷고 있는 고려를 다시 일으키고 싶어 하는 목은의 심정을 나타낸 것이다. 이 시기의 시에는 이와 같은 내용이 많이 나타난다.

〈돌아가는 길에 천마산을 바라보며〉

左手群山秀氣長	왼 편의 뭇 산들이 빼어난 기상이 장해
峨冠奉笏向明堂	높은 관으로 홀을 받들어 대궐을 향하네.
扶持王國終儒術	나라를 지탱하는 것이 유가의 임무이니
欲頌中興如大唐	중흥을 칭송하기 큰 당나라처럼 되었으면.[35]

이 시에서도 고려를 다시 부흥시키려고 하는 목은의 의지를 읽을 수 있다. 우왕 대에 고려 건국 이후 쌓인 수많은 정치적, 사회적 문제점의 개혁과, 구귀족세력과 신진세력으로 분열된 국론을 하나로 모으고자 제시된 것

---

34) 『詩藁』 卷11, 〈偶題〉.
35) 『詩藁』 卷20, 〈歸途望天磨諸山〉.

이 바로 遷都論이었다. 이에 새로운 도읍지로 제시된 곳이 바로 西京(지금의 平壤)과 漢陽이었다. 이 천도론은 고려가 안고 있는 현실적인 모순을 극복하고 국가의 위용을 새롭게 하여 왕권을 공고히 하고자 목은이 중심이 되어 내세운 최후의 방안이었다.

위의 시는 목은이 우왕의 명을 받아 새로운 도읍지로 거론되고 있는 한양을 둘러보고 다시 개경으로 돌아오는 도중에 지은 시이다. 이 시에서 나타나는 목은의 마음은 경쾌함을 느낄 수 있다. 그만큼 한양으로 천도하여 고려의 왕권을 새롭게 하려는 목은의 계획이 실행되고 있는 것에 대한 즐거움이다. 쇠해 가는 고려를 다시 일으켜 儒家의 이념에 맞추어 새롭게 문물·제도를 정비하고 德治를 통해 王道를 실현함으로써 大唐의 중흥을 이룩하고자 하는 목은의 포부가 잘 나타나 있다.

먼저 목은은 학교 교육을 정비함으로써 유학을 진흥하는 데 심혈을 기울였다. 이를 통하여 인재를 양성하고 제도를 보완함으로써 고려의 기틀을 공고히 할 수 있을 것이라는 생각 때문이었다.

　　정미년 겨울에 원나라에서 조열대부 정동행중서성 좌우사낭중을 제수하였고, 본국의 판개성부사 겸 성균관대사성이 되었다. 전에 신축년의 병화를 겪은 뒤부터 학교가 피폐하고 해이해졌으므로 왕이 이를 부흥시키려고 숭문관 옛터에 성균관을 다시 지었다. 강의할 사람이 부족하였으므로 한때의 經術의 선비들인 영가 김구용, 오천 정몽주, 반양 박상충, 밀양 박의중, 경산 이숭인과 같은 이들을 뽑아 모두 다른 벼슬로서 학관을 겸하게 했으며, 공은 장관이 되었다. 대사성을 겸하는 것은 공에게서 시작되었다.

　　이듬해 무신년 봄에 사방에서 배우는 이들이 모여들자 제공이 경서를 나누어 수업하였는데, 날마다 강의가 끝나면 서로 의심나는 뜻을 논란하여 각각 힘을 다하였다. 공은 즐겁게 중간에 처하여 변석하고 절충하여 반드시 程朱의 뜻에 맞추는 데 힘쓰면서 저녁이 다하도록 피곤함을 잊었다. 이에 동방의 성리학이 크게 일어나니, 학자들이 記誦과 詞章의 풍습을 버리고 身心性命의 이치를 궁구하고, 유교를 높일 줄 알고 이단에 현혹되지 않으며, 의를 바르게 하려하고 공리를 꾀하

지 않게 되어, 유풍과 학술이 환하게 일신되었으니, 모두 공이 가르친 노력 때문이
었다.36)

40세가 되던 1361년(丁未, 공민왕16) 12월 목은은 성균관대사성을 겸
직하면서 성균관을 새롭게 짓고 학생들을 모집하여 유학을 가르치는 데 심
혈을 기울였다. 여기에 당시 유학으로 이름이 있던 김구용, 정몽주, 박상충,
박의중, 이숭인 등을 학관으로 임명하여 함께 교육하였는데, 모두 程朱의
性理學에 기초를 두어 가르치도록 하였다. 이로 인해 고려에 성리학이 크게
부흥하였다고 하였다.

이와 같이 학교를 세우고 교육에 심혈을 기울였던 것도 공민왕과 함께
이루고자 했던 고려의 부흥이 목표였음은 당연한 것이었다. 바로 교육을 통
해 인재를 양성하고 이들을 등용함으로써 왕권을 강화할 수 있었기 때문이
며, 이것이 바로 정치를 쇄신하고 사회를 안정시킬 수 있는 가장 빠르고 확
실한 방법이었다.

〈바로 짓다〉

地僻棲身穩	땅 궁벽하니 몸 거처하기 안온하고
墻暄炙背頻	담장 따뜻하니 등을 자주 덥히네.
詩書宜老境	시와 글이 늙은이 처지엔 마땅하고
門巷絶行塵	길거리엔 행인들 먼지 끊겼네.
末路蹉跎甚	인생 말로에 뜻에 맞지 않는 일 많지만
中原制度新	중원 땅에는 모든 제도 새롭구나.

---

36) 權近, 「朝鮮牧隱先生李文靖公行狀」, "丁未冬, 宣授朝列大夫征東行中書省左右司
郎中, 以本國判開城兼成均大司成. 初自辛丑經兵之後, 學校廢弛, 王欲復興, 改創
成均于崇文館之舊址. 以講授員少, 擇一時經術之士, 若永嘉金九容, 烏川鄭夢周,
潘陽朴尙衷, 密陽朴宜中, 京山李崇仁, 等 皆以他官兼學官 以公爲之長. 兼大司
成 自公是也. 明年戊申春, 四方學者坌集, 諸公分經授業, 每日講畢, 相與論難疑
義. 各臻其極公怡然中處, 辨析折衷, 必務合於程朱之旨, 竟夕忘倦. 於是 東方性
理之學大興, 學者祛其記誦詞章之習, 而窮身心性命之理, 知宗斯道而不惑於異端,
欲正其義而不謀於功利, 儒風學術, 煥然一新, 皆先生教誨之方也."

他年如起廢	언젠가 만약 이 무너짐이 다시 세워진다면
稽首謝明神	머리 조아려 밝은 신명께 감사하리.[37]

이 시에서는 먼저 조정에서 물러나 한가하게 지내고 있는 자신의 모습에 만족함을 나타내고 있다. 이미 늙고 失勢하여 글을 읽고 시를 쓰는 것이 가장 마땅하다고 하면서 아무도 찾아오지 않는 자신의 처지를 위안하고 있다. 늘그막에 浮沈이 심한 생활을 하게 되었지만 중원 땅에 원을 대신하여 明나라가 새롭게 들어서서 안정되어 감을 무한히 부러워하고 있다. 이러한 왕권의 안정이야말로 목은이 바라는 바이기 때문이다. 尾聯의 '언젠가 만약 이 무너짐이 다시 세워진다면, 머리 조아려 밝은 신명께 감사하리라.'라고 한 표현은 목은이 얼마나 고려의 부흥에 심혈을 기울이고 있는지 짐작하게 한다.

〈날이 갬을 기뻐하여〉

我喜今日晴	내 오늘 개인 것을 기뻐하니
天應憐後生	하늘이 응당 후생을 가련히 여겼나.
金闕放蓮牓	황금 대궐에서 연꽃 방을 놓은 것은
匪以夸虛名	헛된 이름을 자랑하려 함이 아니다.
庶幾得英材	바라건대 천하의 영재를 얻어
敎養大器成	가르치고 길러 큰 그릇으로 이루어
贊毗我政理	우리 정치를 돕고 도우면
朝野皆淸明	조정과 시골이 다 맑고 밝아지리.
所望非淺淺	내 바라는 바가 옅은 것이 아니니
天公感精誠	하느님이시여, 이 정성에 감동하사
當觀衆賢進	당연히 여러 현인들이 진출하여
鳳鳥鳴太平	봉황새가 태평성세를 울림을 보리라.[38]

이 시는 53세인 1380년(庚申, 우왕6) 5월에 지은 것이다. 이 달에는

---

37) 『詩藁』 卷14, 〈卽事〉.
38) 『詩藁』 卷23, 〈喜晴〉.

瑞城君 廉興邦이 知貢擧가 되고 密直使 朴形이 同知貢擧가 되어 李文和 등 33명을 뽑았다. 목은은 이들의 入格榜을 보고 고려를 떠받쳐줄 인재들이 생겼음을 기뻐하고 있는 것이다. 새롭게 얻은 인재들을 잘 가르치고 길러서 큰 그릇으로 만들어 등용한다면 조정은 물론 백성들까지도 모두 맑고 밝은 세상을 얻을 수 있을 것이라고 하였다. 이것이 바로 고려가 다시 중흥을 이루는 것을 말한다. 자신의 간절한 소망에 하느님이 감동하여 여러 현명한 인재들이 조정에 진출하여 정치에 참여함으로써 태평성대를 이룰 수 있기를 바라는 표현은 목은의 심정을 잘 나타내주고 있다. "새소리 속에 조용히 앉아 있는, 흰 머리에 쇠약한 병의 늙은이. 마음의 맹세는 나라 체제 부지함이고, 무력의 일은 하느님의 공력에 감사하네.(靜坐鳥聲中, 白頭衰病翁. 誓心扶國體, 武事謝天工)"[39]에서도 목은이 가지고 있는 하나의 바람은 바로 고려를 부지하여 옛날의 영화를 회복고자 하는 일념이었다.

이처럼 목은은 29세 때, 원의 모든 관직을 사직하고 고려로 돌아온 이후부터 오직 공민왕을 도와 고려의 국권을 회복하고 문물과 제도를 정비하여 중흥을 이루는 데 심혈을 기울였다. 목은이 가지고 있던 이와 같은 고려 중흥의 의지는 공민왕이 갑자기 죽은 이후에도 계속되었으며, 중·장년기의 유일한 목표였다.

하지만 공민왕 집권 후기로 가면서 신돈의 횡포와 공민왕의 실정으로 점차 왕권이 흔들리고, 원과 명의 사이에서 정치적으로도 안정되지 못하였기 때문에 목은은 끝까지 부지하고 다시 일으키려고 하던 희망이 점차 어려워짐을 깨닫게 되었다.

(2) 高麗 復興에 대한 彷徨과 諦念

앞에서도 잠시 언급한 바와 같이 목은은 40대에 지병 때문에 정치적으로

---

39) 『詩藁』 卷24, 〈朝吟〉.

활발히 활동을 하지 못하였다. 더욱이 1374년 목은을 절대 신임하고 함께 고려의 부흥을 위해 힘을 썼던 공민왕의 죽음으로 인해 그의 정치적인 입지가 많이 약해지게 되었다. '절벽에 걸린 길에서 떨어지려 하는데, 썩은 나무가지를 잡는 꼴이네. 가련하다 알려줄 말이 없으니, 의탁하여 무엇 하려느냐.(欲墜懸崖路, 猶攀朽木枝. 可憐無所告, 相托欲何爲.)'40)라는 시와 '철원의 김동년이 그의 아들을 보내 성균시에 응시를 하면서 나에게 글을 구하여 주시관에게 추천하고자 하니 당나라의 유풍이어서 심히 기쁘기는 하지만 세상이 변하였음을 알지 못함에 마음이 울적하였다.(鐵原金同年 送其子赴成均試 以書求樸遷於主司 有唐遺風 喜之甚 悶其不達時變也.)'41)라는 시에서도 이러한 사정을 알 수 있다.

어떤 사람이 목은에게 벼슬을 구하므로 세상이 어떻게 변했는지 잘 알지 못하는 그를 안타깝게 생각하고 있음을 볼 수 있다. 이미 목은 자신은 내리막길로 접어들어 정치적으로나 신체적으로나 쇠퇴의 길을 걷고 있는데, 그것도 모르고 자신에게 벼슬청탁을 하는 것이 꼭 보기에는 튼튼해보이지만 실제로는 아무런 힘이 없는 썩은 나뭇가지를 잡는 것과 같다고 하였다. 이것은 한평생 고려의 부흥을 위해 노력한 목은이 처해 있는 정치적 위치를 짐작하기에 충분하다.

〈賜田의 은혜를 입고 느낌이 있어〉

鎭浦鷗盟久已寒	鎭浦에서의 백구와의 맹세 어긴 지 오래라
簑風笠雨渺茫間	비바람에 도롱이와 삿갓을 쓴 일 까마득하네.
宗祧萬世天扶漢	만세의 종묘는 하늘이 떠받든 은하수요
人物三韓帝鑄顔	삼한의 인물은 천제가 길러낸 인재라네.
天日照臨金盞地	해는 황금 술잔과 같은 땅을 비추고
雲煙暎帶錦屛山	안개는 비단 병풍 같은 산을 감싸네.

---

40) 『詩藁』 卷21, 〈有求官者戲題〉.
41) 『詩藁』 卷22, 〈鐵原金同年 送其子赴成均試 以書求樸遷於主司 有唐遺風 喜之甚 悶其不達時變也. 吟成一首〉.

與君更保桑楡晩　　그대와 다시 늘그막을 보전하려 하였는데,
未忍臨歧涕淚潸　　갈림길에 임하여 눈물이 흐르는 것을 참기 어렵네.[42]

　여기에서 首聯의 鎭浦는 바로 목은의 고향인 韓山을 가리킨다. 고향으로 돌아가지 못하고 아직도 벼슬길에서 허덕이고 있는 자신의 처지를 나타내고 있다. 그러면서도 고려의 왕실을 보전하고자 하는 일념은 변하지 않았으며, 고려를 부흥시킬 인재에게 거는 기대 또한 줄어들지 않았음을 볼 수 있다. 하지만 이미 기울어가는 고려의 운명을 예감한 목은은 어디로 가야 할지 몰라 방황하며, 점점 멀어져만 가는 고려의 운명을 슬퍼하고 있다.

〈송산에 올라 노송을 보고 느낌이 있어〉
稚松滿松山　　어린 소나무만 송산엔 그득하고
老松猶若干　　늙은 소나무는 오히려 약간일세.
臨崖生得穩　　절벽에 붙어 있어 평온한 생을 얻었으니
近人攀却難　　사람 가까이 있어도 오를 수 없다네.
具形沐雨露　　형상 갖추어 비와 이슬에 무젖고
稟性輕炎寒　　타고난 품성은 추위 더위 경멸해
知命尙求福　　오십의 나이에도 오히려 복을 찾으니
對之羞滿顔　　너 대하면 부끄러움 얼굴 가득해진다.[43]

　松山은 고려의 도읍인 개경을 둘러있는 主山이다. 바로 고려 왕업의 기틀을 다지고 수백 년 동안 고려와 함께 운명을 같이 했던 고려의 상징과도 같은 산인 것이다. 이곳에 오른 목은은 남다른 감회를 느끼고 있음을 볼 수 있다. 송산에 있는 소나무를 보고 고려 조정의 현실을 떠올리고 있는 것이다.
　고려의 건국과 더불어 수백 년을 함께 해온 송산이라면 수백 년이나 묵은 소나무들이 울창하게 서 있어야 할 텐데, 어찌된 일인지 어린 소나무들

---

42) 『詩藁』 卷10, 〈蒙賜田有感〉.
43) 『詩藁』 卷21, 〈登松山見老松有感〉.

만 가득하고 늙은 소나무는 몇 그루 없다고 하였다. 이것은 바로 목은 자신을 포함하여 老臣들은 대부분 물러나고 새로운 젊은 신하들이 주류를 이루고 있는 조정의 현실을 나타내고 있는 것이다. 하지만 목은은 조정을 새롭게 가득 메우고 있는 젊은 신하들에게 그리 큰 신뢰를 보내지 않고 있는 듯하다. '세상 경륜에 스스로 계책이 있지만, 늙고 쇠했으니 내 어찌해야 하나.(經世自有策, 老衰吾奈何.)'44)에서처럼 자신에게는 경륜이 있고 고려를 유지할 계책이 있지만 이미 늙어 쓸모없이 정계에서 물러난 처지를 못내 아쉬워하고 있다.

〈끝났구나〉

天陰柳巷靜無風	그늘진 버들 골에 고요히 바람도 없는데
高臥鳩鳴雀噪中	비둘기 울음 참새 지저귐 속에 편히 누웠네.
道喪誰曾知孔子	도가 상실되니 누가 공자 알아준 적 있으며
夢酣時或見周公	꿈에 취하여 때때로 혹 주공을 뵙는구나.
古今萬事日趨下	고금의 온갖 일은 날로 악화되고
晝夜百川流向東	밤낮으로 모든 냇물은 흘러 동으로 향하네.
已矣乎今眞已矣	끝났구나. 지금은 참으로 이미 끝났구나.
三韓一箇白頭翁	삼한 땅의 하나의 머리 흰 늙은이여.45)

제목이 '끝났구나!(已矣)'인 시이다. 道는 나날이 아래로 흘러 말세로 가고 목은은 날로 늙어 쓸모없이 되어 더이상 고려를 위해 할 수 있는 것이 아무것도 없음을 나타내고 있다. 首聯의 어두운 하늘과 바람한 점 없는 고요한 분위기에 목은의 무거운 마음이 잘 나타나 있다. 거기에 가끔씩 들려오는 비둘기와 참새의 울음소리는 더욱 처연함을 느끼게 한다. 그곳에서 목은이 할 수 있는 것이라고는 책을 읽고 사색하는 것밖에 없다. 하지만 이것조차도 알아주는 사람이 거의 없으니 더욱 한스러울 뿐이다. 頸聯에서는 이

---

44) 『詩藁』 卷23, 〈江山〉.
45) 같은 곳, 〈已矣〉.

처럼 아래로 흘러가는 세상사와 밤낮으로 멈추지 않고 동으로 흐르는 물의 자연스러움의 대비를 통해 고려의 운명이 거역할 수 없는 역사의 흐름임을 인식한 듯하다. 그렇기 때문에 尾聯에서처럼 체념의 탄성이 나오게 되는 것이다.

다음의 시를 보면 목은의 방황과 체념을 더욱 잘 알 수 있다.

〈어찌해야 하나?〉

我今欲如何	나 지금 어떻게 해야 할까?
終日方嘆嗟	종일 바야흐로 탄식하네.
人之一身卽天地	사람의 한 몸이 곧 하늘땅이고
骨肉山岳血氣猶江河	골육은 산악이고 혈기는 강물과 같으니
少失其道病乃生	조금이라도 정도를 잃으면 병이 곧 생겨
如水泛溢民不寧	마치 물이 넘치면 백성들이 평안치 않음 같다.
神禹旣遠扁鵲死已久	신령한 우 임금 멀어졌고 扁鵲도 죽은 지 오래니
嗚呼身世俱蹉跎	오! 나 자신과 세상이 모두 절룩거리고 있네.
我志日益悲	나의 의지는 날로 더욱 슬퍼지고
我身日益衰	나의 몸은 날로 더욱 쇠약해지니
返老還童虛語耳	늙음 되돌려 어린이로 간다함 헛된 말일 뿐
神仙有無人尙疑	신선이 있는지 없는지 사람들은 아직 의아해하니
誰能飡霞啖松栢	누가 노을을 먹고 松柏 씹을 수 있으며
嚥日吸月如蛇龜	해와 달의 정기 빨아들이기 뱀, 거북처럼 할까.
不如平心淡無欲	마음 평안히 하고 담담히 욕심 없는 것만 못하니
順受其正吟吾詩	순순히 그 정도를 받아들이며 나의 시나 읊자.[46]

이 시는 목은의 나이 53세인 1380년 5월에 지은 것으로 하루 종일 어떻게 해야 할 것인지를 궁리하며 탄식하고 있다. 앞으로 자신이 처신해야 할 방향에 대한 고민을 하고 있었던 것임을 알 수 있다. 사람은 자연과 마찬가

---

46) 『詩藁』 卷23, 〈欲如何行〉.

지고 자연의 순리에 맞추어 살아가야 하는데, 만약 조금이라도 정도를 벗어
나게 되면 병이 생겨 고통을 받게 된다고 하였다. 그만큼 어려운 상황에 당
하여 과연 어떤 길을 선택하는 것이 정도인가를 생각한 것이다.

　이미 고려의 운명은 자신의 힘으로 부지할 수 없을 만큼 아래로 흘러갔
음을 목은은 인식하고 있었다. 자연의 순리에 따라 살아야 한다는 것을 알
고 있는 목은으로서는 道義的으로는 기울어가는 고려를 부지하기 위하여야
하겠지만, 역사의 자연적인 흐름을 보았을 때는 이 또한 순리를 거스르는
일임을 알고 있었던 것이다. 더구나 이미 늙고 병든 자신은 더이상 그럴 여
력이 없었기 때문에 더욱 안타까운 것이다. '삼한 땅의 기개로 뭇 용이 모였
고, 만고의 영웅들은 한 마리 새로 지나갔네. 태평이 다시 돌려질 것인지
알 수 없는데, 신하 이제 늙었으니 어찌 하여야 하나.(三韓氣槪群龍集, 萬
古英雄一鳥過. 未識大平回得未, 臣今老矣欲如何.)'47)와 같은 시에서도 더
이상 고려를 태평성대로 되돌릴 수 없음을 인식하고 있는 것이다.

　무너질 대로 무너지고 병들 대로 병든 고려는 더 이상 제 구실을 못하면
서도 간신히 명맥만을 유지하고 있으며, 목은 자신도 앞으로 나가지도 못하
고 뒤로 물러설 수도 없이 근근이 살아가고 있는 모습을 절름발이와 같다고
표현하고 있다. 이런 상황을 생각하면 할수록 마음이 더욱 상하게 되니, 신
선술의 비법을 배워 다시 젊어질 수 있다면 지금과 같이 뒤틀리고 어긋난
상황을 바로잡고 싶다는 생각까지 이르게 되는 것이다.

　결국 목은은 오랫동안의 방황과 고민을 통해 고려의 운명을 하늘의 순리
에 맡겨두기로 결정하게 된다. 아무리 노력을 해도 역사의 흐름을 거스를
수 없으며, 아무리 변화시키려고 해도 天命이 없으면 이룰 수 없음을 알았
기 때문이다. '하늘 기미 우연히 발동하여, 스스로 만족하여 큰 임금 생각하
나, 큰 임금은 이미 멀어졌으니, 남은 빛을 바라보는 것도 아스라하네.(天
機偶爾動, 自足思皇王, 皇王旣遠矣, 髣髴瞻餘光.)'48)에서도 그러한 목은

---

47) 『詩藁』卷26, 〈山臺巖〉.
48) 같은 곳, 〈蛙鳴〉.

의 의식을 찾을 수 있다.

〈새벽 안개〉

枕上夜無夢	베개 위 밤에는 꿈도 없는데
蛩聲天地凉	벌레 소리에 천지가 서늘하네.
早起便縱目	일찍 일어나 문득 눈길 닿는 곳에
鄕山何渺茫	고향 산천이 어찌 이리 아득한가.
時時霧也作	때때로 안개가 일어나니
使我如面墻	담장처럼 나를 막으려 하는 것인가.
造物戲我耳	조물주는 나를 희롱하려는가.
白日生東岡	밝은 해가 동쪽 산에 솟아도
睹天不待披	하늘에 안개 흩어지지 않아도
萬物皆蒙光	만물은 다 광채를 입고 있는 것을
忘懷任出處	생각을 잊고 출처를 맡기면
何處非虞唐	어느 곳인들 요순시대가 아니겠나.[49]

　이 시에서 보이는 목은의 심정은 비교적 안정되어 있다. 하지만 쓸쓸함이 가득 배어 있어 비장함마저 느끼게 하고 있다. 새벽에 일어나 자신을 생각하니 고향을 멀리 떠나온 나그네의 심정과 같이 허전함과 외로움을 함께 느끼게 된다. 실제로 목은에게 있어 고려왕조는 고향이었다. 지금도 고려왕조에 살고 있기는 하지만 이미 쇠미해지고 변해버린 국가의 위용은 그에게 고향과 같은 따뜻함을 더이상 느낄 수 없게 한다. 이 시기의 시에 자신을 '나그네(客)'로 표현한 경우를 자주 볼 수 있는데, 이처럼 그동안 생애의 일념으로 지키고 있던 고려부흥에 대한 의지가 꺾이게 되면서 목은에게 고려왕조도 그 의미를 잃게 되었다고 하겠다.

　안개가 가득 끼어서 사물을 분간할 수 없어도 아침 해가 떠오르면 그 햇빛을 골고루 받으며 자라고 있듯이, 백성들도 마찬가지로 굳이 고려왕조 아

---

49)『詩藁』卷25, 〈曉霧〉.

래에서 살아야만 한다고 고집할 필요가 없다는 뜻이다. 즉 세상이 흘러가는 순리를 따라 살며 좋은 시절을 만나게 되면 그곳이 꼭 고려가 아니어도 堯舜의 시대가 아니겠는가 하는 것이다.

이처럼 고려에 대해 가지고 있던 목은의 의식은 일변하게 됨을 볼 수 있다. 일찍이 세계적인 제국을 이루었던 원에서 공부하였으며, 쟁쟁한 중원의 문사들과 겨루어 최고임을 당당히 보여주었고, 원의 한림원에서 그 재주를 인정받았을 뿐만 아니라 고려에서도 정치를 이끌었던 목은으로서는 누구보다도 세태의 변화를 잘 알 수 있었으리라 생각된다. 이미 중원에서도 그 세력을 자랑하던 원이 망하고 새롭게 명이 섰지만 오히려 정치적으로 사회적으로 안정된 모습을 이룩한 예를 보더라도 더 이상 고려를 고집할 수 없음을 알았기 때문에 이와 같은 의식의 변화를 가져왔다고 하겠다. 하지만 의리를 중요시하는 유학자의 본분으로 새로운 왕조의 開創을 위해 나서는 것은 바로 자신이 평생을 몸담아 의지했던 고려를 저버리는 것이었기 때문에 반드시 고려가 아니어도 괜찮겠지만 목은 스스로는 끝까지 고려를 버릴 수 없었다고 하겠다. 실제로 조선 건국 이후 목은이 보여주었던 中庸的 行步는 이러한 그의 의식을 대변하는 것으로 해석할 수 있다.

(3) 居敬修身의 實踐

목은은 44세 때인 1371년 9월 모친상을 당하면서 거의 정계에서 떠나게 되었다. 거기다가 47세 되는 1374년 9월에는 공민왕의 죽음을 당하게 되었다. 공민왕은 목은보다 두 살 아래였지만 고려가 원나라의 간섭에서 벗어나 자주성을 회복하고, 외세의 침략을 물리쳐 고려의 중흥을 이루기 위해 함께 노력하였으며, 그를 가장 신임해준 왕이었다. 이런 공민왕의 죽음은 목은의 정치적 입지에도 큰 영향을 미쳤을 것으로 생각된다. 실제로 공민왕이 죽은 후부터 7, 8년간 杜門不出하여 정계에 나서지 않았다고 하였다.[50] 이처럼 조정을 떠나 있던 사이에 목은의 정치적 입지는 많이 축소되었다.

물론 禑王의 스승으로, 前王의 총신으로 목은의 명성을 무시할 수는 없었지만, 실제적인 중심세력은 이성계에게로 옮겨가게 되었다.

더구나 고려의 중흥에 대한 미련을 버리고 난 후부터는 더욱 內面의 성찰과 학문적 수양에 심혈을 기울였으며, 어느 한 곳으로 치우치지 않고 中道를 지키기 위해 노력하였다.

〈군　자〉

君子本不黨	군자는 본래 무리를 짓지 않고,
出處皆關天	출처도 모두 천리에 맞게 한다네.
奈何勢所使	어찌할거나! 권세에 부림당하고,
令人心自煎	사람들로 인해 마음을 볶이고 있으니.
朝廷得罪人	조정에 죄를 지은 사람이 되면
罰一將勸千	하나의 잘못으로 천 가지의 벌을 받네.
非黨亦見擯	자기 무리가 아니면 또한 배척을 받으니
誰能辨其然	누가 그 억울한 사연을 변호해주겠는가?
書之示後來	글로 기록해 후인들에게 보이려 해도
又恐不足傳	온전히 전하지 못할까 또한 걱정이 되네.
努力守爲大	힘써 노력하여 대의를 위해 지켜나가며
終身無少愆	죽을 때까지 조그만 허물도 없어야 하리.[51]

이 시는 목은이 한창 출처에 관해 고민을 하고 있던 시기인 53세 때 지은 시이다. 이미 이때 목은의 정치적 입지는 좁아졌으며, 革新을 부르짖고 있는 사람들과도, 守舊를 말하는 사람들과도 함께 하지 않고 大義만을 위해서 살아갈 것을 다짐하고 있다. 평소 목은이 가지고 있었던 이와 같은 의지는 고려의 부흥에 대한 갈등에서 체념으로 바뀌게 된 55세 이후부터 더욱 두드러지게 나타나고 있다.

---

50) 李光靖, 『牧隱先生年譜』.
51) 『詩藁』 卷21, 〈君子〉.

원 간섭 초기에 安珦, 白頤正, 權溥 등에 의해 고려에 전해지기 시작한 송나라의 신유학은 李齊賢, 李穀 등을 거치면서 본격적으로 전파되기 시작하였다. 특히 1314년 원에서 과거제도가 부활되고, 고려의 과거제도도 이에 따라 변하여 朱子의 학설을 정설화하면서 그 저변이 눈에 띄게 확대되었다. 이와 같은 상황에서 좌주인 이제현과 부친인 이곡의 학문을 이었으며, 원의 국자감에서 수학하는 등 목은의 성리학적 소양은 당시 가장 폭이 넓고 깊었으며, 정통의 맥을 이었다고 할 수 있다. 고려로 수용된 성리학의 주류는 魯齋 許衡을 중심으로 하는 북방계 성리학이었다. 이것은 이론적·철학적인 窮理의 측면을 중시하는 남방의 성리학과는 달리 실천적·윤리적인 居敬을 통한 修己의 측면을 위주로 하였다. 따라서 목은이 추구한 성리학도 居敬을 통하여 性情을 陶冶하여 君子에 이르고자 하는 것이었다.

평소 유학자로 자처하였던 목은이었기 때문에 이와 같은 특징이 나타나는 시들이 다수 존재하고 있다.

〈가을날〉

我氣秋之淸	내 기운은 가을처럼 맑고,
我性日之明	나의 본성은 해처럼 밝으며,
我身如玉樹	나의 육신은 주옥의 나무와 같아
枝葉皆瑤瓊	가지 잎이 모두 다 구슬일세.
當時困蒸溽	여름 그때는 찌는 더위 괴롭고
陰雨如不晴	장마 비 개이지 않을 듯하더니
忽此西風來	홀연 이 서녘 바람 불어와
垢穢無復生	더러움이 다시는 돋지 않을 듯
願言善保守	원컨대 잘 보존하고 지켜서
君子當存誠	군자는 당연히 誠을 보존해야.[52]

위의 시는 목은이 52세 되는 1379년(己未, 우왕5) 8월에 쓴 것이다.

---

52) 『詩藁』 卷19, 〈秋日〉.

첫 세구의 첫머리에 '我氣', '我性', '我身'을 연속하여 사용함으로써 리듬감을 주어 강하게 시선을 끌도록 한 것이 특이하다. 자신의 기운과 본성과 육신은 구슬처럼 깨끗함을 말하였는데, 바로 처음 하늘이 내려준 대로 순수하게 지키고 닦았음을 과시한 것이다. 이것은 그만큼 목은 자신이 평소 생활 속에 居敬修身을 철저하게 지키고 있음을 나타내주고 있는 것이라고 하겠다.

목은은 계절이 변하는 자연 현상과 하늘이 부여한 순수한 性情을 회복하고 보존하는 것이 하나의 원리임을 깨달은 것이다. 찌는 듯한 한여름의 더위와 지루한 장마로 인해 생긴 정신적인 불안정함과 신체의 고통이 언제나 끝이 없이 계속될 듯하지만, 시간이 지나 가을이 돌아오면 시원한 가을바람이 이러한 더러움을 깨끗하게 씻어주어 맑고 밝게 될 수 있듯이 修身을 통하여 맑고 밝은 성정을 회복할 수 있다고 한 것이다.

이와 같이 현실 생활 속에서 修身을 통해 本性을 회복하고자 하는 의지는 목은 삶의 가장 큰 목표였다고 하겠다. 이러한 의지는 이미 일찍부터 찾아볼 수 있지만 대체적으로 55세 이후 현실 정치에 대한 미련을 떨쳐버린 후부터 본격적으로 나타나고 있음을 볼 수 있다.

〈붓을 들고 깊이 생각을 하다가 붓을 떨어뜨려 옷을 더럽히다〉

詩興茫無涯	시흥은 아득히 끝이 없어
靜思心反昏	고요히 생각해도 마음 오히려 혼미해
手中筆鋒直	손 안의 필봉이 곧은데
忽落衣有痕	홀연 떨어져 옷에 흔적 남겼네.
衣汚尚可濯	더러운 옷이야 빨 수 있지만
心衰難立言	마음이 늙어 글을 짓지 못하네.
四序似鱗次	네 계절은 비늘처럼 순서가 있어
萬物盈乾坤	만물이 하늘과 땅에 꽉 차 있네.
其中浩然氣	그중에 호연한 기상은
與我同一元	나와 하나의 원리인데
奈何反自小	어찌하여 오히려 스스로를 작게 여겨

有如泥水渾	마치 진흙과 물이 뒤섞인 듯 하였나?
澄之便見淸	맑게 하면 곧 다시 맑음 볼 것이니
往矣尋眞源	가자 참의 근원을 찾으러.53)

　이 시도 앞의 시와 같이 本性回復을 위한 수양을 강조한 것이다. 여기에서 볼 수 있는 것처럼 목은이 추구한 性理學의 기초는 현실생활 속에서의 수신이었다. 현실을 살아가면서 자연스럽게 접하게 되는 현상들 속에서 참된 성정의 요체를 터득하려는 입장을 보이고 있는 것이다. 이 시는 詩興에 잠겨있다 자신도 모르는 사이에 손에 들고 있던 붓을 떨어뜨려 옷이 더러워진 상황을 보고, 스스로 의도하지 않아도 더럽혀지고 훼손되는 순수한 성정을 떠올리고 있다. 옷에 묻은 먹물이야 빨아서 지울 수 있지만 한번 변해버린 성정을 다시 깨끗이 하기는 어려운 것이며, 스스로 存養하지 않아서 초래된 것이라고 하였다.

　위의 시는 "그 기야말로 지극히 크고 지극히 강하며, 바르게 길러 손상함이 없다면, 하늘과 땅 사이에 충만하다."54)고 한 孟子의 浩然之氣에 대한 의견과 다름이 없음을 볼 수 있다. 처음 하늘에서 받은 性情은 氣라는 형태로 발현되어 나타나기 때문에 이 氣를 잘 보존하고 닦아야만 맑고 밝음을 유지할 수 있다는 것이다. 이것은 성리학에서 가장 근원적인 문제로 삼고 있는 理氣論의 문제인데, 목은은 '澄之便見淸'에서 보이는 것처럼 '理'를 '맑게(淸)'하기 위해서는 먼저 '氣'를 '맑게(澄)'해야 한다는 입장을 가지고 있었다.

　목은은 40대 중반 모친상을 당한 이후 여러 가지 이유에 의해 거의 정치에 참여하지 않았는데, 비교적 시간이 많았던 이때부터 성리학에 대한 깊은 연구를 시작했다고 하겠다. 고려의 국운과 백성들의 안위와 같은 외부 현실에 대한 방황이 체념으로 바뀐 50대 중반부터는 점차 사회적인 걱정보다는

---

53) 『詩藁』 卷29, 〈把筆沈思 筆落微汚衣〉.
54) 『孟子』, 「公孫丑章句上」, "其爲氣也, 至大至剛, 以直養而無害, 則塞於天地之間."

자기자신의 문제에 눈을 돌리게 되었다. 그것은 바로 성리학이 추구하는 본성회복의 문제이기도 하였으며, 또한 고려 말의 사회적 혼란에서 시선을 돌리고 잊을 수 있는 유일한 돌파구 역할을 하였기 때문이다.

〈며칠동안 몸이 불편하여 시를 읊지 못하다가 동짓날 南窓에 앉아 짓다〉

造化生生妙	조화는 낳고 낳는 오묘함이고
虛靈箇箇同	마음은 하나하나 같은 것.
湛然方自守	담담히 바야흐로 스스로 지키고
一敬徹初終	한결같은 공경으로 시종일관해야지.[55]

이 시에서도 목은의 평소 생활태도가 잘 드러나 있다. 현재 목은에게 있어서는 시를 짓는 일과 道에 들 공부를 하는 것이 전부이다. 자연의 변화와 근원을 사색하고 그것을 바탕으로 인간본연의 성정을 회복하기 위해 한결같이 노력을 해야겠다는 의지의 표현인 것이다. 그 노력은 바로 평소 '居敬'을 통해서 '마음'을 陶冶하는 것이다.

2. 牧隱 詩의 創作 方法과 文藝美學

1) 固有名詞와 土俗的 素材의 使用

전례가 없이 다작을 하였던 목은은 다양한 형식과 풍격을 지니고 있어 서거정의 언급처럼 어느 하나에 막혀 머물지 않고 衆體를 모두 갖추고 있

---

55) 『詩藁』 卷30, 〈數日身不寧 不得吟哦 冬至日 南窓靜坐 有作三首〉.

다. 그중에서도 소재의 다양성은 특히 고려 후기의 사회와 문화, 생활상 등을 담고 있어 의미가 크다.

> 선생의 시는 비록 經史에 근본을 두어 法度가 森嚴하지만 夢莊과 釋迦와 老子의 글에 종횡으로 출입하고 패관소설에 이르기까지 널리 채집하여 버리지 않았다. 이런 까닭으로 말단의 학문과 좁은 견문을 지닌 자가 책을 열면, 아득하여 바다를 바라보는 것과 같은 탄식을 하게 된다.56)

서거정의 이 언급은 바로 목은 시에서 보이는 다양한 소재의 측면을 말하고 있는 것이라고 하겠다. 그중에서도 다양한 고유명사를 시어로 사용한 점과 토속적인 소재를 자주 사용하여 영역을 확대한 것이 특징적이다. 목은이 즐겨 사용한 고유명사는 인명, 지명, 관직명, 물명 등 다양하다. 또한 이들 시어는 우리나라 고유의 명칭들이 다수 등장하고 있어 목은의 문학 저변에 흐르고 있는 동인의식의 발로로 해석할 수 있다. 목은의 시에서 동인의식을 찾을 수 있음은 이미 논의한 바 있다. 목은은 원에서의 생활 가운데 다양한 외국의 문물과 다양한 사람들과 접촉하면서 고려의 사람과 문화에 대한 전통과 자부심을 누구보다 강하게 인식하였다.

〈김경숙 소감에게 부쳐 주다〉

敬叔讀破書五車	敬叔은 다섯 수레의 글을 읽어
搜羅剔抉忘居諸	책을 모으고 가리느라 세월조차 잊었네.
風牎雪榻三十載	바람이 부나 눈이 오나 삼십 년을 책과 씨름하며
自道一生如蠹魚	스스로 한평생 마치 책벌레 같다고 하네.
老師宿儒共嘆賞	老師와 宿儒들이 모두 감탄하고 칭찬하더니
幸哉得此行秘書	다행히 이번에 行秘書少監이 되었네.
漢庭諸公翼吾道	한나라 조정의 여러 사람이 儒道를 드날렸으나

---

56) 徐居正, 「牧隱詩精選序」, "先生之詩, 雖本經史, 法度森嚴, 而亦復縱橫出入於夢莊佛老之書, 以至稗官小說, 博採不遺. 是以末學謏聞, 開卷茫然, 有望洋之嘆."

眞才傑出唯仲舒　　걸출한 참재사는 다만 董仲舒뿐이었으리.
中壘校書天祿夜　　中壘가 밤에 天祿閣에서 글을 편집했으니
太乙老人來投初　　太乙老人이 처음으로 찾아왔네.
子雲識字不識事　　子雲은 글자를 알고 일을 알지는 못하였으나
學力所到非荒虛　　학문이 이른 바가 허황하지는 않았네.
三國文章出師表　　出師表는 삼국시대의 문장인데
千年寂寂南陽廬　　南陽의 오두막은 천년토록 적막하네.
泰山北斗韓吏部　　泰山北斗 같은 韓吏部는
力排異端仍補苴　　힘써 異端을 배척하고 世道를 바르게 이끌었네.
歐王曾蘇冠趙宋　　歐陽修, 王安石, 曾鞏, 蘇氏는 宋나라의 으뜸이라.
中間作者皆丘墟　　그 사이의 작자들은 모두 빛을 감추었네.
程朱道學配天地　　程子와 朱子의 道學은 천지와 짝하여
直揭日月行徐徐　　곧바로 해와 달처럼 걸려 천천히 가네.
文選文粹宋又鑑　　『文選』과 『唐文粹』는 宋나라 문장의 거울이요
通典通考精英儲　　『通典』과 『文獻通考』는 정밀하고 아름다운 축적이었네.
微辭奧義盡呈露　　미묘한 말과 오묘한 뜻을 모두 드러내었고
精鑑博採相乘除　　정밀하게 살피고 널리 모아 더하고 뺏네.
誰知東方有一士　　누가 알리오? 동방의 한 선비가
中年不曳王門裾　　중년에 대궐문에서 옷자락을 끌지 않고서
文章典故兩考索　　文章과 典故 둘을 모두 살피고 찾으며
上窮玄象下黃輿　　위로는 天象에 밝고 아래로는 地理에 통달할 줄을.
竅於山川神氣流　　신비한 기운은 산천에 두루 미쳐 흐르는데
倬彼雲漢星躔疏　　별의 자취는 저 은하수에 높다랗게 성그네.
朝陽一鳴聞鳳凰　　조양에서 한 번 봉황의 울음소리가 들리는데
天廄萬匹稱駉駼　　대궐 마구간에는 만 필의 명마가 나타나네.
風花月露束高閣　　바람, 꽃, 달, 이슬을 높은 집에 묶어두었으니
菽粟布帛充里閭　　먹을 것과 입을 것이 마을에 가득하네.
君不見快軒文正公　　그대는 보지 못하였는가? 快軒 文正公의
文章道德時爭譽　　문장과 도덕으로 당시에 영예를 다투었고
又不見猊山農隱崔拙翁　　또 보지 못하였는가? 猊山農隱 崔拙翁은
偶儻高才霈有餘　　큰 뜻과 높은 재주가 넘쳐서 넉넉하였지만

兩家類粹亦勤苦	두 사람은 類聚하고 精選하느라 수고로이 노력했으나
如今流傳安在歟	지금까지 널리 전하는 것이 무엇인가?
蒼天蒼天知奈何	푸른 하늘이여, 푸른 하늘이여! 어떻게 하리오.
白頭老牧徒歇歟	흰 머리의 늙은 牧隱은 다만 한숨만 쉴 뿐이라네.[57]

이 시는 『選粹集』과 『周官六翼』을 편찬한 金敬叔이 秘書少監이 된 것을 축하하며 지은 것이다. 그런데 이 시는 『牧隱文藁』 卷9, 「贈金敬叔秘書詩序」에도 서문과 함께 전하고 있다. 전반부는 동일하고 후반부에는 몇 구가 빠져 있거나 글자를 다르게 쓴 것이 있는데, 마지막 구에서 자신을 지칭한 '老牧'이라는 말은 『문고』에서는 그냥 "牧隱"이라고 하였으며, "倜儻高才需有餘"는 『문고』에서 "高才卓絶仍紆餘"로 되어 있다. 그리고 『문고』의 시에는 『시고』에 수록된 것보다 다섯 구가 더 많다. 『문고』에 수록된 것은 詩序와 함께 지은 것이며, 이것은 다시 퇴고를 거쳐 『시고』에 수록된 것으로 볼 수 있다.

위의 시를 살펴보면 다양한 고유명사들이 시어로 사용되고 있음을 볼 수 있다. 人名으로는 '敬叔', '董仲舒', '楊雄', '韓愈', '蘇洵, 蘇軾, 蘇轍', '程子', '朱子', '金台鉉', '崔瀣' 등 중국과 고려의 인물들이 등장하고 있다. 관직명으로는 '秘書少監', '中壘', '二部' 등이, 서명으로 '文選', '唐文粹', '通典', '文獻通考' 등이 나타나고 있다. 이처럼 목은은 그의 시에서 고유명사를 빈번하게 시어로 사용하여 직설적으로 내용을 전달하고 있다.

〈역사를 읊으며 느낌이 있어〉

三墳五典久無傳	三墳五典이 오래 전하지 않았는데
刪定功夫遠勝前	刪定한 功夫는 앞보다 훨씬 낫네.
緬想唐虞舞干羽	멀리 唐虞가 干羽를 들고 춤추던 일을 생각하고
更尋湯武事戈鋋	다시 湯武가 전쟁을 일삼았던 것을 찾아보네.
公羊清映春秋傳	公羊高의 맑음은 春秋傳에 비쳐 있고

---

57) 『詩藁』 卷10, 〈寄贈金敬叔少監〉.

司馬豪留史記篇　　司馬遷의 호기는 史記에 남아 있네.
筆削作經麟自出　　筆削하여 經傳을 지으니 麒麟이 절로 나타났고
考亭綱目日行天　　考亭의 綱目은 해가 하늘을 가는 듯하네.[58]

위의 시를 살펴보면 많은 人名이 등장한다. '堯와 舜', '湯王과 武王', '公羊高', '司馬遷', '朱熹' 등 다양하다. 대부분 對偶의 짝을 맞추기 위한 것이기는 하지만 이처럼 시어로 인명을 많이 사용하는 것은 특이한 형태이다. 여기에 등장하는 인물들은 모두 중국의 역사에서 큰 비중으로 다루어지는 사람들이다. 또한 『春秋公羊傳』, 『史記』, 『通鑑綱目』 등과 같은 書名도 함께 등장하고 있는데, 이와 같은 인명과 서명을 시어로 사용함으로써 작자가 표현하고자 하는 시의 내용이 명확하게 전달되는 효과가 있다.

〈정해년 과거의 여러분을 기억하다. 3수. 우리나라 풍속에 진사시 급제자가 그 좌주의 아들을 종백이라고 부른다〉

上黨出君子　　上黨에서 君子를 배출하니
一家生二韓　　한집안에서 두 한씨가 나왔다네.
政堂琪樹迥　　政堂은 琪樹처럼 높고
簽院玉壺寒　　簽院은 玉壺처럼 차네.
共掌文衡重　　모두 文衡의 중책을 맡고
俱經編管難　　다 編管의 어려움을 겪었네.
可憐成內史　　內史를 이루려 함이 가련하여
壯志竟汎瀾　　장대한 뜻이 끝내 눈물에 젖네.[59]

이 시에서도 목은은 고려시대의 다양한 관직명칭을 직접 시어로 사용하고 있음을 볼 수 있다. 먼저 첫 구의 '上黨'이라는 지명은 현재의 '淸州'를 지칭하는 것으로 韓脩의 본관이 청주이기 때문에 선택한 시어이다. 함련의 '政堂'과 '簽院'는 '政堂文學'과 '簽書樞密院事'의 준말이다. '政堂文學'은 고려

---

58) 『詩藁』 卷7, 〈詠史有感〉.
59) 『詩藁』 卷9, 〈憶丁亥科諸公三首 國俗進士及第 稱其座主之子曰宗伯〉.

시대 中書門下省의 종2품 관직으로 국정을 논의하는 관직이다. ‘簽書樞密院事’는 中樞院의 정3품 관직인데, 일반적으로 2품 이상을 지칭하는 宰樞의 반열에 들었던 직책이다. 여기에서 政堂은 韓方信을 지칭하고, 簽院은 韓脩를 지칭하고 있다.

또한 ‘文衡’은 홍문관, 예문관의 대제학을 지칭하는 별칭이다. 이 대제학은 당대 학문의 중심으로서 문풍을 이끌어나가는 역할을 하기 때문에 ‘文衡’이라는 명칭으로 더 많이 불려졌다. 그러나 여기서는 한방신과 한수가 모두 과거를 주관하는 지공거의 직책을 역임하였음을 나타내는 말이다. 고려시대의 과거는 관리를 등용하기 위한 목적과 함께 당시의 학문방향과 교육의 성과 등을 알아보는 중요한 척도가 되었기 때문에 지공거를 ‘문형’으로 지칭한 것이다.

이와 같이 목은은 그의 시에서 인명, 서명, 관직명 등과 같은 고유명사를 시어로 많이 사용하였다. 그런데 이들 명사를 자세히 살펴보면, 중국의 인명과 지명, 서명 등이 등장하기는 하지만 우리나라 고유의 명사들이 더 큰 비중으로 나타나고 있다. 위에서 들었던 인명과 관직명 등에서 이를 확인할 수 있다. 이와 같은 경향은 지명에서도 동일하게 나타나고 있다.

〈고향을 생각하며〉

熊津水白山如畵　　熊津의 물은 맑아 산이 그림 같고
馬邑山靑水似襟　　馬邑의 산은 푸르러 물이 옷깃과 같네.
瘦竹一林無恙否　　여윈 대나무 숲은 탈 없이 있는지?
遠遊塵土滿簪巾　　멀리 노니느라 먼지가 두건에 가득하네.[60]

원에 있으면서 고향인 한산을 그리워하며 지은 것으로 ‘熊津’과 ‘馬邑’을 시어로 언급함으로써 훨씬 더 친근하고 푸근한 고향에 대한 이미지를 부각시키고 있다. “內浦에는 군영이 있고, 西原에는 옛 친구의 집이 있네.(內浦屯營處 西原舊故家)”[61] 등에서도 우리나라의 지명을 시어로 사용하고 있

---

60) 『詩藁』 卷3, 〈思鄕〉.

다. 이와 같이 시어로 중국의 고사나 인명, 지명 등만을 사용하지 않고 우리나라 고유의 명사를 다양하게 사용한 목은은 東國의 山河와 文化, 人物 등 모든 방면에 특별한 애정을 가지고 있었으며, 이러한 그의 사상이 시에 나타난 것이라고 하겠다.

〈회포를 적다〉

國東山水冠朝鮮	關東의 산수가 朝鮮에서 으뜸이기에
有意高尋已數年	멀리 찾기를 뜻한 지 이미 여러 해이네.
欲問瑜珈向玄化	瑜珈를 묻고자 玄化寺로 향하고
因求水墨入黃延	水墨畫를 구하러 黃州와 延安에 들어가리.
義相絶頂長舒嘯	義相臺 꼭대기에서 길게 노래 부르고
靈隱深崖暫坐禪	靈隱寺의 깊은 낭떠러지에서 잠깐 좌선하리.
直借朴淵千尺瀑	곧바로 천 자나 되는 朴淵瀑布를 빌려다가
滌淸塵劫死生緣	영원한 생사의 인연을 맑게 씻고 싶네.[62]

이 시는 앞서 언급한 바와 같이 목은이 가지고 있는 우리나라 산하에 대한 애정을 확연히 드러내고 있는 시이다. 먼저 '朝鮮'이라는 명칭이 특별하다. 이미 목은은 이전의 많은 시에서 우리나라의 시조인 '檀君'과 '古朝鮮'에 대한 인식을 나타낸 것을 볼 수 있었다. 또한 우리나라의 건국이 '唐堯戊辰年'임을 강조하여 중국의 역사에 비견하여도 대등한 역사와 전통을 지니고 있음을 역설하였다. 이와 같은 유구한 역사와 전통을 기본적으로 인식하고, 특정한 한 시기에 매이지 않고 통시적으로 역사를 이해하려는 목은의 안목을 확인할 수 있는 시어가 바로 '朝鮮'이라고 하겠다.

이러한 애정 어린 시선으로 우리나라의 산천, 특히 관동의 여러 지명과 명승이 가지고 있는 특징과 경치를 잘 나타내고 있다. 瑜珈의 대표로 꼽히는 玄化寺, 산수화처럼 수려한 경관을 자랑하는 黃州와 延安, 義相臺, 靈

---

61) 『詩藁』 卷10, 〈代書奉寄韓同年 3首〉.
62) 『詩藁』 卷12, 〈述懷〉.

隱寺, 朴淵瀑布 등과 같은 우리나라 자연을 시어로 적절히 활용한 것이다.

이처럼 우리나라 고유의 산천과 인물, 관직 등 이외에도 풍속과 사물에 대한 명칭을 사용한 예는 목은의 시에서 종종 찾아볼 수 있다.

〈어린 손자가 배고프다고 울기에〉

稚子啼呼索點心	어린애가 울며불며 먹을 것을 졸라대니
老婆吹火石鐺深	할머니가 돌솥을 걸고 불을 불어대네.
醬湯油餠烹來較	장국이며 부침개를 먹음직스럽게 만들어 오자
■■尋常驕語音	울던 아이 금방 귀엽게 재롱을 떠네.
道味生時須自驗	도의 참맛 느낄 때는 스스로 경험을 해야 하니
天機動處有誰尋	천기가 움직이는 곳을 누가 찾아보았을까?
老翁日用眞無事	늙은 노인네 매일 진정 할일이 없는지라
遇興悠然試一吟	흥이 일면 유연히 시 한 수 읊조려 본다네.[63]

여기에서도 목은은 '點心', '醬湯', '油餠' 등과 같은 일상 생활용어를 자연스럽게 시어로 사용하고 있다. 이와 같은 시어는 물론 한자어이다. 그러나 내포된 의미는 바로 우리들이 쉽게 사용하는 '점심', '장국', '부침개' 등을 나타내고 있다. 그밖에 우리나라 고유의 문화를 바탕으로 형성된 용어를 시어로 쓴 경우도 많다. "참새는 물동이 위로 나는데, 뜻이 있어서이지 어찌 괜히 그러겠는가?(雀飛東海上, 用意豈徒然)",[64] "차갑게 귀에 들어오는 창밖의 바람 소리, 가련하구나 높은 산 헤매고 다닐 나무꾼이. 누더기 옷 걸쳐 입고 두 발은 맨살을 보일 텐데, 온돌방에선 귀한 분들 두 다리 뻗고 계시겠지(牕外風聲入耳寒, 可憐樵徑繞巉岏. 弊衣又見雙跟露, 溫突仍將兩脚盤)",[65] "가련하게도 몇 자의 모시베가, 우연히 사람으로 하여금 길게 탄식하게 하네.(可憐數尺毛施布 偶爾令人感嘆長)"[66]에서와 같이 '東海', '溫

---

63) 『詩藁』 卷28, 〈兒啼飢 一首〉.
64) 『詩藁』 卷22, 〈偶題二首 俗呼銅盆曰東海〉.
65) 『詩藁』 卷31, 〈聞風聲有作〉.
66) 『詩藁』 卷9, 〈紀事〉.

突’, ‘毛施布’와 같은 토속어들을 시어로 사용한 예들이다. 앞의 ‘東海’에 ‘우리말에 놋동이를 동해라 한다(俗呼銅盆曰東海)’는 주를 달아놓고 있으며, 뒤의 것은 우리나라 고유의 주거문화인 ‘온돌방’을 묘사하고 있다. 특히 뒤의 것은 누더기를 걸치고 추운 날 나무를 하기 위해 높은 산을 헤매고 다닐 나무꾼과 따뜻한 온돌에 편안히 앉아 있을 귀한 분들을 대비하고 있다. 또한 ‘모시베’에서는 ‘모시’라는 우리나라 고유의 명칭과 ‘布’라는 한자어를 결합하여 단어를 형성한 것이 재미있다.

그 외에도 ‘만두(饅頭)’67), ‘약밥(藥飯)’,68) ‘찰밥(粘飯)’, ‘팥죽(豆粥)’69) ‘오이장아치(醬瓜)’,70) ‘청어(靑魚)’71) ‘백설기(雪䭰)’72) 등 우리나라 고유 음식을 소재로 하여 시를 지은 것이 있다.

〈찰 밥〉

粘米如膠結作團	찰진 찹쌀로 둥근 경단을 만들어
調來崖蜜色爛斑	산꿀을 넣으니 빛이 아롱졌구나.
更敎棗栗幷松子	게다가 대추와 밤에 잣까지 보탰으니
助發䑛甘齒舌間	군침이 이와 혀 사이에 도네.

三韓今夜月團團	삼한에서는 오늘 밤에 달이 둥근데
最怕微雲作錦斑	옅은 구름이 비단무늬 드리는 것 제일 두려워하네.
只爲農家占歲稔	다만 농가에서 한 해의 농사를 점치기 때문이지
豈無銀燭照雲鬟	어찌 검은 머리칼을 비출 은촛불이 없는 탓이랴?73)

이 시는 정월 대보름을 소재로 하여 지은 것이다. 우리의 풍습에 정월 보

---

67) 『詩藁』 卷13, 〈二郎家朝餉饅頭〉.
68) 『詩藁』 卷25, 〈赤城兪判事送藥飯〉.
69) 『詩藁』 卷17, 〈豆粥〉.
70) 『詩藁』 卷13, 〈卽事〉.
71) 『詩藁』 卷14, 〈賦靑魚〉.
72) 『詩藁』 卷7, 〈詠雪䭰〉.
73) 『詩藁』 卷13, 〈粘飯〉.

름날이면 찰밥을 해 먹고, 저녁이면 둥근 달을 보면서 한 해의 안녕을 기원하였다. 또한 보름날 밤에 달무리가 지면 그 해의 농사가 잘 되지 않는다고 하여 좋지 않게 생각하는 풍습까지 언급하고 있다. 여기에 대해 목은은 다시 "이 두 수는 모두 우리 동방의 풍속을 노래한 것으로 중국에서는 알지 못하는 일이다. 다른 날 중국의 친구가 나의 이 시를 읽으면 당연히 한바탕 웃을 것이다.(右二首, 皆詠東方風俗, 非中國所知也. 異日中原故人, 讀吾此詩, 當付一笑耳.)"라고 주를 달고 있다.

〈싱아를 읊다. 줄기가 아주 시다. 싱아는 토속어이다.〉

碧玉長仍嫩	푸른 줄기 길면서도 연한데
山崖翠葉寒	산언덕에 비취색 잎이 싸늘하네.
乍看眉已蹙	언뜻 보아도 눈썹이 이미 찡그려지고
欲嚼齒先酸	씹으려 하면 이가 먼저 시리다.
醉客偏多嗜	술 취한 사람 가운데 유독 즐기는 이가 많은데,
眠魔詎敢干	졸음 귀신이 어찌 감히 침범하랴?
詩篇容不載	시편에 쉽게 담지 못하여
一詠一長歎	한편으로 읊으면서 한편으로 길게 탄식하네.[74]

제목에서 보는 것처럼 '僧莪'라는 우리의 이름을 가진 식물을 읊은 것이다. 이 식물은 현재의 '싱아'를 지칭하는 것으로 뿌리나 줄기를 찌어 즙을 먹으면 해열작용이 있으며 아주 신맛이 나는 것이 특징이다. 여기서 목은은 싱아의 특성을 아주 자세하게 표현하고 있다. 우리나라의 산이나 언덕에 많이 있는 이것은 푸른 줄기를 가지고 있으며, 신맛이 나서 보기만 해도 벌써 얼굴이 찡그려진다고 하였다. 위의 시에서 보면 숙취에 이 즙을 먹었던 것으로 생각된다. 하지만 목은은 마지막 尾聯에서 이러한 것을 쉽게 시에 담지 못하는 것에 대한 안타까움을 보이고 있다. 우리나라의 시에 우리나라 고유의 소재로 시를 짓기를 바라는 마음 때문이다.

---

74) 『詩藁』 卷11, 〈詠僧莪 其莖甚酸 僧莪鄕名〉.

또한 "啖來禽"75)의 '來禽'은 '林禽'이라고도 하며 '능금'을 뜻하는 것이다. 목은에게 東國과 東國의 文化에 대한 깊은 애정이 있었기 때문에 쉽게 쓰지 못하던 토속적인 소재를 자연스럽게 사용할 수 있었던 것이다. 그리고 이러한 경향이 우리나라의 특징을 잘 나타낼 수 있는 고유한 문학형태가 되기를 바랐던 것이다.

더구나 목은은 토속적인 시어를 사용한 것뿐만이 아니라 고려의 풍속과 일상생활, 그리고 속담, 속어 등을 자연스럽게 사용하고 있다. 이것은 전통적인 시작 습관에 비추어 본다면 특이한 것이어서 조선시대의 시화집에서 "多有鄙疎之態"76)라는 비평을 듣기도 하였다.

〈우연히 俚語를 기록하다.〉

雀晝傳言鼠夜傳	낮말은 새가 듣고 밤 말은 쥐가 듣는데
耳垣相屬古猶然	담장에도 귀가 달린 것은 옛날에도 그랬다네.
誰知一念纔萌處	누가 알겠는가, 한 가지 생각이 막 생기는 곳에
粲爛光明已照天	찬란한 밝은 빛이 벌써 하늘에 비추는 것을.
添不曾知減却知	더해지는 것은 몰라도 줄어드는 것은 아는데
由來人事畏分離	본래 사람 일은 헤어짐을 두려워한다네.
兒孫團聚終身樂	자손들과 단란하게 모여 사는 것 終身의 즐거움인데
天地中間果是誰	하늘과 땅 사이에 이런 사람 과연 누구일까?
前若貧居後富居	전에 가난했던 사람은 뒤에 부자가 된다는데
人言此語定非虛	사람들의 이 말이 참으로 빈 말이 아니네.
莫嫌借屋頻移徙	남의 집 빌려서 자주 이사함을 싫어하지 말게
幸有承宣上直廬	다행히 승선을 만나면 直廬에 오르리니.77)

---

75) 『詩藁』 卷24, 〈啖來禽〉, "皮帶微紅雪作肌, 團團已向未秋肥. 知渠爛熟還如腐, 政爾 ■眡得所歸. 出堅氷應置寒露, 帶霜楓已照斜暉. 右軍有帖聯靑李, 坐想當年筆一揮."
76) 成俔, 『慵齋叢話』 卷1.
77) 『詩藁』 卷19, 〈偶記俚語〉.

제목이 이미 俚語를 기록한다고 되어 있다. 이와 같은 俚語를 사용하여 시를 짓는 것이 그만큼 자연스러웠다는 것을 말해준다. "낮말은 새가 듣고 밤 말은 쥐가 듣는다", "담에도 귀가 달렸다", "드는 줄은 몰라도 나는 줄은 안다", "고생 끝에 樂이 온다" 등의 속담을 시의 소재로 사용하고 있다. 우리가 익히 알고 자연스럽게 사용하고 있는 속담을 먼저 제시하고 이것을 풀이하여 교훈을 주고자 하였다.

〈조롱을 해명하며 읊다〉

見獐負網有古語　　"노루 본 놈이 그물 짊어진다"는 옛말이 있어
我自脫頤奚問他　　나조차도 크게 웃는데 어찌 남에게 물으랴?
膽大於身吐群策　　겁 없이 여러 계책을 내놓았다가
偶爾屢中應被訶　　우연히 여러 번 적중되었으니 꾸지람받음 당연하네.
(이하 생략)78)

이 시는 목은의 나이 29세 때인 1356년(丙申, 공민왕5)에 지은 것이다. 이해에 목은은 원의 관직을 모두 사직하고 고려로 돌아왔으며, 공민왕에게 '時政十事'를 건의하여 모두 받아들여졌는데, 이로부터 목은의 본격적인 관직생활이 시작되었다. 목은이 건의한 사안 중에 가장 중요한 것이 '政房'79)을 폐지하는 것이었다. 새로운 인재 등용을 막는 정방의 철폐를 강하게 주장한 목은은 정방이 철폐된 후 吏部侍郎과 兵部郎中을 겸직하게 되었으며, 이 두 직책은 관리의 인선을 담당하는 것으로 文臣과 武臣의 인사를 목은이 모두 담당하게 되었던 것이다. 이에 동료들이 "李侍郎自求之也"라고 놀리자 이 시를 지어 해명한 것이다.80)

---

78) 『詩藁』卷4,〈解嘲吟〉.
79) 政房은 무신집권이 시작되면서 관리의 임용을 담당하는 기구로 설치되었으며, 무신집권이 끝난 후에는 권문세족들에 의해 장악되어 신진관료의 진출을 막고 문벌귀족 정치를 유지하는 기관이 되었다. 奇轍을 중심으로 하는 俯元輩들을 제거하고 비로소 恭愍王 5년에 철폐하였다.
80) 『詩藁』卷4,〈解嘲吟〉, "是歲奇氏之難作, 君臣礪精更化. 中官傳旨各司求直言.

여기에서 목은은 "노루 본 놈이 그물 짊어진다"라는 속담을 먼저 들고 있다. 이것은 무슨 일이든지 직접 당한 사람이 하게 된다는 의미를 가진 것이다. 지금의 "목마른 놈이 우물 판다"와 비슷하다고 하겠다. 또한 '담이 몸보다 크다.'는 말은 속담은 아니지만 우리나라에서 무서움을 모르고 함부로 행동하는 것을 지칭하는 관용어구이다. 그 외에도 "세상일 구절양장 같은 길이요, 사람의 마음은 마이동풍이라네.(世事羊腸路, 人心馬耳風)"81)과 같이 '九折羊腸', '馬耳東風'과 같은 成語들도 시어로 사용하고 있다.

이와 같이 목은이 그의 시에 토속적인 어휘와 소재를 자주 사용하게 된 것은 동인의식과 함께 益齋 李齊賢의 독려가 큰 자극이 되었다. 익재도 충선왕을 따라 원도에서 당시 중원의 유수한 학자들과 교유하면서 그의 학문 세계를 넓혔으며, 降香使로 가는 충선왕을 따라 강남을, 유배를 떠난 충선왕을 찾아 중국 서북의 끝인 吐藩에까지 다니면서 많은 중국의 문물과 생활상을 볼 수 있었다. 이와 같은 과정을 거치면서 자연스럽게 고려 고유의 문화와 생활에 관심을 가지고 문화적 同異도 느낄 수 있었던 것으로 보인다. 그렇기 때문에 익재는 귀국 후 고려의 고유한 문화를 소재로 시를 쓰기 위해 노력하였으며, 그러한 노력을 주위의 사람들에게도 권면하였던 것이다. 그 결과가 고려 속요와 풍습 등을 소재로 하여 작은 악부의 형식으로 지은 小樂府로 나타났다.

　　어제 곽충룡을 만나 보았는데 그가 하는 말이, 급암이 소악부에 화답을 하려고 하였으나 같은 일에 말이 중복되기 때문에 하지 못한다고 하였다. 나는 그에 대해서 '유빈객이 지은 죽지가는 기주와 삼협지역의 남녀들이 서로 즐기는 사연이고 소동파는 이비, 굴원, 초회왕, 항우의 일을 엮어서 장가를 지었는데, 옛사람의 것을 답습한 것이었던가? 급암은 별곡 중에서 마음에 느낀 바를 취

<hr>

稽不撲鄙淺, 具陳十數事, 皆蒙施行. 罷政房, 其一事也. 未幾 除稽吏部侍郎. 歲末 考百官勤慢而殿最之 吏部實掌其任. 同列皆笑曰 李侍郎自求之也. 於是作短歌以解之."

81) 『詩藁』 卷5, 〈讀同年司空伯亶送李永哲詩, 次韻因勉李生云. 伯亶名實〉.

하여 새로운 가사를 짓는 것이 옳을 것이다.’ 하고 두 편을 지어 촉발한다.[82]

익재가 먼저 소악부를 짓고 이를 급암 민사평에게 보내게 되는데, 이에 급암도 6수의 소악부를 지어 화답하였다. 그러나 여기에서 익재는 급암에게만 보낸 것이 아니라 목은에게도 같은 시를 보내어 화답하도록 권면하였던 것으로 보인다. 익재가 보낸 소악부에 급암이 화답하기가 어려워 짓지 못하고 있다는 말을 곽충룡에게 듣고 다시 두 수의 소악부를 지어 보내주면서 보낸 글이다. 여기에서 익재가 급암에게 보낸 시는 소악부뿐만이 아니었다. 『급암선생시집』 권3에 소악부와 함께 보낸 시가 8제 9수, 『목은시고』 권5에는 소악부는 없고 그 외의 소재로 지은 8제 9수의 시가 존재한다. 모두 고려의 문인들이 서로 교유하였던 고사를 소재로 하여 지은 것이다. 즉, 익재는 우리나라에서 시를 지을 때 항상 중국의 고사를 인용하여 짓는 것에서 벗어나 우리나라의 고사를 가지고도 충분히 시를 지을 수 있음을 나타내었던 것이다. 일반적인 근체시뿐 아니라 樂府詩까지도 예를 들었으며, 이를 급암과 목은에게 보내주었던 것이다.

---

82) 李齊賢, 『益齋亂藁』 卷4, "昨見郭翀龍 言及菴欲和小樂府 以其事一而語重 故未也 僕謂劉賓客作竹枝歌 皆夔狹間男女相悅之辭 東坡則用二妃屈子懷王項羽事 綴長歌 夫豈襲前人乎 及菴取別曲之感於意者 翻爲新詞 可也 作二篇挑之."

	『益齋亂藁』卷4		『及菴先生詩集』卷3		『牧隱文藁』卷5
45	樂軒李侍中 在通津山齋 金百鎰 李松縉兩學士 皆卓然師往謁	1	右金李兩學士 山人卓然師 謁李侍中山齋詩	1	樂軒李侍中 在通津山齋 金百鎰 李松縉兩學士 皆卓然師往謁
46	許文敬公 李判樞尊庇 俱以東征事 出慶尙道 共訪其同年朴秀才祿之宜春田舍 各留詩一篇	2	右許文敬公 李樞相 同訪宜春君 同年朴秀才詩	2	許文敬公 李判樞尊庇 俱以東征事 出慶尙道 共訪其同年朴秀才祿之宜春田舍 各留詩一篇
47	洪南陽奎聞妙蓮寺無畏國師善吹笛 自袖中笒八方丈 請之國師 爲作數弄	3	右洪南陽自袖中笒　謁無畏國統 國統爲之數弄詩	3	洪南陽奎聞妙蓮寺無畏國師善吹笛 自袖中笒八方丈 請之國師 爲作數弄
48	宋樞相和過華嚴六具僧統於興王寺 具公欲觀其弄杖 宋幅巾躍馬 爲之移日	4	右興王云具僧統　請宋樞相弄毬詩	4	宋樞相和過華嚴六具僧統於興王寺 具公欲觀其弄杖 宋幅巾躍馬 爲之移日
22	寶盖山地藏寺 用小陵龍門奉先寺韻	5	右地藏寺詩老杜韻	5	寶盖山地藏寺 用小陵龍門奉先寺韻
	없 음	6	右金李相靑品莊詩 仁衍	6	右金李相靑品莊詩
	없 음	7	右雪後寄林掾詩 傑	7	右雪後寄林掾詩
53	後儒仙歌 爲崔拙翁作 示及菴	8	右儒仙歌 崔拙翁	8	後儒仙歌 爲崔拙翁作 示及菴
49	小樂府	9	右小樂府六章	9	없 음

위의 표에서 보이는 것처럼 익재는 소악부와 함께 근래에 지은 다른 시도 급암과 목은에게 보내주었다. 급암은 동국의 고사를 소재로 한 시와 소악부에 화답을 하였고, 목은은 소악부를 제외한 그 외의 시에 모두 화답을 하고 있다. 급암과 목은의 詩題를 보면 익재의 시에 화답을 한 것임을 쉽게 알 수 있다.

이 시들은 『목은시고』 권5의 편차를 살펴볼 때, 1358년(공민왕7, 戊戌) 여름에 지은 것이다.[83] 하지만 목은은 소악부에 화답을 하지 않고 있는데, 이것은 목은의 나이가 31세로 비교적 젊은 시기여서 소악부를 짓기에 어려움이 있었기 때문으로 보인다. 이때 급암은 나이가 64세로 당시 고려 문인들 중에서도 대표적인 사람이었지만 소악부를 짓기 어려워하였고, 재차 익재가 두 편의 소악부와 짓는 방법을 제시하여 줌에 비로소 화답을 할 수 있었을 만큼 까다로웠던 것이다.

이처럼 익재는 급암뿐 아니라 목은에게도 동국의 고사를 사용하여 시를 짓도록 권면하였으며, 이에 목은도 화답하였다. 시의 소재를 고려의 생활에서 찾으려는 당시의 사회적 공감대는 목은의 중·노년의 시에도 확대되어 나타나고 있다. 청·장년기의 시에서는 檀君, 箕子, 東明王, 高句麗의 安市城 戰鬪와 같이 역사적인 인명이나 사건을 위주로 〈浮碧樓〉, 〈貞觀吟〉, 〈婆娑府〉 등 초기의 대표적인 시들에서 나타나고 있다. 이와 같은 소재의 시들은 민족의식의 고취와 민족적 자부심을 나타내기 위한 것이다.

또한 목은은 우리나라의 풍습과 음식, 속담 등을 소재로 자연스럽게 시를 창작하였으며, 고유어를 시어로 사용하기도 하였다. 이것은 고려가 가지고 있는 역사성과 전통에 대한 자부심에서 오는 현상이라고 할 수 있다. 또한 전통적으로 中原과 邊方으로 대별되던 華夷觀에서 벗어나 우리나라만의 특징적인 소재를 사용하여 시를 지음으로써 고유한 문화와 전통을 형성하고자 하는 인식도 읽을 수 있다. 이러한 목은의 인식은 益齋의 격려가 큰 촉매가

---

83) 이것은 그동안 논란이 되었던 고려시대 소악부 창작시기를 정하는 데에도 큰 의미가 있다.

되었다. 청·장년기 우리나라의 역사와 전통이 중국에 비하여 뒤지지 않음을 나타내기 위하여 고대 우리나라의 건국 시조들과 중국의 침략을 물리친 역사적 사건 등을 시의 소재로 사용하였으며, 중·노년기에 들어서는 평범한 우리나라의 생활 풍속, 음식, 속담, 고유어 등을 사용하여 東國의 시를 지으려는 의식이 나타나고 있는 것이다.

2) 經典 用事를 통한 說理의 完成

목은이 시를 지으면서 유가의 경전들을 用事한 것이 목은 시의 또 다른 특징으로 나타나고 있다. 목은은 元의 國子監에서 性理學의 본원을 익히는 데 힘을 썼으며, 고려로 돌아와서는 이를 전파하기에 심혈을 기울였다.

> 본국으로 돌아와 40여 년 동안 여러 벼슬을 지냈고 지위가 시중에 이르렀다. 斯文의 우두머리가 되어서 모든 국가의 辭命과 制敎銘頌의 글은 반드시 공을 기다려서 마침내 이루어졌다. 또 斯文을 일으키는 것을 자기의 책임으로 삼아 후학을 교육하여 나아가게 함에 부지런하여 조금도 게을리하지 않고, 대의를 진술하고 설명하며 은미한 말을 변별하고 분석하여 배우는 사람으로 하여금 환하게 의문이 풀리게 하였으니, 우리 동방의 성리학이 이로부터 밝아졌다.[84]

이처럼 목은은 고려 후기를 대표하는 성리학자로 우리나라에 성리학이 들어온 이후 그에 이르러서야 비로소 새로운 체계로 정립되기 시작하였다. 목은의 생애 중에 성리학을 연구하고 가르치는 일은 가장 큰 비중으로 자리하고 있다. 그렇기 때문에 목은은 유가의 경전을 깊이 있게 살펴보았고, 이를 시에 적극 활용하고 있다. 그중에서도 『論語』와 『孟子』, 『詩經』, 『周易』을

---

84) 李詹, 〈牧隱先生文集序〉, "歸仕本國, 歷官四十餘年, 位至侍中. 冠冕斯文, 凡國家辭命制敎銘頌之文, 必需公乃成. 又以興起斯文爲己任, 訓進後學, 孜孜無倦, 陳說大義, 辨析微言, 使之煥然氷釋, 東方性理之學, 繇是乃明."

가장 많이 인용하고 있다. 『논어』와 『맹자』는 유가의 가장 근간이 되는 경
전으로, 宋代의 程朱에 의해 理學으로 정립되면서 새로운 이론적 체계가
정립되었다. 목은의 초기 학습시기에 이미 朱子의 해설을 정리한 『四書集注』
가 널리 읽혔기 때문에 성리학의 바탕은 이 『사서집주』에 의해 이루어졌다
고 볼 수 있다. 또한 목은은 『주역』을 주장으로 삼고 『書經』, 『詩經』, 『禮
記』를 인용하여 뜻을 진술하였다는[85] 사람들의 평가처럼 詩에서나 文章에
서나 四書五經으로 논의의 출발점을 삼았고, 의논의 확실한 근거로 인용하
였으며, 마지막 결어로 사용하였다.

　목은은 『주역』에 가장 정통하였다. 아버지인 稼亭도 주역에 큰 성취가 있
었다고 하며, 목은도 이미 젊은 시기부터 주역에 관심을 가지고 연구하였다.

　　내가 관례를 치른 그 다음해에 辟雍에 입학하였다. 그런데 『周易』으로 말하
면 우리 집안의 家學이었는데도 나는 아직 본격적으로 배우지 못하였다. 그때
마침 先君의 同年인 宇文子貞 先生이 學官으로 부름을 받고 辟雍에 부임하였
다. 이에 내가 즉시 찾아뵙고는 앞으로 나아가 스스로를 청하기를 "저는 고려
李稼亭의 牛馬走입니다. 바라건대 선생께서 저에게 『주역』을 가르쳐 주셨으면
합니다." 하였더니, 선생이 이르기를, "中甫야말로 『주역』에 훤했기 때문에 내
가 경외하는 사람이다. 그런데 필시 자네의 나이가 아직 어리기 때문에 자네의
부친이 미처 가르쳐 주지 못했으리라고 여겨진다. 동년의 아들은 내 아들과 같
으니, 내가 자네를 가르쳐 주지 않을까 걱정하지 말라." 하였다. 그리하여 선
생에게 나아가서 가르침을 받게 되었는데, 며칠이 지나자 선생이 말하기를,
"가르칠 만한 자질이 보인다. 그러나 『주역』은 연소한 자가 배울 수 있는 것이
아니니, 내가 우선 자네에게 구두나 가르쳐 주겠다." 하였다. 그러고 나서 그
과정을 마친 뒤에 내가 『易義』한 편을 지어 올렸더니, 선생이 기뻐하면서 말
하기를, "義理에 대해서는 거의 되었다고 하겠으나, 표현상에 약간 次序를 잃
은 점이 있다." 하고는, 바로 붓을 잡고 써 내려가기 시작하였는데, 조금도 다
듬거나 꾸미는 일이 없이 마치 구름이 날아가고 물이 흘러가듯 거침이 없었다.

---

85) 『文藁』卷4, 〈朴子虛貞齋記〉, "或問 先生以易主 而引書詩禮以暢之.”

내가 서안 앞에 두 손을 공손히 맞잡고 서서 기뻐하는 기색을 감추지 못하자,
선생이 또 말하기를, "이만하면 글 한 편이 이루어졌다고도 하겠다. 하지만 이
것은 『주역』의 겉모습만 본 것일 뿐이다. 자네 정도의 수준으로 몇 년만 더 공
부한다면 그 깊은 뜻을 혼자서 정밀하게 파악할 수 있을 것이다." 하였다.[86]

이처럼 목은은 家學으로 이미 『주역』을 익혔으며, 원의 辟雍에 입학한
이후에도 꾸준히 스승을 찾아 배웠다. 이미 20대 초에 『주역』의 뜻을 풀이
한 『易義』를 지었으며, 원의 국자감 학관으로 목은에게 『주역』을 강의해주
었던 宇文子貞 先生도 '義理'를 밝힌 부분은 되었다고 할 만큼 일정한 성취
가 있었다.

〈鄭散騎를 생각하며〉

老來學易慕伊川	늘그막에 『周易』을 공부하느라 伊川을 사모하고
義畫仍將繼邵傳	또 義易으로 邵雍의 傳을 잇네.
馬錫康侯三見接	말을 康侯에게 줄 때에는 세 번 접견하였고
女眞不字十經年	여자는 곧아서 시집가지 않고 십년을 보냈네.
有睽有合誰爲地	만나고 헤어짐을 누가 땅에 말미암으랴?
示吉示凶皆是天	길조와 흉조를 보이는 것은 모두 하늘이 시킴이네.
只恨病深難卒業	다만 한스러운 것은 병이 깊어 일을 마치기 어려움인데
敢將餘力贊蕃宣	감히 남은 힘으로 임금을 도우려 하네.[87]

이 시는 圃隱 鄭夢周를 생각하고 그에 대한 자신의 느낌을 3수의 시로
표현한 것 중에서 마지막 수이다. 먼저 첫 수에서는 포은과 함께 성균관에

---

86) 같은 곳, "予旣冠之明年, 鼓篋辟雍. 易家學也, 未得師. 會先君同年宇文子貞先生
以學官召至. 予卽上謁, 進而自請曰, 稙高麗李穡亭牛馬走也. 願從先生受易. 先生
曰, 中甫明易者也, 吾所畏也. 汝年少, 汝父未必授, 同年之子猶子焉, 無患吾不汝
授也. 數日有所求正, 先生曰, 可敎也. 然易非少年所可學, 吾且訓汝句讀. 旣踰
時, 進易義一篇, 先生欣然曰, 義理其殆庶幾矣, 措辭失其序爾. 因授筆而書, 如雲
行流水, 略無點綴. 予拱立案前, 喜形于色, 先生曰, 章不已就乎, 然此易之粗也.
汝數年後當自知其精者矣."

87) 『詩藁』 卷15, 〈憶鄭散騎〉.

서 학관으로 경전을 가르치며 특별한 정의를 나눈 것을 말하였고, 일본에 사신을 갔다 온 일을 서술하고 있다. 두 번째 수에서는 포은의 품성과 경륜을 칭송하였다.

마지막 수에서는 포은의 학문을 말하고 있는데, 포은도 『주역』에 잠심하여 연구하는 모습을 그리고 있다. 포은이 北宋의 대표적인 성리학자인 程伊川과 邵雍이 풀이한 『주역』을 정밀하게 읽었음을 먼저 들었다. 또한 頷聯에서는 직접 주역의 괘사를 인용하여 포은을 설명하고 있다. 上句인 "馬錫康侯三見接"는 『주역』의 35번째 괘인 「火地晋」의 "晋 康侯 用錫馬蕃庶 晝日三接"을 용사한 것이다. 이 괘는 밝은 聖君이 덕을 가진 어진 신하를 등용하여 후하게 예우하고 함께 백성들을 편안하게 다스리는 좋은 정치를 이룬다는 것을 뜻한다. 下句인 "女眞不字十經年"은 『주역』의 세 번째 괘인 「水雷屯」의 爻辭 〈六二〉 "屯如邅如 乘馬班如 匪寇婚寇 女子貞不字 十年乃字"를 용사한 것이다. 이 괘는 어려운 상황을 당하여 바른 짝을 만나는 데 큰 어려움을 겪고 있으나 곧고 바른 덕으로 정조를 굳게 지켜 눈앞에서 바로 청혼을 해오는 것을 물리치고 십년을 기다린 후에야 마침내 바른 짝을 찾아 시집을 가는 여인을 뜻한다. 이것은 바로 눈앞의 이익과 유혹에 빠져 바른 도를 잃어버리는 것이 아니라 항상 바른 덕으로 의리를 지켜 마침내는 올바른 길을 얻게 된다는 말이다.

이 『주역』에서 용사한 두 구절은 바로 포은이 처해 있는 상황을 가장 정확하게 표현해주고 있다. 禑王을 옹위하여 왕권을 튼튼히 하고, 고려의 부흥을 이루기 위해 동분서주하는 포은은 바로 聖君과 康侯의 관계라고 말할 수 있다. 그리고 목은은 혁명을 통해 새로운 사회를 만들자는 유혹을 강하게 물리치고 고려를 위해 굳은 의지로 바른 덕을 지켜가는 포은을 보면서 틀림없이 후에 마땅한 때를 만나면 떳떳함을 얻을 수 있을 것임을 확신하고 있는 것이다.

〈즉석에서 짓다. 3수〉

天地絪縕化一中　　천지가 쌓이고 합함은 하늘의 조화인데

興來步步是春風	흥이 이니 걸음마다 봄바람이네.
流連光景非吾事	구경하며 노는 것은 나의 일이 아니기에
且學當年擊壤翁	장차 당시 〈격양가〉 부르던 노인을 배우리.[88]

여기에서도 목은은 『周易』「繫辭 下」의 "천지가 쌓이고 합함에 만물이 화하여 두터워진다.(天地絪縕 萬物化醇)"를 용사하였다. 그런데 보이는 것처럼 한두 어휘를 용사하는 것이 아니라 하나의 구절을 거의 그대로 인용하고 있는 것이 특이하다. 물론 순서나 다른 글자를 삽입하여 변화를 줄 때도 있지만 어느 구절을 용사하였는지 확연하게 구별할 수 있을 정도이다. 이처럼 한 구절을 모두 인용하여 시구로 사용하는 것은 『시경』의 인용에서도 찾아볼 수 있다.

〈옛 뜻 3장. 각 장은 4구이다〉

鷄旣鳴矣東方明	닭이 벌써 울어 東方이 환하니
將翶將翔弋鳧雁	여기저기 다니며 오리와 기러기를 사냥하네.
云誰之思彼美人	누가 저 미인을 그리워하는가?
或遄其歸氷未泮	얼음이 녹기 전에 속히 돌아와야 하네.

雝雝雁旭日始旦	끼룩끼룩 기러기 울고 밝은 해에 아침이 되는데
湛湛露匪陽不晞	함초롬히 내린 이슬은 햇볕 들어도 마르지 않으리.
其虛其徐旣亟只	머뭇거리지 말고 어서 빨리 떠나야지
惠而好我携手歸	나를 사랑하신다면 손잡고 돌아가리.

關關雎鳩在河洲	쩡쩡 우는 징경이는 황하의 물가에 있는데
駕言出游寫我憂	수레를 타고 밖에 나가 내 시름 쏟아내네.
愷悌君子神勞矣	즐겁고 편안하신 우리 임금님을 신들이 위로하리니
萬民所望歸于周	모든 백성이 바라는 바는 도성으로 돌아가는 것이네.[89]

---

88) 『詩藁』 卷11, 〈卽事 三首〉.
89) 『詩藁』 卷7, 〈古意三章章四句〉.

이 세수의 시는 모든 구를 『詩經』의 구절을 용사하여 지은 것으로 集句詩의 형태라고 할 수 있으며, 戲作으로 지은 것으로 볼 수도 있다. 먼저 첫 번째 수의 起句는 『詩經』 「國風」 〈齊風〉 ‘鷄鳴’의 1장 “닭이 이미 울었으니, 조정에 대신들이 모였겠군요. 닭이 운 것이 아니라 쉬파리 소리랍니다.(鷄旣鳴矣 朝旣盈矣 匪鷄則鳴 蒼蠅之聲)”와 2장 “동녘이 밝았으니, 조회가 한창이겠네요. 동방이 밝은 것이 아니라, 달이 밝은 것이랍니다.(東方明矣 朝旣昌矣 匪東方則明 月出之光)”의 첫 구를 용사한 것이다. 두 번째 承句는 〈鄭風〉 ‘女曰鷄鳴’의 1장 “여보 닭이 웁니다. 아니야! 아직 어두운걸. 당신이 일어나 밖을 보세요. 샛별이 반짝반짝 빛나고 있어요. 아무 곳이나 나가셔서 오리랑 기러기를 잡아오세요.(女曰鷄鳴 士曰昧旦 子興視夜 明星有爛 將翱將翔 弋鳧與鴈)”의 마지막 두 구를 용사하고 있다. 轉句는 〈邶風〉 ‘簡兮’의 4장 “산에는 개암나무 습지에는 감초풀. 어느 누구를 사모하나 서녘에서 온 고운님이네. 저 고운님이여 서녘에서 온 사람이라네.(山有榛 隰有苓 云誰之思 西方美人 彼美人兮 西方知人兮)”의 3구와 5구를, 結句는 「大雅」 〈湯〉 ‘蒸民’의 8장 “네 마리의 말이 달리니 여덟 개의 방울이 딸랑거리네. 중산보가 제나라에 가시니, 속히 돌아오기 바라네. 길보가 이 노래를 지으니, 그 화음이 맑은 바람과 같네. 중산보를 길이 생각하면서, 그 마음을 위로하네.(四牡騤騤 八鸞喈喈 仲山甫徂齊 式遄其歸 吉甫作誦 穆如淸風 仲山甫永懷 以慰其心)”와 〈邶風〉 ‘匏有苦葉’의 3장 “끼룩끼룩 기러기 울고, 아침 햇살 훤히 날이 새네. 총각 장가들고 싶으면, 얼음이 풀리기 전에 해야 하네.(雝雝鳴雁 旭日始旦 士如歸妻 迨氷未泮)”의 4구와 마지막 구를 용사한 것이다.

　두 번째 수의 起句는 첫 번째 수의 결구의 〈邶風〉 ‘匏有苦葉’을 다시 용사한 것이며, 承句는 「소아」 〈白華〉 ‘湛露’ 1장 “함초롬히 내린 이슬, 햇볕이 아니면 마르지 않으리. 즐거운 오늘밤의 술자리, 취하지 않으면 못 돌아가리.(湛湛露斯 匪陽不晞 厭厭夜飮 不醉無歸)”를 용사하고 있다. 轉句는 〈邶風〉 ‘北風’의 1장 “북풍은 싸늘하고, 진눈개비는 펑펑 내리네. 나를 사랑하신다면, 손잡고 함께 따라가리. 어찌 주저주저 머뭇거리랴, 어서 빨리 떠나야지.(北風其涼 雨雪其雱 惠而好我 攜手同行 其虛其邪 旣亟只且)"를, 結句는 같은 시의 2장 "북풍은 세차게 불고, 진눈개비는 마구 쏟아지네. 나를 사랑하신다면, 손잡고 함께 돌아가리. 어찌 주저주저 머뭇거리랴 어서 빨리 돌아오세요.(北風其喈 雨雪其霏 惠而好我 攜手同歸 其虛其邪 旣亟只且)"를 용사하고 있다.

세 번째 수의 起句는 〈周南〉'關雎'의 1장 "찡찡 우는 징경이, 황하의 물가에 있네. 얌전하고 조용한 아가씨는, 덕 높은 군자의 좋은 짝이네.(關關雎鳩 在河之洲 窈窕淑女 君子好逑)"를, 承句는 〈邶風〉'泉水'의 4장 "내 肥泉을 그리다가, 이에 긴 한숨만 지었네. 須와 漕 땅을 생각하니, 내 마음 시름겹네. 수레나 타고 나가 놀면서, 이내 시름 쏟아내네.(我思肥泉 茲之永歎 思須與漕 我心悠悠 駕言出遊 以寫我憂)"를 용사하였다. 轉句는 「大雅」〈文王〉'旱麓' 5장 "무성한 떡갈나무 두릅나무는, 백성들의 땔나무로다. 즐겁고 편안하신 우리 임금님, 신들도 위로하시리.(瑟彼柞棫 民所燎矣 豈弟君子 神所勞矣)"를, 結句는 「小雅」〈都人士〉'都人士'의 1장 "저 서울양반, 여우 갖옷이 번쩍번쩍 하네. 그 얼굴은 위엄이 있고, 말씨도 조리가 있네. 이제 곧 서울로 돌아가는 게, 모든 백성이 바라는 바이리라.(都人士 狐裘黃黃 其容不改 出言有章 行歸于周 萬民所望)"를 용사하고 있다.

위에서 보는 바와 같이 목은은 『주역』과 『시경』에 있는 한 구, 또는 두 구를 가지고 虛字는 버리고 實辭만을 취하여 새롭게 하나의 句로 만들고 있다. 이러한 형태는 점화의 도를 넘어 집구라고 볼 수 있을 정도이다. 이와 같은 형태는 『論語』와 『孟子』를 인용한 것에서도 동일하게 찾을 수 있다.

〈미친 듯이 읊다〉

剗却君山湘水平 君山을 깎으면 湘水가 평평해지고
斫却桂枝月更明 계수나무 가지를 자르면 달은 더욱 밝아지리.

放翁此語儘豪放	放翁의 이 말이 조금 호방하지만
只恐千載傳狂名	다만 천 년 뒤에 狂士의 명성을 전할까 걱정했네.
狂者進取聖所許	狂者가 나아가 취함은 성인이 인정하신 바인데
鏗爾舍瑟其眞情	뎅그렁 하고 비파를 놓음이 참된 뜻이네.
風雩詠歸維暮春	늦은 봄에 舞雩에서 바람 쐬고 읊으며 돌아가니
氣象自是唐虞人	기상이 본래 唐虞 사람과 같았네.
三子區區守禮樂	三子는 구구하게 禮樂을 지켰으니
有如朝菌與靈椿	朝菌과 靈椿과 같음이 있었네.
簞瓢陋巷春草生	가난하게 사는 누항에 봄풀이 돋아
時雨一來隨發榮	때맞추어 비가 한 번 내리매 곧 무성하게 자라네.
語之不惰退省私	말을 하면 게으르지 않고 물러나 자신을 살폈으니
夫子日月天中行	夫子는 해와 달처럼 하늘에서 운행했네.
七十速肯佌佌中	칠십 제자들은 빨리 닮으려고 바빴는데
誰謂魯者傳其宗	누가 노둔한 사람이 宗統을 이르리라고 생각했으랴?
沈吟必也狂者乎	반드시 狂狷한 사람을 택하겠다는 말 깊이 생각하니
夫子之志與天同	夫子의 뜻은 하늘과 같다네.
爲山九仞一簣始	아홉 길의 산을 만드는 일은 한 삼태기에서 시작하고
君子功夫先立志	君子의 공부는 먼저 뜻을 세우는 것이네.
嗚呼立志無自小	아! 뜻을 세움에는 스스로를 경시함이 없어야 하나니
堯舜塗人無少異	堯舜과 보통 사람이 조금도 다름이 없네.[90]

　여기에서 목은은 『논어』의 내용을 용사하여 시를 짓고 있다. 먼저 "狂者
進取聖所許"은 『논어』「子路」"中行의 선비를 얻어 함께 할 수 없다면 반드
시 狂者나 狷者와 할 것이다. 狂者는 진취적이고 狷者는 하지 않는 바가
있다.(不得中行而與之　必也狂狷乎. 狂者進取　狷者有所不爲也.)"를 차용한
것이다. 이 구절은 뒤에 있는 "沈吟必也狂者乎"에서도 다시 한번 인용되고
있다. 또한 "鏗爾舍瑟其眞情　風雩詠歸維暮春"는 「先進」"비파 타기를 드문
드문 하더니, 쩽그렁 하고 비파를 놓으며 일어나 대답하였다. '세 사람이 갖

---

90) 『詩藁』 卷14, 〈狂吟〉.

고 있는 것과는 다릅니다.' 공자께서 말씀하시기를 '무엇이 나쁘겠는가? 또한 각기 자기의 뜻을 말하는 것이다.' 하시자, 다음과 같이 대답하였다. '늦봄에 봄옷이 이미 이루어지면 관을 쓴 어른 5～6명과 동자 6～7명과 함께 기수에서 목욕하고 무우에서 바람 쐬고 노래하면서 돌아오겠습니다.' 하니, 공자께서 아! 하고 감탄하시며 '나는 점을 허여한다.' 하셨다(鼓瑟希 鏗爾舍瑟而作 對曰異乎三子者之撰. 子曰何傷乎 亦各言其志也. 曰莫春者 春服旣成 冠者五六人 童子六七人 浴乎沂 風乎舞雩 詠而歸. 夫子喟然嘆曰 吾與點也)"를 용사한 것이다. "語之不惰退省私"도 『論語』「子罕」의 "(道를) 말해주면 게을리하지 않는 자는 안회일 것이다.(語之而不惰者 其回也與.)"의 첫 구를 용사하고 있다. 그리고 "三子", "簞瓢陋巷" 등의 단순한 어구도 『논어』의 말을 인용하고 있음을 볼 수 있다.

여기에서도 '語之而不惰'를 '語之不惰'로 변화시키거나, '鏗爾舍瑟而作'을 '鏗爾舍瑟'로 바꾸어 시에 인용하고 있다. '而'나 '而作'과 같이 접속의 뜻을 나타내거나 행동을 나타내는 글자의 경우는 생략하고 의미상 꼭 필요한 부분만을 이용하여 새로운 시어로 점화한 것이다.

〈군자의 세 가지 즐거움〉

君子有三樂	君子에게는 세 가지 즐거움이 있으니
自家及天下	집에서 시작하여 천하에 미친다네.
俯仰旣無歉	내려봐도 쳐다봐도 이미 거리낌이 없으니
保此神明舍	이를 보존하여 마음의 거처로 삼네.
愧怍無從生	부끄러움이 생길 길이 없으니
聲名遍夷夏	명성이 천하에 가득하리.
悅親兄弟和	어버이를 기쁘게 하고 형제끼리 화목하며
英才盡陶冶	英才를 양성하는 데 진력하네.
致用竟成功	쓰임을 다하여 마침내 공을 이루고
優游在朝野	朝野에서 여유롭게 노니네.
謳歌終吾生	나의 삶이 다하도록 노래하는데

誰歟列風雅　　風雅에 넣어 줄 사람은 누구일까?[91]

　　이것은 『맹자』의 '君子三樂'을 소재로 전체의 시를 구성하고 있어 說理의 시라고 할 수 있다. 『孟子』 「盡心 上」에 "군자에게 세 가지 즐거움이 있으니, 천하에 왕노릇 하는 것은 그 속에 있지 않다. 부모가 다 생존하고 형제가 무고한 것이 첫 번째 즐거움이요, 우러러보아 하늘에 부끄럽지 않고 내려다보아 사람에게 부끄럽지 않은 것이 두 번째 즐거움이요, 천하의 영재를 얻어서 교육하는 것이 세 번째 즐거움이다.(孟子曰 君子有三樂而王天下不與存焉. 父母俱存 兄弟無故 一樂也. 仰不愧於天 俯不作於人 二樂也. 得天下英才 而敎育之 三樂也.)"라는 부분을 인용하고 그 뜻을 설명하고 있다.

　　　옛사람이 시를 지을 때 경서의 말을 많이 사용하였다. …… 목은 이색의 시에 "달만이 유달리 정을 품어 나를 좇아 蔡 땅으로 향하고, 산은 더욱이 속되지 않아 나를 일깨울 상이로다.", "목탁 같은 스승 두셋이라면 어찌 그대 근심케 하리오. 무우에서 바람 쐬고 예닐곱 동자와 노래하며 돌아오네.", "王風은 다행히 魯나라에서 일어났는데, 女樂은 어찌하여 齊나라에서 왔는가."라고 하였으니, 경서의 말을 사용한 것이 군색하지 않아 그 공교롭고 정치함을 높이 살만하다.[92]

　　이처럼 목은은 그의 시에서 유가의 경전을 빈번하게 용사하고 있는데, 그때마다 한두 글자를 인용하는 것이 아니라 한두 구절을 모두 인용하고 있음을 볼 수 있다. 더구나 경전의 내용을 설명하고 그 뜻을 주석하는 것도 있는 것을 볼 때, 목은의 경전에 대한 용사는 단순히 시어의 조합만이 아니라 유가경전이 가지고 있는 본래의 사상적인 내용도 함께 전달하고자 하는 의

---

91) 『詩藁』 卷15, 〈君子有三樂〉.
92) 徐居正, 『東人詩話』 上, "古人詩多用經書語, 李師中云, …… 牧隱云, 月獨有情從我蔡, 山多不俗起予商. 木鐸二三何患子, 舞雩六七詠歸童. 王風幸矣興於魯, 女樂胡然至自齊. 用辭不窘工緻可尙."

도를 지니고 있다고 할 수 있다. 이것은 평소 목은이 가지고 있던 성리학 교육에 대한 열의와 노력, 그리고 자신의 일상생활에서도 항상 성리의 도를 찾고 수양하고자 하였던 태도에서 충분히 나타나고 있다.

3) 散文的 特性과 生活詩

『목은시고』에는 6,000여 수에 달하는 시가 수록되어 있다. 이렇게 대량의 시를 짓기 위해서는 매일 꾸준하게 창작활동을 해야 하는데, 『시고』를 살펴보면 하루에도 몇 편씩 시를 지은 기록이 있다. 따라서 일상생활의 모습을 이야기하듯 자연스럽게 서술하고 있는 시들이 많이 존재하게 되는데, 이러한 시의 성격은 후기로 가면 갈수록 훨씬 강하게 나타나고 있다.

20대의 목은은 원에서의 유학생활과 元都와 고려를 왕복하는 세 번의 여정이 대부분이어서 이때의 기록이 시들로 남아 있다. 특히 원도에서 고려로, 고려에서 다시 원도로 왕복하면서 지은 시들은 여정에 따라 순차적으로 개개의 지역마다 가지는 특성과 감흥을 담고 있어 당시 양국의 왕래 경로와 생활상을 파악하는 데 좋은 자료가 되기도 한다. 이때의 여정에서는 〈出鳳城〉에서 시작하여 〈十二月二十日發王京明年正月還學〉까지 46제 51수의 시를 지었다. 원도에서 고려로 돌아올 때는 약 한 달 정도가 소요된 것으로 볼 수 있어 적어도 하루에 한 수 이상의 시를 창작하였음을 알 수 있다. 이 기간 동안에 지은 시 제목에는 〈午凉〉, 〈雨〉, 〈午晴〉, 〈雨雹行〉 등과 같이 날씨를 제목으로 한 시가 있는데, 이것은 바로 하루하루의 기록으로 시를 지었음을 나타내주는 것이라고 하겠다.

〈길을 가다가〉
    微風陌上不驚塵   산들바람 불어도 밭두둑에 먼지 일지 않고
    客路飄然一葛巾   길에는 갈건 쓴 한 나그네가 표연하네.

柳外酒帘頻喚客　　버들 너머 술집 깃발은 자주 나그네를 부르는데

日中村市闃無人　　한낮의 시골 저자에는 적막하게 사람이 없네.

廢丘翁仲春光老　　황폐한 언덕의 石像에 봄빛이 저물고

平野牛羊草色新　　평야의 소와 양들에게는 풀빛이 새롭네.

燕薊山川光景好　　燕山과 薊門의 산천은 풍경이 좋아

錦囊收拾筆如神　　비단 주머니를 거두려니 붓이 신들린 듯하네.[93]

앞과 뒤의 시 제목을 살펴보면 아침 일찍 三河縣을 떠나 漁陽縣으로 가는 길에 지은 것임을 알 수 있다. 이 시는 개인적인 감정을 토로한 것이라기보다 눈에 보이는 것을 충실하게 묘사하고 있다. 微風이 부는 시골마을과 그곳을 지나는 자신의 모습, 버드나무를 끼고 자리한 주막과 주막임을 알리며 펄럭이는 깃발, 한낮에 손님도 없이 적막한 저잣거리 등 실제 광경을 사실적으로 묘사하였다. 눈에 보이는 것을 그냥 한번 죽 살펴보는 것처럼 차분하게 하나하나 설명하고 있는 것으로 平易한 산문적 기술을 보여주는 것이다.

이러한 日記的·散文的 性格의 시는 중·노년기 시에서 특히 뚜렷하게 나타난다. 『목은시고』 권8의 목차를 살펴보면, 〈칠월 스무날에 난산하는 하녀가 있어 기록하다(七月二十日, 婢有難産者, 記之)〉, 〈칠월 초여드렛날에 정동성에서 조칙을 받았는데, 명선학사가 계시기에 절했다. 스무하룻날에 왕태의가 와서 말이 명선공에 이르렀는데 이미 돌아가신 지 십여 일이 되었다고 하였다. 놀라 부르짖는 끝에 노래를 지어 곡하다.(七月初八日, 聽詔征東省, 拜明善學士在焉. 卄一日, 王太醫來, 語及明善, 仙去十餘日矣. 驚呼之餘, 作歌以哭.)〉, 〈이십일일 박사래가 들르다(二十一日, 朴舍來過)〉, 〈스무이렛날(卄七日)〉, 〈스무여드렛날(卄八日)〉, 〈칠월 스무아흐렛날은 익재 선생의 기일인데 병으로 제사에 참여하지 못하고 지난 일에 느낌이 있어 회포를 적다 세 수(七月二十九日, 益齋先生明忌, 病不能與祭, 感舊述懷.

---

93) 『詩藁』 卷2, 〈途中〉.

三首)〉, 〈팔월 초하루 비가 내리다(八月初一日雨)〉, 〈초여드렛날 정제에 쓴 고기를 보내왔기에 시를 지어 기록하다(初八日, 丁祭膰肉至, 作詩以記)〉, 〈중추 초아흐렛날 장손 맹유가 성의 남쪽에서 글을 읽었다(秋仲初九日, 長孫孟畩讀書城南)〉, 〈보름날 새벽(十五日早)〉 등 날짜에 따라 시를 지은 것을 볼 수 있다. 그날그날 발생한 특별한 일을 기록하는 형식을 따른 것이다. "칠월 이십일 노비 중에 난산하는 자가 있어 이를 기록한다.", "초여드렛날 정제에 쓴 고기를 보내왔기에 시를 지어 기록하다."와 같이 목은은 매일 매일의 기록을 산문으로 하지 않고 시를 써서 기록하고 있음을 볼 수 있다. 이러한 경향은 50세 이후의 시에 대부분 보인다.

〈일을 기록하다〉

小兒一雙言語訛	어린 아이 두 놈이 말도 아직 서툴러
時趨堂北團黃沙	때로 집 뒤편으로 나가 모래를 모아다가
走來庭中築小城	뜰 앞으로 달려와서는 작은 성을 쌓는다.
旋成旋壞紅日斜	곧 쌓다가는 곧 부수기에 붉은 해 기울고
日斜不止姆來禁	해 기울어도 멈추지 않아 유모 와서 금하니
洗手洗足無喧嘩	손 씻고 발 닦으며 떠드는 기색도 없다.
入室索乳身甚安	방에 들어 젖을 찾으며 몸이 아주 편하니
知渠雖動思無邪	저들은 비록 움직여도 생각에 邪가 없음 알겠구나.
思無邪作聖功	思無邪는 성인의 공부,
悲哉虛老乃祖翁	슬프구나, 헛되이 늙은 네 할아비여
祖翁聖門之罪人	네 할아비는 성인 문하의 죄인이라.
白頭尚不知正蒙	흰 머리에 오히려 어리석음 정정할 줄 모른다.
正蒙之術始胎敎	어리석음 정정할 방법은 태교부터 시작해야 하니
三遷孟母當承風	세 번 옮긴 맹자 어머니의 그 풍모 당연히 이어야지.94)

　어린 손자, 손녀가 함께 노는 모습을 보고 지은 것이다. 목은은 사랑방에

---

94) 『詩藁』 卷22, 〈紀事〉.

앉아 문을 열어놓고 집 앞뒤를 뛰어다니며 흙장난을 하며 시간이 가는 줄 모르고 놀고 있는 아이들을 흐뭇한 미소를 지으며 바라보고 있다. 말도 제대로 하지 못하는 아이들이지만 서로 어울려 놀고 있는 모습은 순수함 그 자체이다. 날이 저물어 손을 씻고 방에 들어와서도 편안하게 젖을 찾아 먹고 또 잠이 드는 모습이 바로 가장 자연스러운 모습이라고 느낀 것이다. 이러한 순수함을 바라본 목은은 자신이 그렇지 못함에 대한 자책과 경계를 생각하게 되었다. 시를 지으면서 도달하고 싶어 하는 경지인 '思無邪'에 힘쓰지 못하고 오히려 邪에 가까워지는 자신을 발견하게 된 것이다. 더구나 그렇다는 것을 알면서도 정정하지 못하는 것에 더 부끄러움을 느끼고 있다.

　여기에서도 목은은 뜰 앞에서 뛰어놀고 있는 손자들의 모습과 시간의 흐름, 그리고 날이 저물어 보모가 씻겨주는 모습, 방에 들어와 젖을 찾으며 잠드는 모습 등 하나의 사건을 있는 그대로 서술해 나가는 방식을 취하고 있다. 하나의 사건을 시종일관 줄거리 중심으로 서술해 나가는 이 시는 바로 산문적 특징을 잘 나타내고 있는 것이라고 하겠다.

〈문 앞에 버드나무 한 그루가 있는데, 날마다 말을 매어 놓아 그 껍질이 손상된 데다 벌레가 또 그 속을 파먹어 들어간 지 오래되었다. 봄이 되자 다른 버드나무와 조금도 다름이 없이 노란 싹과 푸른 잎이 하늘거림이 매우 사랑스러웠다. 하루는 그리 세지도 않은 바람이 잠시 불어오자 문득 쓰러져버리므로 내가 그때서야 비로소 몹시 손상되었음을 알게 되었다. 사람이 그 속을 알지 못하여 조금도 보호해주지 않았으므로 끝내 이렇게 된 것이다. 인하여 생각하건대, 지난해에는 바람이 불어 그 뿌리까지 뽑혔는데도 줄기가 상하지 않았기 때문에 그대로 서 있었던 것이니, 그것은 그 전체가 완전한데다 또 조밀하게 북돋아준 때문이었다. 오늘의 바람은 전일보다 거센 것이 아니었는데도 버드나무가 당한 災厄은 더 심하였으니, 이것이 비록 하나의 하찮은 식물이지만 命數가 있기 때문인 것이다. 그 가지 예닐곱 개를 끊어 심어놓았으니, 그것이 만일 살아난다면 버드나무 한 그루가 예닐곱 그루로 늘어날 것이다. 이것이 비유하자면 마치 사람의 한 몸에서 많은 자손이 나오므로 제 몸은 비록 죽어도 남은

後身은 갈수록 많아져서 다시 몇 대를 지나고 나면 어떤 사람에게서 나왔는지 조차 모르게 되는 것과 같은 것이다. 이것이 바로 族譜를 빠뜨려서는 안 되는 까닭이므로, 대략 두어 구절을 써서 그 의의를 기록하는 바이다.〉

城南孤柳里之名	城南의 외진 버들이 마을 이름을 이뤘으니
柳樹無數連簷楹	수많은 버드나무가 처마 기둥 연하였네.
吾家門前只一株	우리 집 문 앞에는 다만 한 그루가 있어
春風嬌舞腰肢輕	봄바람에 하늘하늘 춤추며 흔들렸었네.
黃鸝飛來止其上	꾀꼬리가 날아와 가지 위에 앉아서
夢破南窓時一聲	한낮의 꿈을 깨우며 울기도 하였지.
去年風拔大可駭	지난해엔 바람에 뽑혀 대단히 놀랐었는데
傷不甚故延其生	많이 상하지 않아서 생명이 이어졌다네.
今年馬傷蟲入腹	올해엔 말고삐 매고 벌레도 속을 파먹어
外內交攻叢衆毒	안팎으로 공격을 받아 해독이 아주 많았지만
皮之僅存氣乃行	조금 남은 껍질로 기맥이 그래도 통하여
雨露所霑黃更綠	비, 이슬 맞고 노란 싹 푸른 잎 피우더니
如人外實內先虛	마치 겉만 실해 보이고 속은 허한 사람이
一病來侵隨不祿	한 병으로 죽음에 이른 것과 같이 되었네.
枝枝可種地且肥	가지마다 심을 만하고 땅도 비옥하지만
或榮或祐誰所司	살리거나 죽이는 건 그 누가 관장하는가?
置之不顧縱其性	돌아보지 않고 제 성질대로 놓아둔다면
昆令季强當有時	형 어질고 아우 강할 때가 응당 오리니
他年成行蔭門戶	후일에 줄 이루어 가문을 번성케 할 즈음
更想靖節吟吾詩	다시 靖節을 생각하며 내 시를 읊조리리라.[95]

이 시는 산문적 특징을 더 극명하게 보여주고 있다. 먼저 시의 제목으로

---

95)『詩藁』卷21,〈門前有一株柳, 日繫馬傷其皮, 蟲又入其腹久矣. 春來與他柳無少異, 黃嫩綠搖, 甚可愛. 一日有風不甚狂, 暫觸之便仆, 予始知傷之甚矣. 人不能知, 不少保護, 故致如此. 因念去歲風拔其根而幹不傷, 故植之如前, 蓋其全體完, 而培之又密故也. 今日之風. 非有暴於前日也, 而柳之厄滋甚, 是雖一物, 有其數在焉. 種其枝凡六七, 若其生則一柳分作六七矣, 譬之人一身而子孫多, 身雖亡, 其存者益多, 更數世則不知其出於何人矣. 此族譜之不可闕也, 略書數句以志之.〉

제시된 것부터가 온전한 한 편의 산문이다. 마을 앞에 버드나무가 있어 이름이 '柳洞'이 되었으며, 목은의 집 앞에는 한 그루가 있고, 이 버드나무가 어느 날 비바람에 꺾여 죽게 되었음을 기록하고 있다. 또한 새로운 가지를 잘라 다시 심어놓고 자손이 퍼지기만을 바란다고 하였다. 그런데 아래의 시는 제목에서 제시한 내용을 그대로 옮겨놓고 있다. 규칙적인 글자 수와 韻字의 반복이 칠언고시의 형태를 가진 한시로 분류하게 하지만 내용을 살펴보면 버드나무가 죽기까지 겪은 고난과 죽음에 이른 내력, 그리고 그 가지를 꺾어 심었다는 줄거리를 가진 산문의 형태이다.

〈또 노래하다〉

獨吟又高歌	혼자 큰 소리로 읊조리고 노래하니
心中血如河	가슴속 피가 황하처럼 굽이치네.
皇天與后地	하늘의 신과 땅의 신에게
之死矢靡他	죽어도 마음 변치 않기를 맹세하네.
外患似氷雪	외적들 근심이 빙설과 같으니
消之將奈何	이를 장차 어떻게 없애랴.
春風方將興	바야흐로 봄바람이 불려고 하는데
白日如飛梭	세월은 나는 북처럼 빨리 가네.
哀哀君子心	슬프디 슬픈 군자의 마음이
有淚雙滂沱	두 줄기 눈물로 흘러내리네.[96]

이 시는 1359년 겨울 홍건적의 침입으로 고려의 사회가 위기에 이르렀을 때 지은 것으로, 먼저 〈高歌〉라는 고체시를 읊고 다시 이 시를 노래한 것이다. 갑자기 밀려온 홍건적의 기세가 너무 높아 이를 제어할 방법을 찾지 못하고, 백성들은 다치고 국토는 유린되는 참담한 현실을 보고 있는 젊은 목은의 아픔을 잘 나타내고 있다. 평소 학문만 익혀온 문신으로 이런 병란에 시를 지어 탄식하는 것밖에 할 수 없는 자신의 처지를 생각하며 마음

---

96) 『詩藁』 卷5, 〈又歌〉.

속에 굽이치는 책임감과 안타까움을 황하에 견주고 있다. 또한 천지신명에게 의지하여 外患이 물러가기를 바라는 모습에서도 간절함을 느낄 수 있다. 특히 尾聯에서처럼 뜨거운 두 줄기의 눈물을 흘리는 목은의 심정에서 당시의 급박한 상황과 어찌할 줄을 모르고 있는 고려 조정의 쇠약한 모습에 공감할 수 있다.

여기에서도 산문적 어구를 발견할 수 있다. "하늘과 땅의 신에게 죽어도 마음 변치 않기를 맹세하네.(皇天與后地 之死矢靡他)"는 상하의 구가 하나의 문장으로 이어지며, '與'와 '之'와 같은 조사와 허사의 사용은 이러한 성격을 확인시켜 주고 있다. 또 "이를 장차 어떻게 없애랴.(消之將奈何)"에서도 '之'나 '奈何'와 같이 시어로 사용되기 어려운 글자를 사용함으로써 산문의 특징을 가지게 되었다.

〈가련하구나 3수〉

可憐哉此身	가련하다 이 몸이여!
矮陋無容儀	작고 못생겨 보잘것없네.
自觀尙可厭	스스로 보아도 싫어할 만하니
所以人共譏	남들도 다 놀린다네.
興俯不中式	행동도 법식에 맞지 않고
語言每多違	말을 해도 많이 틀리는 것을.
尙企晏子短	오히려 안자의 짧음을 본뜨려 하니
高風千載希	고상한 풍모가 천년에 드물다네.

可憐哉此身	가련하다 이 몸이여!
疾病常繞纏	늘 질병에 매어 있네.
呻吟劇刀刮	신음은 칼로 깎아내듯 하고
腸胃如膏煎	내장은 끓는 기름과 같네.
艱辛冬夜永	고통 속에 겨울밤은 길어
寸刻無安眠	촌각도 편히 잠자지 못하네.
萬戶睡正熟	집집마다 잠이 참으로 깊어

鼻息方綿綿　　코고는 소리 한창 이어지네.[97]

　목은 스스로 자신을 돌아보고 평가한 것을 표현한 것으로, 모두 세 수인데 그중에서 첫 번째와 두 번째 수이다. 앞의 시는 목은 자신의 외모에 대한 것이다. 목은은 체구가 작았다고 하는데, 여기서도 스스로 보아도 볼품이 없고 남들에게도 그러한 외모로 놀림을 받았다고 하였다. 하지만 마음속에 품은 뜻과 풍모가 높은 세상에 드문 사람이 되겠다는 다짐을 하고 있다. 외모가 볼품없고 언행도 합당하지 않은 부분이 많이 있기는 하지만 이러한 것에 좌절하지 않고 내실을 다져보겠다는 생각을 피력한 것이다.

　두 번째 수에서는 오랫동안 질병에 시달리며 살아온 자신을 돌아보고 있다. 이 시는 49세(1376, 丙辰) 후반기에 지은 것이다. 목은은 40대를 여러 가지 병으로 인해 문밖출입도 제대로 하지 못하는 상태로 보냈다. 치통을 호소한 시들도 있고, 특히 관절이 좋지 않았던 것을 표현한 시들도 보인다. 다리가 아파서 많이 걸을 수 없고, 말을 타기도 어려웠다고 하였다. 이 시에서도 밤이 새도록 고통에 잠을 이루지 못하며 신음하고 있는 모습을 그리고 있다. 뼈를 깎는 듯한 고통 속에서도 담담히 그런 상태를 그려낼 수 있는 목은의 자제력을 읽을 수 있다.

　여기에서도 목은은 "남들도 다 놀린다네. 행동도 법식에 맞지 않고, 말을 해도 많이 틀리는 것을(所以人共譏. 興俯不中式, 語言每多違)"와 같이 산문적 어구를 사용하고 있다. '所以'는 산문에서 흔히 쓰는 단어로 시어로 사용하는 것을 꺼려하는 것이며, '不中式', '語言'과 같은 용어들도 산문에서나 볼 수 있는 것이다. 그러나 목은은 이러한 용어들을 거리낌 없이 시어로 사용하고 있으며, 목은 시의 특징으로 만들고 있다.

　그리고 또 한 가지 주목되는 것은 위의 시 3수가 모두 첫 구절이 "可憐哉此身"으로 시작하고 있다는 점이다. 목은은 같은 제목으로 3수의 시를 짓

---

97) 『詩藁』 卷6, 〈可憐哉 三首〉.

고 있는데, 이들은 모두 다른 운자를 가지고 있다. 이 시뿐만이 아니라 목은은 같은 제목으로 여러 수의 시를 지으면 대부분 같은 운자를 사용하지 않고 있음을 볼 수 있다. 같은 운자의 사용은 시와 시 사이에 유사한 음을 반복함으로써 연속성과 통일성을 얻고 균제미를 이룰 수 있다. 하지만 목은은 전혀 다른 운을 사용함으로써 그러한 미감을 살리지 못하고 있다. 그러나 목은은 이처럼 운자의 반복으로 味感을 얻는 전통적인 방법이 아닌 새로운 방식으로 연속성과 통일성을 살리고 있다. 바로 위에서 볼 수 있는 것처럼 동일한 어구의 반복이다. 전체 어구를 반복하는 경우도 있고, 하나의 단어를 반복하는 경우도 있다.

요컨대, 목은은 하루하루의 일을 기록하려는 의도를 가지고 시를 지은 것이 많이 있으며, 이와 같은 의도로 인하여 사건의 서술적인 면에 초점을 맞추어 산문적 경향을 띠는 시들이 많이 등장하게 되었다. 또한 산문에서 즐겨 쓰이는 어휘들을 시에서 사용함으로써 산문적 특성을 더욱 강하게 만들었다. 이러한 목은의 새로운 시도는 句法과 語彙 面에서 두드러지게 나타나는데, 하나의 어구를 계속 반복함으로써 시와 시 사이에 연속성을 만들어낸다든지, 같은 어휘를 같은 句 내에서 연속적으로 반복함으로써 생경한 리듬감을 얻는 등 끊임없이 새로운 시의 형태를 실험하고 개척하려는 모습을 보여주고 있다.

4) 自由奔放한 詩法과 豪放의 美學

목은의 시에 대하여 徐居正은 "선생의 詩는 어느 한 體에 막혀 머물지 않고 여러 體를 다 갖추어, 雄渾한 것도 있고 麗藻한 것도 있으며, 沖澹한 것도 있고, 峻潔한 것도 있으며, 豪贍한 것도 있고 嚴重한 것도 있으며, 深奧한 것도 있고 典雅한 것도 있어서, 마땅히 전집을 모아서 보아야 풍부한

기상을 상상할 수 있다."98)라고 하였다. 이처럼 목은 시의 풍격은 한두 가
지로 요약하여 말하기 어렵다고 하겠다. 그러나 조선시대의 시화집에서 목
은의 대표작으로 꼽는 〈貞觀吟〉, 〈浮碧樓〉, 〈天寶歌〉, 〈天壽節日入觀大明
殿〉 등의 시는 대부분 '豪健', '雄豪', '豪壯' 등으로 평가되고 있어, '雄豪'를
목은 시의 대표적인 풍격으로 볼 수 있다. 그런데 이들 시는 20대 원도와
고려를 왕래하면서 지은 것이 대부분이다.

> 옛사람이 이르기를, "杜甫는 夔州 이후의 시가 더욱 좋다."고 하였는데, 대
> 개 시인이 나이가 들수록 더욱더 완숙된 시를 지을 수 있음을 알겠다. 평자들
> 은 말하기를, "목은 이색은 만년에 지은 작품이 젊었을 때만 못하다."고 했는
> 데, 승려 竹澗이 말하기를, "牧老는 젊어서 중국에서 노닐면서 그곳 文人才士
> 들과 자신만만하게 雌雄을 겨루었다. 그가 詩文을 지을 때 글자 하나 구절 하
> 나라도 법도가 엄정하여 옛사람의 작품에 비해 손색이 없었지만, 만년에 지은
> 것은 법도에 구애받지 않고 마음대로 지어내어 뜻을 다듬어내지 못한 것이 있
> 기도 하다. 이 노대가는 그 재주가 당대에 드높아 우리나라 문인들을 낮추어
> 보고는 '우리나라에는 시를 올바로 감식할 만한 사람이 없다.'고 하였다."고 하
> 였다. 죽간이 감히 이와 같이 말을 했으니 승려들 가운데 그 안목이 뛰어난 자
> 라 할 것이다.99)

위의 언급을 보면 徐居正은 竹澗의 의견을 인용하여 목은의 시를 청년기
와 만년기로 나누고, 이 두 시기의 시를 확연하게 구분하여 언급하고 있다.
죽간의 말에 의하면 목은의 젊은 시기의 작품들은 '法度가 森嚴'한 특징을
가지고 있으며, 만년기의 작품은 '自由奔放'하다고 하였다. 그러면서 만년의

---

98) 徐居正, 〈牧隱詩精選序〉, 『牧隱先生年譜』, "竊嘗以謂先生之於詩, 不凝滯於一, 衆
　　體皆備 有雄渾者, 有麗藻者, 有沖澹者, 有峻潔者, 有豪以瞻者, 有嚴以重者, 有
　　奧以深者, 有典以雅者, 當合全集而觀之, 可以想富哉之氣象."
99) 徐居正, 『東人詩話』 卷下, "古人謂子美夔州以後詩尤好, 盖愈老愈奇也. 評者謂牧
　　隱晚年之作, 不如少時. 僧竹澗曰牧老少遊中原, 與文人才士頡頏爭雄, 爲詩文一字
　　一句, 法度森嚴, 無愧於古之作者, 晚年所作汎濫縱橫, 有不經意處. 此老才高一
　　世, 傲睨東方, 謂無人具眼者. 敢如是, 竹澗緇流之傑然者也."

작품보다 청년기의 작품이 더 우수함을 말하고 있다. 실제로 목은의 시를 살펴보면 두 시기의 작품이 가지는 특징이 서로 다른 면이 있음을 알 수 있다. 그러나 작품 속에 형상화된 방법에 있어서는 다른 점이 있지만 궁극적으로 귀결되는 풍격은 유사하니 바로 호방함에 있다.

〈貞觀의 노래. 楡林關에서 짓다〉

晉陽公子結豪客	진양 공자는 호걸들과 결탁하여
風雲壯懷滿八極	풍운의 장한 뜻이 천하에 가득했네.
赫然一起揮天戈	우뚝하게 일어나서 천과를 휘두르니
隋堤楊柳無顔色	수나라 제방의 버들이 빛을 잃었네.
已踵殷周成武功	은나라 주나라 이어 무공을 세웠으니
宜追虞夏敷文德	마땅히 우, 하를 따라 문덕을 펼쳐야지.
持盈守成貴安靖	찬 것 유지하고, 이룬 것 지킴에 안정이 귀한데
好大喜功多反側	큰 공만 좋아하는 건 도리어 뒤집히기 쉽다네.
三韓箕子不臣地	삼한은 기자가 신하 되지 않은 땅.
置之度外疑亦得	그냥 버려두는 것이 득이 될 법하건만
胡爲至動金玉武	어찌하여 금옥 같은 군사를 움직여서
啣枚自將臨東土	말에 재갈 물리고 동쪽으로 치러 왔나.
貔狖夜擁鶴野月	사나운 군사들 요동 땅에서 밤을 새우고
旌旗曉濕鷄林雨	깃발은 새벽에도 계림의 비에 젖었네.
謂是囊中一物耳	이제는 주머니 속 물건 같다 하더니
那知玄花落白羽	어찌 알았으랴! 현화가 흰 깃에 떨어질 줄
鄭公已死言路澁	정공은 이미 죽어 언로도 막혔으니
可笑豊碑蹶復立	풍비가 넘어졌다 다시 일어섬이 우습구나.
回頭三叫貞觀年	고개 돌려 貞觀年을 세 번 소리치니
天末非風吹颯颯	하늘 끝에서 슬픈 바람만 휘휘 불어오네.[100]

이 시는 앞에서 이미 살펴본 바 있는 목은 시의 대표작이다. 위의 시를

---

100) 『詩藁』 卷2, 〈貞觀吟 楡林關作〉.

보면 먼저 목은이 가지고 있던 강한 자신감을 느낄 수 있다. 앞의 네 개 聯은 당 태종의 업적을 칭송한 것이고, 뒤의 다섯 개 聯은 당 태종이 고구려를 침공한 사실과 결과를 비판한 내용으로 모두 과거에 대한 회상부분이다. 그리고 마지막 한 聯은 현재로 돌아와 자신의 감정을 표현하고 있다. 여기에서 목은은 중국 역사상 후대의 제왕들에게 가장 추앙을 받았던 인물 중 하나인 당 태종을 바라보는 시각에 시종일관 비판적이다. 이러한 목은의 호기는 시 전체에 나타나게 되고, 당 태종이 고구려를 침입한 일에 대한 질책과 무리하게 일으킨 전쟁의 참담한 결과, 그리고 후회에 대한 조소에서 극대화되고 있다.

　목은은 먼저 단어의 사용에 있어서 '八極', '天戈', '武功', '文德' 등과 같이 크고 강한 느낌을 주는 명사와 '赫然', '颯颯', '壯懷' 등과 같이 촉급하고 강건한 느낌을 주는 형용사들을 사용함으로써 豪放하고 壯快한 美感을 만들어주고 있다.101) 또한 처음부터 生動的으로 서술되는 과거에 대한 회상은 聯과 聯 사이를 상호 치밀한 연관성에 따라 구성한 것과 함께 장쾌함을 더해준다. 첫 번째 연에서 당 태종이 호걸들과 함께 '풍운의 장한 뜻'을 천하에 가득하게 하였음을 대략적으로 언급하고 있다. 그리고 두 번째 연에서는 이 뜻을 다시 세밀하게 예를 들어 설명하고 있다. 즉, 군사를 일으켜 수나라를 정벌하고 새로운 왕조를 열었다는 것이다. 또한 '찬 것을 유지하고, 이룬 것을 지킴에는 안정이 중요한 것인데, 큰 공을 세우기만을 좋아하는 것은 도리어 뒤집히기 쉽다.'고 전제하고 나서, 구체적으로 공을 세우려다가 도리어 낭패를 보게 된 예를 들고 있다.

　그리고 처음부터 이끌어 오던 당 태종의 고구려 공격과 패전, 그리고 후회에 대한 회고가 마지막 연에서 갑자기 현실로 돌아오는 시간적 전환의 구성은 예전과 현재 사이에 존재하는 커다란 시간적 거리감를 자연스럽게 해

---

101) 閔丙秀, 「'雄渾'係 詩作의 特性에 대하여」, 『韓國 漢文學 散藁』, 太學社, 2001에서 '웅혼'계 작품의 특징을 설명하면서 말이 거센 작품, 構圖가 空闊한 작품, 誇張이 심한 작품이 대체적으로 '웅혼'한 풍격을 지니고 있음을 밝힌 바 있다.

소시켜 주고 있어 훨씬 더 호쾌함을 느낄 수 있다.

이와 같이 은유가 크고 강한 느낌을 주는 어휘의 사용과 聯과 聯 사이에 긴밀한 연관성을 가지도록 구성하여 '웅호'한 풍격을 만들어주는 것은 목은 시의 중요한 특징 중의 하나라고 할 수 있다.

〈燕山의 노래〉

燕山之陽雲如堆	연산의 양지쪽엔 구름이 산더미같이 쌓여
龍飛鳳舞源源來	용이 날고 봉이 춤추듯 끝없이 이어졌네.
長城中斷居庸關	만리장성은 居庸關에서 끊어지고,
春風秋月軒轅臺	봄바람 가을 달은 軒轅臺에 있도다.
昭王一去亦已矣	昭王은 한 번 가서 다시오지 않고,
黃金千載空塵埃	黃金臺는 천 년의 세월에 부질없이 먼지가 되었네.
天旋地轉光嶽合	하늘과 땅이 돌아 三光 五嶽의 精氣가 합쳐지고,
土圭日影明堂開	土圭로 해 그림자 재어 明堂이 열렸구나.
四方漕會蓄山海	사방에서 운송한 곡식 산해처럼 쌓였고
萬國玉帛馳風雷	萬國의 백옥, 비단은 풍뢰처럼 내닫네.
吾聞在德不在險	나는 德에 있지 험준함에 있지 않다고 들었으니
傳世百萬何疑哉	백만 년 전해짐에 무엇을 의심하랴!
秦皇唐明共一轍	秦始皇이나 唐 玄宗은 같은 길을 걸었으니,
不是驪山爲禍胎	驪山만 화근이 되지 않는다네.
臨風獨立意蒼莽	바람 앞에 홀로 서니 뜻이 아득한데,
日暮車馬爭喧豗	저물녘 수레와 말 울음소리 시끄럽네.[102]

이 시는 원의 수도인 大都 근처에 있던 燕山을 지나며 지은 것으로 東西南北, 上下古今을 아우르는 목은의 爛熟한 作詩 솜씨를 알 수 있다. 이 시에서도 '龍飛鳳舞', '長城', '千載', '天施地轉' '光嶽', '萬國', '百萬' 등과 같이 내포하고 있는 의미가 크고 웅장한 어휘를 거의 매 구마다 사용하였으며, '堆', '中斷', '馳風雷', '險', '喧豗' 등과 같이 거센 의미를 나타내거나 촉급한 음을 지

---

102) 『詩藁』 卷2, 〈燕山歌〉.

니고 있는 글자를 자주 사용함으로써 '雄渾'의 기세를 만들어내고 있다.

또한 여기에서 목은은 먼저 연산의 경관을 묘사하고 있는데, 경관묘사에 있어서도 대륙의 큰 풍모와 끊임없이 일렁이는 기상을 느낄 수 있다. '燕山之陽雲如堆', '天旋地轉光嶽合 土圭日影明堂開', '四方漕廥蓄山海, 萬國玉帛馳風雷'와 같이 다소 과장된 표현들은 전체적인 미감을 호쾌하고 웅장하게 만들어주고 있다. 이처럼 시에서 웅혼한 기상을 느낄 수 있는 것은 먼저 전체 시를 구상하는 목은의 구성력에서 나오는 것이며, 이러한 구성력은 바로 목은이 지니고 있는 호연한 기백에서 연유한다고 하겠다. 또한 그러한 구성력 아래 선택된 의미가 큰 시어들의 긴밀한 조화가 이러한 미감을 만들어낸다고 볼 수 있다.

〈東吳八詠〉

一點君山夕照紅　　한 점의 君山에 저녁 햇살 붉게 비쳐,
闊吞吳楚勢無窮　　吳와 楚를 삼킬 듯 그 기세 끝이 없네.
長風吹上黃昏月　　거센 바람이 저물녘 달을 불어 올리니
銀燭紗籠暗淡中　　비단 등롱 속의 은촛불이 은은히 비치네.[103]

이 시는 沈約이 지은 〈東吳八詠〉을 읽고 지은 8수의 시 중에서 첫 번째 수이다. 전체 제목인 〈東吳八詠, 沈休文之作也. 宋復古畵之, 載於東坡集. 予少也讀之而忘之矣, 今病餘悶甚, 偶閱東坡詩註, 因起東吳之興, 作八詠絶句〉에서 알 수 있는 것처럼 심약이 지은 시에 소동파가 주석을 한 것을 보고 차운하여 지은 것이다. 크고 넓은 시야와 장쾌한 표현으로 동정호의 저녁 풍경을 묘사하고 있다. 두보의 "오나라와 초나라는 동남으로 갈라지고, 하늘과 땅은 밤낮으로 떠 있어라(吳楚東南坼, 乾坤日夜浮)"는 시구에는 미치지 못하지만 孟浩然 등의 시구보다 뛰어나다고 평가되고 있다.[104] 이 시

---

103) 『詩藁』卷10, 〈洞庭晚靄〉.
104) 徐居正, 『東人詩話』上, "洞庭巴陵天下壯觀, 騷人墨客題咏者多. 如水涵天影濶, 山拔地形高. 四顧疑無地, 中流忽有山. 鳥飛應畏墮, 帆過却如閑, 俱見稱於世.

는 承句에서 끝없이 넓은 동정호의 느낌을 壯壯하게 표현하고 있어 그 웅
장한 미감을 한층 고조시키고 있다. 더구나 轉句에서 저녁달이 돌아오는 것
을 보고, 거센 바람이 저녁달을 불어 올린다는 묘사는 이 시의 호쾌함을 더
욱 증가시킨다고 하겠다.

〈부벽루〉

昨過永明寺	어제 영명사를 지나다가
暫登浮碧樓	잠시 부벽루에 올랐네.
城空月一片	텅 빈 성에는 조각달만 하나 걸려 있고
石老雲千秋	늙은 돌 위에는 구름도 천 년이나 되었네.
麟馬去不返	麒麟馬는 가고 돌아오지 않으니
天孫何處遊	天孫은 어디서 노닐고 있는가?
長嘯倚風磴	난간에 기대어 길게 휘파람 부니
山青江水流	산은 푸르고 강물은 절로 흐르네.[105]

이 시는 수많은 목은의 시 중에서 가장 많이 회자된 대표작이다. 杜甫의
"昔聞洞庭水, 今上岳陽樓", 崔顥의 "黃鶴一去不復返, 白雲千載空悠悠", 李
白의 "鳳去臺空江自流" 등의 시구를 환골탈태한 것임은 이미 잘 알려진 바
이다.[106]

이 〈浮碧樓〉의 시에 대하여 許筠은 그의 『惺叟詩話』에서 "李穡의 '昨過
永明寺'의 작품은 애써 꾸미지도 않고 지나치게 鍛鍊하지도 않았으나 저절
로 궁상의 음률에 맞아서 그것을 읊으면 아주 좋다는 것을 알 수 있다."[107]

然不若孟襄陽 氣蒸雲夢澤, 波撼岳陽城, 又不若少陵 吳楚東南坼, 乾坤日夜浮,
未知此老胸中. 藏幾箇雲夢歟. 牧隱吳中八景一絶云, 一點君山夕照紅, 濶吞吳楚
勢無窮, 長風吹上黃昏月, 銀燭紗籠暗淡中, 其曠漠冲融之氣, 雖不及老杜徑庭,
豈足多讓於前數聯哉."
105) 『詩藁』 卷2, 〈浮碧樓〉.
106) 鄭載喆, 「牧隱 李穡 詩의 研究」-그 思想的 志向의 探究-, 고대 박사논문,
    1996, 97~98쪽.
107) 許筠, 『惺叟詩話』, "李文靖作過永明寺之作, 不雕不飾不探索, 偶然而合於宮商,

고 하여 뛰어난 시적 완성도를 평가하고 있다. 또한 申緯도 "난간에 기대어 길게 읊조린 牧隱과 푸른 물에 눈물을 보탠 鄭知常은 雄豪하고 艶逸하여 상하를 가리기 어려우니 대장부 앞의 요조숙녀라고나 할까."108) 라고 하여 그 기상이 '雄渾'하다고 하였다.

이 시는 촉급하거나 거센 어휘가 사용되지 않고 오히려 悠長한 느낌을 주는 단어들이 주로 사용되면서 웅장함을 만들어내고 있다. 또한 시적 공간을 과거와 현재를 마음껏 왕래할 수 있도록 확장한 호쾌한 구도는 목은의 대표작으로서 손색이 없다.

그 외 "물을 막는 높은 功은 馬岩石이요, 하늘에 뜬 듯한 큰 형세는 龍門山이네.(捍水功高馬岩石, 浮天勢大龍門山.)"109)와 "시끄럽게 마른 깍지 먹는 여윈 말 불쌍하고, 담모퉁이 냉이는 사람들 살찌기 바라는 듯.(喧枕枯箕憐馬瘦, 繞墻老薺望人肥.)"110)과 같은 시들도 "峻壯하다",111) "雄奇하다"112)는 평을 받고 있는데, 이 시들도 모두 높고 큰 시상을 가지고 있다는 특징을 지니고 있다.

이처럼 목은의 시에는 웅혼한 기상을 느낄 수 있는 작품들이 다수 존재하는데, 이것은 바로 목은의 내면에 잠재하고 있는 큰 포부와 호연함이 만들어내는 것이라고 하겠다. 물론 시의 품격을 단정적으로 말할 수는 없지만 비교적 웅혼한 품격의 시는 대부분 목은의 청·장년기에 주로 나타나고 있다. 원에서 천하의 재사들과 어깨를 나란히 할 수 있는 자신감과 학문의 역

　　詠之神逸."
108)　申緯, 『警修堂集』 卷48, 〈東人論詩絶句〉, "長嘯牧翁倚風磴, 綠波添淚鄭知常, 雄豪艶逸難相下, 偉丈夫前窈窕娘."
109)　『詩藁』 卷34, 〈驪興淸心樓題次韻〉, "恨無樓記冠篇端, 誰名淸心闢署顔. 捍水功高馬岩石, 浮天勢大龍門山. 燠居雪落軒窓外, 涼臥風來枕簟間. 況是春風與秋月, 賞心美景更寬閑."
110)　『詩藁』 卷35, 〈自詠 一首〉, "夢中僥倖到黃扉, 覺後依然一布衣. 喧枕枯箕憐馬瘦, 繞墻老薺望人肥. 順天南海兒無恙, 零雨東山我未歸. 何日金雞一聲曉, 乞身耕牧避危機."
111)　徐居正, 『東人詩話』 卷下, "牧隱云, 捍水功高馬岩石, 繞墻老薺望人肥, 語峻壯."
112)　曺伸, 『謏聞鎖錄』, "雄奇如牧老, 喧枕枯箕憐馬瘦, 繞墻老薺望人肥."

량, 견문을 쌓은 목은만이 가질 수 있는 것이라고 하겠다. 이 시기의 목은의 충만한 기백과 자신감은 그의 시에 그대로 나타나고 있다. 그리고 이러한 기상은 대부분 고체시에서 주로 나타난다. 목은의 대표작으로 평가되며 후대의 시화집에 등장하는 〈貞觀吟〉, 〈天寶歌〉, 〈燕山歌〉 등의 시들은 모두 古詩의 형태이다. 古詩가 형식상 비교적 자유롭고 장편이기 때문에 작자가 표현하고자 하는 바를 마음껏 발휘할 수 있어 더욱 이와 같은 웅혼한 기상을 담고 있는 시가 많아졌다고 하겠다. 또한 古詩는 절구나 율시와는 다르게 장편으로 짓는 것이 일반적이기 때문에 해박한 지식과 난숙한 기교를 더욱 필요로 하는 詩體이다.

『목은시고』에 수록된 시들을 살펴보면 古詩의 비율이 가장 많은 곳이 바로 권2(29수), 권3(63수), 권4(38수), 권5(34수) 부분이다. 즉, 고체시를 짓는 비율이 나이가 많아지면 많아질수록 줄어드는 경향을 보이고 있다.113) 이와 같은 현상과 함께 역대 시화집의 자료를 살펴볼 때, 목은의 청·장년기 시는 嚴正한 詩法을 바탕으로 만들어진 雄渾, 豪放한 풍격을 띠고 있다고 할 수 있다.

그러나 중·노년기의 시는 엄정함보다는 자유분방함을 특징으로 하고 있다. 죽간의 말처럼 '노대가의 높은 재주'를 느낄 수 있는 난숙함을 찾을 수 있는 것이다. 정형화된 틀에 구애되지 않고 자유롭게 느낌을 표현하고 있어 동일한 詩句를 반복하거나 擬聲語를 시구로 사용하는 등과 같은 형태의 시는 유희적인 면을 내포하고 있기는 하지만 구법과 형식, 단어 등을 자유자재로 새롭게 구사하여 시적 효과를 배가시키고, 리듬감이나 흥미를 유발시키기도 하였다.

〈충주목사 김존성과 판관 김조에게 주다〉
　　蒼苔柳洞絶來轅　　푸른 이끼 버들골에 방문객을 거절하고
　　臥病數年長掩門　　수년간 병석에 누워 오래도록 문을 닫았네,

---

113) 여운필 외, 『역주 목은시고』의 통계를 따랐음.

今日龍頭小童去　　오늘 용두사로 아이가 떠나는 것을 보니
始知吾黨在中原　　내 문생이 중원에 있음을 비로소 알겠네.

中原山水最淸凉　　중원의 산수는 가장 맑고도 시원한데
烽火天涯轉渺茫　　하늘가의 봉화 또한 조용하기만 하다네.
更喜臥治公事少　　잘 다스려 공사가 적은 게 더욱 기쁜 것이니
獨游何害到僧房　　승방에 가서 홀로 노니는 것 무어 해로우랴.

僧房近世亦忙奔　　요즘 세상엔 승방 또한 분주다사하여
新事如毛逐日繁　　수많은 새로운 일이 날마다 번거로우니
願使安心且安坐　　원컨대 마음을 안정하고 또 편히 앉아서
香煙一穟滿乾坤　　참선의 향 연기가 천지에 가득하게 하게.114)

　이 시는 충주 목사와 판관인 金存誠과 金肇에게 준 시로, 이들은 목은의 문생이다. 세 수의 시가 모두 마지막 하나의 어구가 다음 수의 시작되는 어구로 사용되고 있다는 점이 특징이다. 이로 인해 韻은 세 수 각각 다른 韻字를 사용하고 있으나 서로 긴밀한 연결성을 만들어내고 있다. 이러한 형태의 시가 자주 보이지는 않지만 다양한 형태의 시도라는 점에서 주목할 만하다.

〈꽃을 구경하다〉
賞春無處可吟詩　　봄 경치 구경하며 시 읊을 곳 없으랴만
霜雪今年似我欺　　올해는 눈서리 내린 백발이 나를 희롱하려는 듯
造物乘除應有意　　조물주 보상해줄 뜻을 가지고 있으리니
綠陰芳草勝花時　　녹음방초 시절은 꽃 시절보다야 낫겠지.

綠陰芳草勝花時　　꽃 시절보다 나은 녹음방초 여름철에
一段淸閑付與誰　　한 덩어리 淸閑을 누구에게 안겨주리.
坐想病翁丸藥處　　생각건대 병든 노인 환약을 빚을 때

---

114)『詩藁』卷18,〈寄呈忠州牧使金存誠, 判官金肇〉.

滿庭微雨囀黃鸝   뜰 가득 가랑비에 꾀꼬리 소리 구르리라.

滿庭微雨囀黃鸝   뜰 가득 가랑비에 꾀꼬리 소리 구를 적에
寂寂門庭日正遲   적막한 집엔 하루해가 유난히 더디겠지.
欲驗道情流動處   道情이 흘러 움직인 곳을 알고 싶으면
春間詩與夏間詩   봄날의 시와 여름 시를 비교해보면 되지.115)

　이 시는 마지막 結句 전부를 다음 수의 起句로 사용하고 있다. 시는 세
수이지만 전체적으로 하나로 일관되는 통일성을 찾을 수 있다. 이러한 형태
의 시는 戲作의 의미도 다분히 내포하고 있지만 작시에 있어 능숙하지 못하
면 할 수 없는 것이기도 하다.
　이러한 것 이외에도 첫 구를 의식적으로 반복하는 형태의 시도 보인다.

　　〈말 한 필의 가치가 있는 금강산 나무 지팡이를 얻고서. 3수〉
　　金剛山上木, 作杖勝烏藤. 論價同名馬, 扶衰荷野僧. 夜深天祿靜,
　　電滅葛坡澄. 異事驚人世, 飛騰我未能.
　　金剛山上木, 遠慰牧翁心. 參贊從誰望, 支持領自任. 天晴紫陌闊,
　　谷密白雲深. 兩地相從處, 難禁雪滿簪.
　　金剛山上木, 生長自何年. 寂寂煙霞洞, 茫茫雨露天. 碧溪難揭厲,
　　靑壁費夤緣. 得爾誠非易, 高吟思渺然.116)

　이와 같은 형태의 시는 고체시에서 많이 등장하는 것으로 하나의 구를
반복적으로 사용함으로써 운율감과 통일성을 만들어내고 있다. 이처럼 하나
의 어구를 반복하고 있는 시는 『시고』에서 어렵지 않게 찾아볼 수 있다.
"且問汝將何日歸 …… . 　且問汝今謀道無 …… . 　且問汝今何所爲 …… ."117)
"朝來梁燕語雙雙 …… . 　朝來小雨不霑衣 …… . 　朝來危坐便題詩 …… ."118) 처

---

115) 『詩藁』 卷28, 〈看花〉.
116) 같은 곳, 〈得金剛山馬直木杖 三首〉.
117) 『詩藁』 卷18, 〈自詠〉.

럼 세 수의 시 중에서 첫 구절을 반복하거나, "淸風來有時, …… 賡**我淸風詩.
淸風在何處,** …… **讀我淸風詩.**"119) 첫 구와 마지막 구를 반복하는 경우도 있다.
"天耶命耶公至公",120) "一篇成了一篇成",121) "白雲封了白雲封",122) "可休休處
未休休",123) 등 어구나 글자를 반복하는 경우도 많이 있다.

〈아양편〉

峨峨峨峨	높고도 높도다.
洋洋洋洋	넓고도 넓도다.
洋洋復峨峨	넓고도 다시 높구나.
峨峨復洋洋	높고도 다시 넓구나.
琴心淸風生	거문고에서 맑은 바람 일어나니
山海何渺茫	산과 바다는 어찌 그리 아득한가.
渺茫不可見	아득하여 볼 수는 없지만
森然滿中堂	당 안에 가득 펼쳐 있는 듯하네.
蒼顔白髮貌憔悴	창백한 얼굴, 흰 머리에 몰골은 초췌하지만
胸呑雲夢澤八九	가슴에는 雲夢澤 여덟아홉을 삼킨다네.
日月出沒於其傍	해와 달이 그 곁에서 나고 들고 하기에
遠從盤古探其初	멀리 盤古를 좇아서 태초를 탐구하고
上捫玄蓋下以循黃輿	위로 검은 하늘 더듬고, 아래로 누런 대지 둘러보네.
(이하 생략)124)	

이 시는 형식에 있어서도 자유롭고, 시어에 있어서도 특이하다. '峨'와
'洋'을 연이어 네 번을 반복하고, 다시 두 번씩 번갈아 반복하고 있다. 이

---

118) 『詩藁』 卷23, 〈朝來〉.
119) 『詩藁』 卷30, 〈淸風詩 二首〉.
120) 『詩藁』 卷15, 〈訪李開城不遇, 獨坐松間有感〉.
121) 『詩藁』 卷16, 〈旣書前後二篇寄呈開城, 秉筆之際, 吟成 三首〉.
122) 같은 곳, 〈題妙峯卷〉.
123) 『詩藁』 卷27, 〈驪江二首〉.
124) 『詩藁』 卷22, 〈峨洋篇〉.

'峨洋'은 伯牙와 鍾子期의 고사에서 나온 거문고 연주에 대한 평어인데, 목은은 이것을 반복하여 사용함으로써 마치 거문고 소리를 나타내는 의성어와 같은 효과를 만들어내고 있다. "높고 높다"와 "넓고 넓다"의 뜻으로 뿐만 아니라 그냥 글자를 소리 내어 읽으면 일정한 리듬감과 화음이 만들어진다. 이처럼 목은의 후기 시에는 과감한 시도와 표현으로 다양한 형태의 시를 창작하였으며, 이것은 자유로운 시적 상상과 정교한 시적 구성이 함께하였기 때문에 가능한 것이라고 볼 수 있다.

이와 같이 목은의 중·노년기 시는 시법에 구애되지 않고 자유분방한 형식을 취하고 있는데, 유희에 가까울 정도로 자유롭게 시어를 선택하고 구와 구를 구성하는 것은 하나의 큰 특징이라고 할 수 있다. 또한 그 가운데서 자유롭고 호방한 미감을 표출하고 있어 젊은 시기의 엄정한 시법에서 만들어진 호방함과 좋은 대조를 이루고 있다.

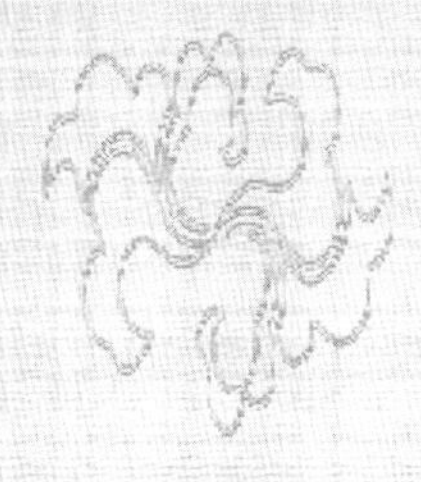

IV

牧隱 散文의 修辭와 注疏語錄體

1. 古文認識과 創作樣相

목은은 詩 못지않게 散文도 20권에 달하는 방대한 양을 남기고 있다. 이미 살펴본 바와 같이 목은은 우리나라 역대 문인들 중에서 유래를 찾아보기 힘들 정도로 많은 양의 시를 창작하였으며, 문학적 성취도 또한 뛰어나 대부분의 비평가들에 의해 찬사를 받고 있다. 하지만 조선시대의 여러 비평들을 살펴보면 목은은 시뿐만 아니라 文章에도 큰 성취가 있었음을 알 수 있다.

우리나라에서 文章을 논하는 데에 한 사람을 단연 으뜸으로 삼기는 실로 어렵다. 그러나 文은 마땅히 牧隱을 추대하여 大家라고 할 것이요, 詩에는 마땅히 揖翠軒을 추대해서 絶調라고 해야 할 것이다. 牧隱은 文이 大家일 뿐만 아니라, 詩도 宏肆豪放하고 기상이 볼만하여 李奎報의 齷齪함과는 비슷하지 않다.[1]

農巖의 위의 언급뿐만이 아니라 簡易 崔岦도 목은의 문집을 보고 나서 우리나라 문장은 당연히 목은을 으뜸으로 삼아야 한다고 하면서 자손을 위

---

1) 金昌協, 『農巖集』 卷34, 「雜識」〈外篇〉, "論文章於東國, 固難以一人斷爲冠首. 然文則當推牧隱爲大家, 詩則當揖翠爲絶調. 牧隱不獨文爲大家, 詩亦宏肆豪放, 氣像可觀, 不似奎報齷齪."

해서 하필 韓愈나 柳宗元의 글을 읽힐 필요없이 『牧隱集』을 읽히는 것만으로 족하다[2]고 할 정도로 목은의 문장을 호평하고 있다. 이와 같이 목은의 문장이 뛰어나다는 평가에는 조선시대 전반에 걸쳐 별다른 반론이 없었다. 다만 조선 후기에 이르러서 목은의 문장에 註疏語錄體가 많아서 이후 200여 년 동안 이러한 폐해를 답습하게 되었다[3]고 평가한 창강 김택영의 언급이 제기되기도 하였다.

목은 문장의 淵源은 益齋 李齊賢이다. 익재는 고려 말 古文을 倡導하였다는 평가를 받고 있으며,[4] 목은의 좌주이면서 부친인 가정의 좌주이기도 하다. 목은의 학문에 대한 익재의 영향은 적지 않아서 시뿐만이 아니라 문장에 있어서도 마찬가지이다.

근세의 큰 선비에 鷄林 益齋 李公 같은 이가 있어 비로소 古文之學을 창도했는데, 韓山 稼亭 李公과 京山 樵隱 李公이 좇아서 화답하였다. 지금 牧隱 李先生은 일찍이 가정의 교훈을 이어받고 북으로 중원에 유학하여 師友淵源의 올바름을 얻어 性命道德의 학설을 궁구하고 동으로 돌아와 諸生을 맞이하여 가르쳤다. 그를 보고 흥기한 자는 烏川 鄭公 達可, 京山 李公 子安, 潘陽 朴公 相衷, 密陽 朴公 子虛, 永嘉 金公 敬之, 權公 可遠, 茂松 尹公 昭宗 등이 있으며, 비록 나같이 不肖한 사람도 그분들의 대열에 끼이게 되었다.[5]

---

2) 李德泂, 『竹窓閑話』, "簡易曰牧隱子孫文官繼出, 其遺風餘韻尙有存者, 雖後裔末葉, 血脈流通, 甚可異也. 近觀牧隱文集碑銘墓誌, 冠絶古今, 東國文章當以牧隱爲首, 爲子孫者, 何必費功於韓柳, 讀牧隱集可也."

3) 金澤榮, 『金澤榮全集』卷8, 「雜言」, "而文多註疏語錄之氣, 自是至吾韓二百餘年, 有權陽村 金佔畢 崔簡易 申象村 李月沙諸家 而皆受病於牧隱."

4) 益齋의 古文倡導와 古文觀에 대해서는 金乾坤, 『이제현의 삶과 문학』, 이회문화사, 1998에서 자세하게 다루었다.

5) 鄭道傳, 『三峯集』卷3, 「陶隱文集序」, "近世大儒, 有若鷄林益齋李公, 始以古文之學倡焉. 韓山稼亭李公, 京山樵隱李公, ·從而和之. 今牧隱李先生早承家庭之訓, 北學中原, 得師友淵源之正, 窮性命道德之說. 旣東還, 延引諸生, 見而興起者, 烏川鄭公達可, 京山李公子安, 潘陽朴公相衷, 密陽朴公子虛, 永嘉金公敬之, 權公可遠, 茂松尹公昭宗, 雖以予之不肖, 亦獲側於數君子之列."

이처럼 목은은 익재와 부친인 稼亭을 통해 학문을 이었으며, 다시 원에서의 수학이 더해져 고려 후기의 대표적 학자로 자리하게 된 것이다. 여기에서 익재의 역할은 지대하다고 하겠다. 위에서 三峰이 언급한 사실은 대부분 성리학에 초점이 맞추어져 있기는 하지만 익재를 연원으로 한 고문과 성리학의 성취는 목은을 통해 고려 말과 조선 초에 활약했던 대부분의 문인들에게 전파되었다. 그러므로 고문에 대한 전통의 계승이라는 점에서 목은의 역할은 절대적이었으며 간과할 수 없다고 하겠다.

『목은문고』는 총 20권으로 되어 있다. 각 권에 수록된 내용을 정리하면 다음과 같다.

卷1~卷6:　　　　〈記〉
卷7~卷9:　　　　〈序〉
卷10:　　　　　　〈說〉
卷11:　　　　　　〈事大表牋〉
卷12:　　　　　　〈讚〉,〈銘〉,〈箴〉,〈辨〉
卷13:　　　　　　〈書後〉,〈題〉,〈跋〉,〈祭文〉
卷14~卷19:　　　〈碑銘〉,〈塔銘〉,〈墓誌銘〉
卷20:　　　　　　〈傳〉

위에서 알 수 있듯이 『牧隱文藁』에서 목은의 문장을 살펴보면 문체별로 나누어 수록하였음을 알 수 있으며, 문체가 그렇게 다양하지 않다는 것이 가장 큰 특징이다. 〈記〉가 총 74편으로 가장 많고, 다음으로는 〈墓誌銘〉이 22편, 〈名字說〉이 21편 등이다. 이 중에서 특히 주목할 것은 卷11에 수록된 〈事大表牋〉이다. 여기에는 〈表〉,〈牋〉 뿐만이 아니라 〈教書〉와 〈批答〉, 〈頌〉,〈乞退書〉 등도 포함되어 있기는 하지만 〈表文〉만 20편이 수록되어 있다. 고려 후기 외교에서 목은의 위치가 얼마나 중요한 것이었는가를 알 수 있는 자료라고 하겠다.

　　그리고 권13에 〈祭文〉이 3편 있는데, 문체의 성격상 권14에 수록하는 것이 적당하겠으나, 각 권당 板數를 고려하여 권13의 마지막에 수록하여 내용상 권14와 연결됨을 나타내고 있다. 이로써 본다면 『목은문고』의 편차는 철저하게 문체별로 분류하고 있으며, 내용과 성격에 의하여 구분하고 있는 것이 특징이다. 권11에는 특별히 〈事大表牋〉이라는 소제목이 달려 있고, 〈表〉, 〈牋〉, 〈批答〉, 〈敎書〉, 〈頌〉, 〈書〉의 순서대로 싣고 있다. 이중 〈頌〉은 한 편 실려 있는데, 洪武 18년 7월에 明이 先王의 시호를 '恭愍'으로 내려준 데 대한 감사의 내용을 頌의 형식에 담고 있다. 〈書〉도 〈乞退書〉한 편이 있는데, 이것도 홍무 18년 10월에 쓴 것으로 禑王 즉위 이후 숙원이었던 공민왕의 시호를 封贈받음으로써 자신이 할 일을 다 했다고 생각하여 벼슬에서 물러나 시골로 내려가기를 청한 글이다. 이들은 모두 형식상의 분류보다는 내용과 성격상으로 분류한 예라고 하겠다.

1) 古文意識

　　고문이라고 하면 唐·宋 이후 典故와 美辭麗句를 구사하는 四六騈儷의 문장형식에 치중하였던 '俗下文字'에 반대하여 中唐의 韓愈와 柳宗元이 秦·漢 이전의 고대 문장을 전범으로 글을 지으면서 등장한 용어이다. 따라서 고문은 일반적으로 변려문에 상대되는 문체를 지칭하는 것이라고 할 수 있다. 여기에서는 좀더 의미를 확장하여 당송 이후 고문가들이 본받고자 했던 秦漢 以前의 經史諸家들의 문장도 넓은 의미의 고문으로 포함시킬 수 있다.

　　우리나라의 경우에 고문을 논하려면 우선 金黃元과 金富軾을 들 수 있다. 하지만 이들은 문집이 남아 있지 않기 때문에 구체적인 사실을 알기 어렵다. 특히 김부식은 〈進三國史記表〉, 〈惠陰寺新創記〉, 〈溫達傳〉 등의 문장을 통해서 西漢의 風貌를 지니고 있다고 평가되면서 본격적인 고문가로 지칭되기도 하였다. 그러나 이때까지의 문풍은 여전히 변려문이 주류를 이루고 있었으며 고문에 대한 논의가 그렇게 활발하지 않았다. 그러므로 김부식 이후 고려 후기의 대학자며 문장가인 益齋 李齊賢에 이르러서 비로소 古文倡導를 하였다고 평가된다. 신라 말 晚唐의 艶麗한 학풍을 배운 留學派들에 의해 주도되었던 고려 초기의 문단은 후기에까지 이러한 변려문의 풍조가 계속되었다. 특히 과거제도에서 辭, 賦와 함께 변려문도 시험하였기 때문에 이러한 현상은 더욱 뚜렷하게 나타났다.

그러나 고려 후기로 오면서 변려문에 대한 반성이 일어나게 되었으며, 익재에 이르러 비로소 문장을 지으면서 고문을 염두에 두기 시작하였다. 이러한 고문에 대한 인식과 전통은 稼亭과 樵隱을 거쳐 목은에게로 이어졌으며, 다시 圃隱, 陶隱, 惕若齋, 陽村, 三峰 등으로 계승되었다. 그러므로 고문에 대한 목은의 역할은 중요한 위치에 놓이게 된다.

> 나는 나이 열일곱 살 때 東堂試에 응시하여 「和氏璧賦」를 지었고, 스물한 살 때 燕京의 國學에 들어가 月課를 볼 때에 吳伯尙 선생이 나의 賦를 칭찬하여 매번 "가르칠 만하다"고 말하셨다. 우리나라로 돌아온 뒤, 癸巳年 東堂試에 응시하여 「黃河賦」를 지었고, 鄕試에서 「琓圭賦」를 지었으며, 會試에서 「九章賦」를 지었다. 그러나 지금 모두 수록하지 않는 것은 古文이 아니고 나의 뜻이 아니기 때문이다. 나의 뜻이 아니면서 이것으로 출신한 것은 이것이 아니면 모친을 봉양할 길이 없었기 때문이니, 아! 슬프다.[6]

이와 같은 목은의 언급을 보면 목은이 궁극적으로 추구하였던 것이 고문이었음을 쉽게 알 수 있다. 그러나 과거를 보고 관직에 나가기 위해서 자신

---

6) 『詩藁』 卷1, 〈觀魚臺小賦 並序〉, "予年十七歲, 赴東堂賦和氏璧, 二十一歲, 入燕都國學月課, 吳伯尙先生賞予賦, 每日可教. 旣歸, 赴癸巳東堂賦黃河, 鄕試賦玩圭, 會試賦九章. 今皆不錄, 非古文也, 非吾志也. 非吾志而出身于此, 非此無階於榮養耳, 嗚呼悲哉."

의 뜻을 그대로 표현하지 못하였고, 고문이 아닌 시험을 보기 위해 형식과 수식에 치중한 글을 지었음을 자술하고 있다. 하지만 목은은 스스로 그것이 고문이 아니고 자신의 진실한 뜻을 표현한 것이 아니기 때문에 모두 미련 없이 버리고 수록하지 않고 있다. 이것은 그만큼 고문을 짓고자 하는 목적 의식이 누구보다 강하였음을 시사하는 것이라고 하겠다. 여기에서 목은이 강조한 것은 외형보다는 내실의 중요성이다. 즉 격률을 맞추고, 어구를 조 탁하여 시관들이나 권력자들의 비위를 맞추는 것보다 자신의 뜻을 바르게 표현하는 것이 참된 고문임을 강조하고 있다.

> 『논어』에 이르기를 "문채가 바탕을 이기면 너무 화려하고, 바탕이 문채를 이 기면 너무 속되다." 했다. 바탕이란 문채의 근본이다. 그런데 문채가 너무 지 나친 지가 오래되었다. 온화한 아름다움과 忠信한 독실함이 없어지고 드러나지 않는다. 비록 좋은 바탕이 있을지라도 모두 다 타락해버려서 유행하는 세속에 서 스스로 빠져나오는 자가 없다. 그러니 문채의 폐해가 극도에 이르렀다 하겠 다. 이런 데에도 오직 문채만을 숭상한다면 혹은 그 근본을 잃고 말단만을 일 삼게 될 것이다. 때문에 이것을 구원하는 방법은 비록 편벽된 듯 하더라도 바 탕을 소중히 여김보다 나은 것이 없다.7)

이 글은 당대의 문단 상황을 잘 설명해주고 있다. 화려한 수식과 형식을 중시한 것이 이미 오래되어서 내실이 없고 근본마저 잃어버리고 말단만을 일삼는 세속의 유행에 빠지게 되었음을 한탄하는 내용이다. 목은은 여기에 서 이러한 풍조에서 빠져나올 수 있는 방법을 제시하고 있는데, 바로 바탕 을 중시하는 것이다. 물론 이것은 편벽된 방법이다. 공자는 '文質彬彬'하여 야 한다고 하였다. 이는 곧 문채와 바탕이 서로 적당하게 조화를 이루어야

---

7) 『文藁』 卷10, 「韓氏四子名字說」, "語云, 文勝質則史, 質勝文則野, 質者, 文之本 也. 文勝久矣. 愷悌之美, 忠信之篤, 泯而不彰. 雖有美質, 淪胥而莫能自拔於流俗, 文之弊極矣. 於是而惟文之是尙, 則或失其本而趨乎末. 故救之之術, 雖若偏焉, 莫 如重質之爲愈也."

마땅하지만, 그렇게 될 수 없다면 문채를 중요시하는 것보다 차라리 바탕을
중요시하는 것이 더 낫다고 한 것이다.

> 유독 글뿐만 아니라 흔히 겉으로 꾸민 것이 날로 더해 가면서도 속에 쌓인
> 것은 날로 깎여서 줄고, 枝葉이 무성하면서도 근본이 쇠약해지니 매우 괴이한
> 일이다. 근본을 무성하게 한다면 지엽은 성기더라도 또한 무엇이 해로우리요,
> 또한 무엇이 해로우리요.8)

이 인용문도 앞의 것과 마찬가지로 근본을 강조하고 있다. 겉으로 꾸미는
것이 날로 화려해지고 풍부해지는 반면에 속으로 쌓는 것은 날로 깎여 없어
져가며, 나무의 가지와 잎은 무성한데도 도리어 근본인 뿌리가 쇠약해져가
니 괴상한 일이라고 하였다. 이것은 당대 문장의 허실을 날카롭게 지적한
것이다. 그러면서 枝葉은 좀 성기더라도 근본이 무성하면 문제가 되지 않는
다고 하였다. 이 말은 곧 화려한 형식이나 어구의 조탁보다는 내용의 충실
함을 강조한 것이라고 할 수 있다.

> 글 짓는 방법을 물으니 선생이 말씀하시기를, "반드시 말할 것은 반드시 말
> 하고, 반드시 쓸 것은 반드시 쓸 뿐이다." 하셨다. 그 다음 방법을 물으니, "말
> 이 멀지만 혹 비근한 사물에 도움을 주고, 쓰는 것이 우활하지만 바른 도리에
> 가까운 것이다." 하였다. 또 그 다음 방법을 물으니, "말할 것을 반드시 말하지
> 않고, 쓸 것을 반드시 쓰지 않는 것이니 또한 신중히 문장을 지어야 하지 않겠
> 는가?" 하셨다. 또 마땅한 스승은 어떤 사람인가 물으니, "스승이란 사람에게
> 있는 것이 아니고, 글에도 있는 것이 아니다. 오직 자득할 뿐이다. 자득이라는
> 것은 요·순 이래로 고쳐진 일이 없다." 하셨다. 그런지 이미 10여 년이 지났
> 는데, 그때 묻던 자가 사례하여 말하기를, "선생께서 먼저 말씀하신 것이 옳습
> 니다. 몸이 마치도록 그대로 행하겠습니다." 하였다.9)

---

8) 『文藁』 卷12, 「辭辨」, "非獨文也. 凡飾於外者日增, 而積於中者日削, 枝葉茂而本
　 根弱, 甚可怪也. 使本根苟壯而扶疏其枝葉也. 亦何傷哉. 亦何傷哉."
9) 같은 곳, 「答問」, "曰 必言必言, 必用必用, 止矣. 問其次, 言遠矣, 或補於近, 用

목은의 위와 같은 말은 참된 문장을 써야 하며 이것이 세상에 도움이 되어야 한다는 효용론의 입장에서 언급한 것이다. 참된 문장이 되려면 반드시 참된 뜻을 지니고 있어야 하며, 그래야만 그것을 읽는 사람들에게 그 참된 뜻이 전달되며 전파가 가능하다는 것을 역설하고 있다.

그렇다면 이를 위해서 스승으로 삼을 것이 무엇인가 하는 질문을 던지게 되는데, 여기에 대해서는 '자득할 수밖에 없다'고 하였다. 이러한 참된 뜻을 얻는 것은 사람에게서 혹은 선인들의 글에서도 얻을 수 없다. 스스로 깨닫지 못한다면 아무리 좋은 스승이나 좋은 뜻을 담고 있는 글이라도 소용이 없게 되는 것이다.

그리고 다시 10년이 지난 후 '선생의 그 말이 맞았음을 시인하고 평생 그렇게 행하겠다.'고 하였다. 이렇게 본다면 위의 글은 질문자의 경험을 바탕으로 하고 있으며, 목은 자신이 10여 년 전부터 글을 짓는 방법에 대한 의문을 가지고 고민하였음을 알 수 있다. 앞서 선생이 글을 짓는 방법으로 제시한 내용은 참된 글을 짓는 가장 핵심적인 것이며, 목은이 가지고 있던 문장관을 가장 잘 보여주는 내용이라 하겠다.

이러한 목은의 문장은 조선시대에 들어 후기에 이르기까지 존숭의 대상이었으며, 典範으로 평가되었다. 최간이의 평에서부터 조선 후기 송백옥의『동문집성』에 이르기까지 꾸준하게 목은의 문장에 대한 찬사가 끊이지 않았다. 특히 조선 초 서거정이 중심이 되어 동국의 시와 문장을 집대성한『東文選』에서는 목은의 산문을 주목하고 있다. 목은의 문집인『목은고』는 다시『목은시고』와『목은문고』로 나눠지는데, 이 중에서『목은문고』는 총 232편의 산문이 수록되어 있다. 그런데『동문선』에서는『목은문고』의 전편을 선발하고 있다는 점은 주목할 만하다. 그 외에도 문집에는 없고『高麗史』에만 수록되어 있는「陳時務書」까지 수록하고 있다. 한 개인의 산문을 모두 선발

迂矣, 或類於正. 又問其次, 言不必言, 用不必用, 不亦債乎. 又問宜何師, 曰 師不在人也, 不在書也, 自得而已矣. 自得也者, 堯舜以來 未之或改也. 旣十餘年矣, 問者謝曰 先生前言是矣. 請終身行之. 童子在傍問其由, 錄之曰答問."

하는 것은 특별한 일이라고 할 수 있다. 그만큼 목은의 산문에 대한 비중이 컸다는 것을 나타내준다.

물론 조선 후기에 가면 '注疏語錄體'가 있어 순정한 고문이 아니라는 평가를 받기도 하지만 목은은 항상 고문에 대해 인식하고 고문으로 창작하기 위해 노력하여, 화려한 형식과 어사의 조탁보다는 진정한 뜻을 담는 내실성을 강조하고 있음을 파악할 수 있다. 이러한 목은의 노력은 조선시대 전반에 걸쳐 인정을 받게 되었으며, 산문의 전범으로 평가된 중요한 요인이 되었다.

2) 宗經意識과 尙古主意

일반적으로 산문은 작품의 내용과 형식상의 특징에 따라 크게 두 가지로 구분할 수 있다. 하나는 실용산문이고 다른 하나는 창작산문이다. 실용산문은 내용의 사실성이 중심이 되기 때문에 허구적인 요소가 전혀 없다. 반면에 창작산문은 작자의 자의에 의해 창작된 것이기 때문에 허구적인 요소가 포함되어 있다.10)

산문은 사실의 기록을 주된 목적으로 집필하기 때문에 현재 남아 있는 산문의 대부분은 허구가 용납되지 않는 실용산문이다. 하지만 허구적인 구성을 가지는 산문도 꾸준히 창작되어 왔으며, 그 대표적인 것이 바로 가전체이다. 이 가전체의 형태는 이미 신라시대에서 그 연원을 찾을 수 있고, 중국 당나라 韓愈가 지은 「毛穎傳」의 영향으로 논의되고 있다. 이와 같은 가전체가 가장 빈번하게 창작되었던 시기가 바로 고려 중·후기이다. 이규보, 임춘을 비롯하여 釋息影菴과 稼亭에 이르기까지 활발하게 전승되었다. 이들 중에서 석식영암과 가정은 목은과 동시대에 활약한 사람들이다. 식영

---

10) 倪其心, 「怎樣分析古代散文」, 『詩文鑑賞方法二十講』, 中華書局, 1986, 144쪽.

암은 익재, 졸옹, 급암 등과 같이 당시의 대표적인 문사들과 交遊한 승려였
으며, 가정은 말할 것도 없이 목은의 부친이다.

하지만 목은에게는 이와 같이 허구를 포함하고 있는 창작산문이 전혀 나
타나지 않는다. 뿐만 아니라 산천을 유람하며 느낀 감회나 자연의 모습을
묘사하는 遊記도 없다. 즉 개인적인 감상이나 유희적인 측면의 창작을 하지
않았다는 것이다. 이것은 다른 말로 하면 목은의 산문은 '실용적 목적성'이
있음을 말해준다. 그 목적은 바로 지식인으로서 가지는 책임감이다. 목은은
자신의 글을 통해 사람들에게 권면을 강조하고, 후대에 대한 경계를 보이고
자 하였다.

역대의 고문가들이 주장하는 첫 번째의 고문론은 法古創新이다. 이는 옛
것을 모범으로 새로운 것을 창작해 내고자 하는 것이다. 그렇다면 여기서
모범으로 삼고자 하는 옛것은 무엇을 의미하는가가 중요하다. 그것은 바로
옛 성현들의 언행을 말하는 것이고, 이러한 성현들의 언행을 담고 있는 것
이 바로 유교의 경전들이다. 따라서 사서오경은 고문을 추구하는 사람들의
가장 중요한 모범서이며 궁극적인 목적이라 할 수 있다. 하지만 경전의 글
이라도 자신만의 독특한 입론이 없다면 그것은 擬古에 머물 뿐이다. 즉, 경
전을 모범으로 하기는 하지만 그 글을 본받는 것이 아니라 그 뜻을 본받아
야 한다는 것이다.11)

목은의 산문을 살펴보면 당대의 儒宗으로 일컬어졌던 것에 비추어볼 때
당연한 것이기는 하지만, 立論의 근거로 대부분 四書 五經을 들고 있다.
목은은 성리학을 원으로부터 고려로 수용한 安珦, 白頤正, 權溥 등에게 수
학한 益齋의 문생이며, 당시 대표적 학자였던 稼亭의 아들이다. 따라서 목
은의 성리학 학습에 대한 환경은 최고였다고 하겠다. 더구나 원의 관원이었
던 아버지 가정의 배려로 원의 국자감에 정식으로 들어가 중국의 문사들과
함께 공부할 수 있었던 외적 환경은 그의 학문과 사상에 무엇보다 큰 영향

---

11) 韓愈, 「答劉正夫書」, "或問, 爲文宜何師. 必謹對曰 宜師古聖賢人. 曰 古聖賢人所
　　爲書俱存, 辭皆不同, 宜何師. 必謹對曰 師其意, 不師其辭."

을 미쳤다. 이러한 학문적 배경을 봤을 때, 모든 사고의 기준으로 유교의
경전을 삼는 것은 당연한 결과이다.

> 내가 말하기를, 나는 불가의 학문을 배우지 못했으니 우선 유가의 말을 들어
> 서 말하리라. 鄒나라의 맹자가 말씀하시기를, "샘물이 근원에서 줄줄 흘러나와
> 밤낮으로 쉬지 않아서 웅덩이에 가득차고 다시 앞으로 흘러 사해로 나가게 되
> 니, 언제나 근본이 있는 자는 이와 같은 것이다." 하였다. 이것은 대개 공자가
> '물이여! 물이여!' 한 것에서 나온 말이다. 우리 유교에서 格物致知, 誠意正心
> 으로 修身齊家 治國平天下를 이룩한다면, 불교에서 澄念과 止觀으로서 本源
> 인 自性이 天眞임을 깨달아 生死의 苦海에서 사람들을 濟度하여 寂滅로 돌아
> 가게 하는 것과 무엇이 다르겠는가!12)

여기에서 목은은 『맹자』의 내용을 들어 승려의 號를 설명하고 있다. 보제
존자 懶翁이 그의 首座에게 澄泉이라는 號를 주고 입적을 하였는데, 그 수
좌를 위해 記를 지은 것이다. 먼저 목은은 불가의 학문을 배우지 못하였기
때문에 유가의 말로 설명한다고 하였다. 하지만 불교에 대한 지식과 깊은
이해는 그 뒤에서 곧바로 파악할 수 있다. 그는 유가와 불가의 논리가 기본
적으로는 서로 한가지임을 비교하여 설명하고 있다. 格物致知와 誠意正心
을 통하여 작게는 자신의 몸을 깨끗이 하고 더 나아가서 궁극적으로는 천하
를 태평하게 하는 것이 유가에서 말하는 목표이다. 불가의 목표는 맑은 마
음과 고요한 생각으로 자신에게 있는 天眞을 깨달아 생사의 苦海에 빠져
있는 사람들을 구제하여 涅槃의 경지에 이르게 하는 것이다. 결국 이 두 가
지는 동일한 방법을 통하여 얻어지는 동일한 목표라고 볼 수 있다. 즉, 목
은은 불교에서 말하는 '澄念'과 '止觀'을 유교의 격물치지와 성의정심으로 대

---

12) 『文藁』卷3,「澄泉軒記」, "予曰, 吾未之釋學也, 姑引儒言之. 鄒國曰, 源泉混混,
    不舍晝夜, 盈科而後進, 放乎四海. 有本者如是, 蓋因夫子水哉水哉而發也. 吾儒以
    格致誠正而致齊平, 則釋氏之澄念止觀, 以見本源, 自性天眞佛, 度人於生死波浪而
    歸之寂滅, 豈有異哉."

체하여 해석한 것이다.

이러한 예는 다음의 〈寂菴記〉에서 더욱 명확하게 나타나고 있다.

내가 말하기를, "우리 유학자들이 伏羲氏 이래로 지켜서 서로 전해온 것도 역시 寂이라고 말할 수 있습니다. 부족한 나도 감히 그 전통을 떨어뜨릴 수는 없습니다. 태극은 寂의 근본이니, 한 번 움직이고 한 번 고요함에 따라 만물이 순일하게 변화합니다. 사람의 마음은 적이 버금이 된다 할 것입니다. 한 번 느끼고 한 번 감응하여 모든 善함이 널리 행해지게 되는 것입니다.

이런 까닭에 『대학』의 綱領도 고요히 안정함에 있는 것이니, 고요함을 말함이 아니겠습니까. 또 『중용』의 요체도 스스로 경계하고 두려워함에 있으니, 이것이 寂을 말함이 아니겠습니까. 경계하고 두려워함은 공경함이고, 고요히 안정함도 역시 공경함입니다. 경이란 단지 主一無適일 따름입니다. 主一은 지키는 바가 있음을 말하고 無適은 옮겨감이 없다는 것을 말하는데, 지키는 바가 있고 옮겨감이 없는 것을 寂이 아니라고 말할 수 없을 것입니다. 그리하여 이 寂에 기초하여 다스리게 되면 治平의 밝은 효과가 나타나게 되고, 도덕을 닦아 나가다 보면 位育의 큰 효험이 드러나게 되는 것입니다."13)

이것은 華嚴의 大選인 景元에게 그의 스승인 나옹화상이 '寂'이라는 호를 지어 준 것인데, 이에 대한 해설이다. 여기에서 목은은 불교의 가장 기본적인 개념을 유교의 개념으로 설명하려고 시도하고 있다.

불교의 궁극적인 목적은 바로 涅槃이다. 이것은 달리 말하면 寂滅이며 인간을 둘러싸고 있는 모든 煩惱의 얽매임에서 벗어나 진리를 깨달아 불생불멸의 법을 체득한 경지이다. 목은은 이와 같은 불교의 '寂'은 太極의 根本과 같다고 하였다. 太極은 動靜하여 陰陽으로 나뉘고, 그 陽이 변하고 陰

---

13) 『文藁』 卷6, 「寂菴記」, "予曰, 吾儒者自庖羲氏以來所守而相傳者, 亦曰寂而已矣. 至于吾不肖, 蓋不敢墜失也. 大極寂之本也. 一動一靜而萬物化醇焉, 人心寂之次也. 一感一應而萬善流行焉. 是以, 大學綱領, 在於靜定, 非寂之謂乎. 中庸樞紐, 在於戒懼, 非寂之謂乎. 戒懼, 敬也. 靜定, 亦敬也. 敬者, 主一無適而已矣. 主一, 有所守也, 無適, 無所移也, 有所守而無所移, 不曰寂不可也. 治平, 政事之明效, 位育, 道德之大驗."

이 합하여 五行을 낳아 그 기운이 펴져 四時가 運行하게 된다. 그리고 이
오행은 각기 기운을 가지고 있어 이들의 精氣가 묘하게 합하고 엉기게 되어
男女를 이루며, 이 두 기운이 교감하여 만물을 낳고 낳아 변화가 무궁하게
되는 것이다.14) 목은은 이러한 핵심적인 기본 개념인 太極으로 寂을 설명
하고 있다. "태극은 적의 근본이므로 그것이 한 번 움직이고 한 번 고요함
에 따라 만물이 순일하게 변하게 된다."는 설명은 바로 태극과 음양오행의
운행을 압축하여 놓은 것이다. 그 다음에 "인심은 寂의 버금이 되는 것이니
그것이 한 번 느끼고 한 번 반응함에 따라서 萬善이 널리 행해지게 된다."
는 말도 앞에서와 같이 周惇頤의 〈太極圖說〉을 차용하여 변용시킨 것이라
하겠다.

  목은은 다시 『대학』의 靜定과 『중용』의 戒懼의 개념도 '寂'의 개념과 일
치한다고 설명하고 있다. 이처럼 寂이라는 것을 중심으로 유교와 불교의 개
념이 같은 것임을 역설하고 있는데, 이것은 유교의 여러 개념들을 실제에
적용하고 응용시키기 위한 목은의 의도라고 할 수 있다.

  만일 경서들을 근거로 하여 문장의 표현 양식을 확립하고 경서에 제시된 언
어들을 참고하여 자신의 언어를 풍부하게 한다면, 이는 산속에서 무진장으로
묻혀 있는 구리를 캐내는 일이나 바닷물을 끓여서 소금을 얻어내는 일에 비유
할 수 있다. 그러므로 문장을 지을 때 경서를 모범으로 한다면, 그런 문장의
체제는 다음과 같은 여섯 가지 장점을 갖추게 된다. 첫째, 감정이 깊고 두터워
그릇됨에 빠지지 않게 되고, 둘째, 풍격이 맑고 새로워서 혼잡스럽지 않게 되
고, 셋째, 사례의 인용이 진실하여 거짓에 빠지지 않게 되고, 넷째, 의미가 정
확하여 왜곡이 없게 되고, 다섯째, 문장의 체제가 군더더기 없이 깔끔하여 장
황하지 않게 되고, 여섯째, 언어의 표현이 아름다우면서도 화려하거나 지나치

---

14) 周惇頤, 「太極圖說」, "無極而太極, 太極動而生陽, 動極而靜, 靜而生陰, 靜極復
動. 一動一靜, 互爲其根, 分陰分陽, 兩儀立焉. 陽變陰合而生水火木金土, 五氣順
布, 四時行焉, 五行, 一陰陽也, 陰陽, 一太極也, 太極, 本無極也. 五行之生也,
各一其性, 無極之眞, 二五之精, 妙合而凝, 乾道 成男, 坤道 成女, 二氣交感, 化
生萬物, 萬物生生而變化無窮焉."

지 않게 된다.15)

 劉勰이 말한 것처럼 경서를 바탕으로 글을 짓는 것이 眞實性과 簡潔性, 그리고 客觀性을 얻을 수 있는 방법이다. 이와 같은 몇 가지의 특징은 곧 韓愈 이래로 추구한 고문의 대표적인 作法이다. 明나라의 國子助敎 陳璉은 목은의 墓誌銘을 지으면서 "文辭를 지음에 典實하고 豊蔚하며 興致가 風雅에 근본을 두었고, 言論은 德行과 義理에 이르렀다. 和平한 音律과 正大한 氣像이 編帙 사이에 많이 나타났다."16)고 하였는데, 이러한 평가는 목은이 문장을 지으면서 경전을 근거로 인용하였음을 시사해주는 것이라고 하겠다.

 수사법에서 인용은 자기 글의 관점에 대한 논거를 제시하기 위해서, 또는 자기 글의 의사를 선명하게 하거나 생동감이 있도록, 이미 이루어진 故事成語, 俗語, 格言, 典故 등을 자신의 글에 삽입하여 효과를 높이는 방법이다. 이러한 수사법을 사용하게 되면, 언어의 사용이 풍부해지고 다채로워지며, 인용된 성어, 속어, 격언, 전고 등이 가지고 있는 관용적 의미와 어울려 문장의 설득력과 의사 전달력이 강해지게 된다.17)

 ① 나는 말하기를, 자네가 맹자에 대해서 진실로 맛을 알고 즐거워하니, 그 성인의 도를 구해보는 데에 거의 가깝도다. 그런 까닭에 내가 다른 글을 상고해보지 않고 맹자의 글을 가지고 그 말을 끝맺으려 한다. 어떤 사람이 "舜은 천자로 있고 皐陶는 관리가 되었을 적에 고수가 사람을 죽였다면 어떻게 이것을 처리하겠습니까?" 하고 물었다. 맹자는 대답하기를 "남몰래 아버지를 업고 도망가서 바닷가에 살면서 흔연히 기뻐하며 천하의 일을 잊었을 것이다."라고 말했다.18)

---

15) 劉勰, 『文心雕龍』, 「宗經」, "若稟經以製式, 酌雅以富言, 是卽山以鑄銅, 煮海而爲鹽也. 故文能宗經, 體有六義, 一則情深而不詭, 二則風淸而不雜, 三則事信而不誕, 四則義直而不回, 五則體約而不蕪, 六則文麗而不淫."
16) 李孟畇, 「碑陰記」, 『牧隱藁』 卷首, "爲文辭典實豊蔚, 興致本乎風雅, 言論迪乎德義. 和平之音, 正大之氣, 藹然見於編帙之間."
17) 楊鴻儒, 앞의 책, 259~270쪽.

　② 맹자가 말하기를 "하늘이 장차 그 사람에게 큰 책임을 맡기려면 반드시 그 몸을 굶주리게 하고 행동을 어지럽게 해서, 그의 능하지 못한 바를 더욱 능하게 해준다."고 했다.[19]

　위의 예들은 『孟子』의 「盡心章句上」과 「告子章句下」에서 인용한 것이다. 둔촌은 1368년(공민왕17) 辛旽을 攻駁하였는데 화가 그에게 미치게 되자 아버지를 모시고 鳥嶺을 넘어 永川의 동년 崔元道의 집에 피신하였다가 신돈이 실각하자 다시 서울로 돌아온 인물로, 『孟子』에 깊은 조예가 있었다고 한다.[20] 이와 같은 둔촌의 경력이 『맹자』에서 桃應이 질문한 舜과 그의 아버지 瞽瞍의 이야기와 비슷한 상황이기 때문에 위와 같이 인용한 것이다. 그리고 둔촌이 3년간 많은 고초를 겪었던 것에 대하여 ②에서처럼 하늘이 둔촌에게 큰 임무를 맡기기 위해 그렇게 한 것이라 위로하고 있다.

　그러나 목은은 경전의 내용을 인용하고 있기는 하지만 인용한 『맹자』의 구절이 원문과 일치하지는 않고 있다. 이러한 이유는 대체적인 뜻을 전달하는 데 목적을 두었기 때문이다.

　① 或問舜爲天子, 皐陶爲士, 瞽瞍殺人, 則如之何. 孟子曰, 竊負而逃, 遵海濱而處, 訢然樂以忘天下.

　①' 桃應問曰, 舜爲天子, 皐陶爲士, 瞽瞍殺人, 則如之何. 孟子曰, 執之而已矣. 然則舜不禁與. 曰夫舜惡得而禁之, 夫有所受之也. 然則舜, 如之何. 曰舜視棄天下, 猶棄敝蹝也, 竊負而逃, 遵海濱而處, 終身訢然樂而忘天下.[21]

　② 孟子曰, 天將降大任於是人也, 必將餓其體膚, 行拂亂其所爲, 增益其所不能.

---

18) 『文藁』卷1, 「遁村記」, "予曰, 子於鄒國之書, 誠味而樂之矣, 其求觀聖人之道, 殆庶幾乎. 予故不徵他書, 就孟子以畢其說. 或問舜爲天子, 皐陶爲士, 瞽瞍殺人, 則如之何. 孟子曰, 竊負而逃, 遵海濱而處, 訢然樂以忘天下."

19) 같은 곳, "孟子曰, 天將降大任於是人也, 必將餓其體膚, 行拂亂其所爲, 增益其所不能."

20) 『遁村雜詠』補編(韓國文集叢刊 3).

21) 『孟子』, 「盡心章句上」.

②' 天將降大任於是人也 必先苦其心志 勞其筋骨 餓其體膚 空乏其身 行拂亂
其所爲 所以動心忍性 曾益其所不能[22]

먼저 목은은 ①과 ①'에서 볼 수 있듯이 내용의 전개상 불필요한 부분은
생략을 하고 있다. 그는 둔촌이 그의 아버지를 모시고 신돈의 화를 피해 영
천으로 내려가 살았던 것을 드러내기 위해 맹자와 도응과의 문답을 인용하
였으나 중간부분의 대화내용은 실제로 큰 의미가 없었기 때문에 생략하고
앞과 뒤의 내용을 인용하여 뜻을 서술하고 있다. 이러한 사정은 ②와 ②'에
서도 마찬가지이다. 『맹자』의 원문에는 心志, 筋骨, 體膚, 身, 行을 어렵게
하여 능하지 못한 부분을 채워준다고 하였는데, 목은의 인용에서는 體膚와
行만을 인용하고 있다. 이것만으로도 나타내고자 하는 내용이 충분히 표현
될 수 있었던 것은 바로 경전을 인용하게 되면 그것이 가지고 있는 관용적
의미의 포괄성과 대표성을 자연스럽게 얻을 수 있기 때문이다.

특히 목은은 많은 경서들 중에서 『주역』에 성취가 있었다고 하였는데, 그
의 산문을 살펴보면 주역에 대한 언급이 자주 등장하고 있어 이러한 사실을
뒷받침해주고 있다. 하지만 산문 창작의 기본적 태도로는 『春秋』를 염두에
두고 있었음을 알 수 있다.

어떤 사람이 묻기를 "선생은 『周易』을 주장으로 삼고 『詩經』, 『書經』, 『禮記』
를 인용하여 뜻을 진술하면서 유독 『春秋』에 대해서는 언급하지 않는 것은 무슨
까닭입니까?" 한다. 나는 대답하기를 "내 뜻은 『춘추』에 있지만 읽는 사람이 자
세히 살피지 않기 때문이다. 비와 이슬, 바람과 서리는 天時의 春秋요, 華袞과 斧
鉞은 王家의 春秋이다. 춘추는 천시를 받들고 왕법을 밝히는 것으로 한결같이 바
른 데서 나올 뿐이다. 그러니 내 말이 춘추가 아니고 무엇이겠는가." 했다.[23]

---

22) 같은 곳, 「告子章句下」.
23) 『文藁』卷4, 「朴子虛貞齋記」, "或問, 先生以易主, 而引書詩禮以暢之, 獨不及春
秋, 何也. 予曰 吾志在春秋, 讀者不之察耳. 雨露風霜天時之春秋也, 華袞斧鉞王
法之春秋也. 春秋奉天時明王法, 一出於正而已, 非春秋而何."

이 글은 박자허가 자신의 거처를 貞齋라고 이름한 것에 대한 목은의 기문이다. 목은은 '貞'이란 것은 틀림없이 『주역』에서 취한 뜻이라고 보고 그의미를 부연하여 설명하였다. 그리고 마지막에 사람들이 자신의 산문에 대해 『주역』을 주장으로 하면서 『춘추』를 언급하지 않는다고 잘못 인식하고 있는 것에 대해 해명을 하고 있다. 여기에서 목은은 항상 뜻을 『춘추』에 두고 있지만 사람들이 자세히 살피지 않아서 이런 오해가 생기게 되었다고 하였다. 『주역』이나 『시경』, 『서경』, 『예기』 등의 경우처럼 어구를 인용하고 이를 바탕으로 뜻을 펼치지는 않았지만 항상 글을 쓸 때는 『춘추』의 정신을 담아내려고 하였다는 것을 밝히고 있다. 이처럼 글의 마지막에 특별히 그의 뜻이 『춘추』에 있음을 부연하여 설명한 것은 그만큼 목은 산문에서 사실성을 실현하고자 했던 것이기 때문으로 생각된다.

『춘추』의 뜻이라고 하면 '直筆'로 요약될 수 있으며, 이는 다시 '事實性'과 '客觀性'으로 바꾸어 말할 수 있다. 이는 목은이 문장을 창작하면서 객관적인 사실에 입각하여 서술하였음을 말하고 있는 것이다.

> 侍史가 말하기를 "이 서문은 반드시 목은이 써야 내 마음에 들 것이다." 한다. 나는 글짓기를 좋아하지 않고, 또 글을 짓는다 해도 拙하다는 것은 侍史가 아는 일이다. 하지만 반드시 내 글을 얻고자 하는 것은 내가 아첨하지 않는 것을 알기 때문이다.[24]

위의 인용문에서 侍史 韓弘道가 언급한 '아첨하지 않는다'는 말이 바로 객관적인 직필을 의미한다고 볼 수 있다. 이렇게 볼 때, 목은의 문장이 객관적이라는 것을 이미 당시의 사람들은 대부분 인정하고 있었으며, 목은에게 글을 부탁하는 가장 큰 이유가 바로 객관적으로 서술하기 때문이었다고 하겠다. 이러한 목은의 창작 태도는 오랫동안 역사를 서술하는 일에 관여하

---

24) 『文藁』 卷7, 「送楊廣道按廉韓侍史序 弘道」, "侍史曰 序必牧隱可吾意. 予之不喜爲文, 爲又拙, 侍史所知也. 然必欲吾文者, 知我不諛也."

였기 때문에 더욱 공고해졌던 것으로 보인다.

> 廉左使 仲昌父가 公의 命이라 하면서 나에게 글을 구하고 또 말하기를 '歷史를 쓰는 사람이 마땅히 써야 한다.'고 한다. 그런 때문에 사양하지 않고 記를 쓴다.[25]

목은은 27세 때인 1354년(甲午, 공민왕3) 3월 원의 殿試에 급제하여 '應奉翰林文學承事郞同知製誥兼國史院編修官'에 제수되고, 이해 11월 고려에서 '通直郞典理正郞藝文應敎知製敎兼春秋館編修官'에 제수된 것을 시작으로 62세 되는 1389년(己巳, 공양왕 원년) 12월 長湍으로 귀양을 가기 전까지 약 34년 동안의 관직생활 중에서 춘추관을 떠나 있었던 기간이 거의 없었다. 목은 자신도 "나는 太史이다. 착한 일을 들으면 반드시 쓰기 때문에 이것을 써서 기로 삼는다."[26]라고 한 것처럼 史官을 자처하기도 하였다. 이처럼 목은은 기록할 만한 것이 있으면 반드시 기록하여 전함으로써 후세 사람들이 이를 역사의 典範으로 삼거나 警戒로 삼도록 하는 것을 목표로 하고 있었음을 알 수 있다.

하지만 목은의 산문에서는 당시의 사회적 문제를 들어 비판하거나 인물에 대한 비평을 한 일은 거의 없다. 이것은 항상 溫柔함을 유지하여 평생 낯빛을 바꾼 일이 없고, 남과 언쟁을 하지 않았다는 목은의 성품에서 기인한 것으로 볼 수 있다.

요컨대 목은이 문장을 지을 때, 그는 경전의 내용을 들어 입론의 근거로 삼고 자기주장의 증거로 사용하였다. 더구나 불교의 교리를 설명할 때에도 유교의 개념으로 대체하려고 하였는데, 이는 性理의 이론을 실제 생활에 적용하여 보편화시키려는 의도로 해석할 수 있다. 또한 각각의 인용들은 자신의 논리에 맞도록 생략이나 점화의 수법을 거치고 있는데, 이는 단순히 경

---

25) 『文藁』卷6, 「報法寺記」, "廉左使仲昌父以公命徵予文, 且曰史氏所當書也. 是以不辭而爲之記."
26) 같은 곳, 「淸州牧濟用財記」, "予太史也. 聞善必書, 故書爲記."

전의 내용에 의지하여 서술하는 것이 아니라 경전의 내용을 인용함으로써
얻어지는 간결성과 명확성을 바탕으로 자신의 논의를 더욱 선명하고 견고하
게 나타내주기 위한 것이라 하겠다.

　이와 같은 宗經意識은 고문론이 본격적으로 논의되고 실제로 창작되었던
17·8세기에 더욱 중요시되고 있다.

> 　세상에서 文藝를 말하는 자는 '문장은 반드시 옛 것을 본받아야 한다.'라고
> 말한다. 말하는바 옛 것이 무엇이냐고 물으면 左傳, 國語, 班固, 司馬遷의 책
> 이라고 한다. 그것을 비난하는 자는 '古와 今에 두 개의 道가 없으니 문장은 마
> 땅히 根本에 힘써야 한다.'고 말한다. 그럼 이른바 근본이 무엇이냐 물으면 仁
> 義·道德의 실체라고 한다. 내가 보건대 仁義는 헛되이 서는 것을 용납지 않고
> 古文에는 六經만한 것이 없다. 학자가 능히 詩書孔孟之說을 좇아 공부하여 얻
> 는 것이 있다면 古라 하고 本이라 하는 것이 어찌 여기에서 벗어나겠는가.[27]

　위와 같이 조선시대 대표적인 문장가인 澤堂은 고문가들이 모범으로 삼
아야 할 것이 바로 六經임을 강조하고 있다. 물론 左傳, 國語, 史記 등 前
漢時代의 서적들 또한 본받아 배울 만한 것이지만 그것보다는 인의와 도덕
의 근본이 되는 詩書孔孟의 저술이 기본이 되며, 古와 本이 모두 이 안에
있다고 말하고 있다. 이러한 宗經意識은 18세기 李瀷, 李用休, 丁若鏞 등
의 복고적 학풍으로 이어졌다.[28]

---

27) 李植, 『澤堂集』, 「頤菴集後敍」, "世之談藝者, 必曰 文章當古法, 問其所謂古者,
　　則左國班馬之書也. 有難之者曰 古今無二道, 文章當務本. 問其所謂本者, 則仁義
　　道德之實也. 以余觀之 仁義不容虛立, 古文莫尙六經. 學者果能從事詩書孔孟之說,
　　而有得焉, 則其謂之古, 謂之本者, 夫豈外於此哉."
28) 禹應順, 「17세기 古文論의 배경과 역사적 성격」, 『語文論集』 民族語文學會,
　　1991, 174~178쪽.

2. 修辭的인 特徵

목은은 문장을 지으면서 형식적인 교묘함과 어구의 조탁보다는 내실을 강조하였다. 물론 형식과 내실이 서로 적절하게 어울려 빛을 발한다면 가장 좋겠지만 만약 그렇게 할 수 없다면, 형식보다는 내실을 택하는 편이 좋다고 하였다. 이것은 형식적인 면을 완전히 부정하는 것이 아니다. 일반적으로 古文이라고 하면 형식과 어사의 조탁에 초점을 맞추어 창작되던 騈儷文에 대한 반성에서부터 시작된 문학형태이기 때문에 형식적인 면을 부정한다고 인식되고 있다. 실제로 그렇기 때문에 고문이 無形式의 글이라고 하기도 한다. 하지만 한 편의 글을 쓰기 위해서는 전체적인 構想이 필요하고, 나타내고자 하는 내용과 자신의 의견을 어떻게 효과적으로 표현할 것인가에 대한 고민이 반드시 있어야 한다. 따라서 변려문과 같이 일정하게 정형화된 형식은 아니더라도 구성방법과 표현상에 있어서 즐겨 사용하는 법식이 있을 수밖에 없다. 목은도 이러한 형식적인 면에 대하여 어느 정도 인정하고 있었으며, 실제로 그의 산문을 살펴보면 助字의 운용이라든지 구법의 특성을 찾아볼 수 있다.

본 절에서는 이와 같이 목은이 의식적이든 무의식적이든 즐겨 사용하였던 문자와 어휘, 그리고 구성방법과 표현들을 알아보고, 이러한 글자의 운용과 수사적 표현이 문장 속에서 어떻게 구상되고 적용되었으며, 어떤 효과를 만들어내는가를 밝혀보고자 한다.

1) 虛辭의 使用과 語氣調節

개개의 문자들이 모여서 구를 이루고, 구들이 모여서 장을 이루며, 장이 모여서 편을 이루게 된다. 그렇기 때문에 한 편의 산문을 읽기 위해서는 먼저 의미의 최소단위를 이루고 있는 개개의 문자들이 가지는 역할에 주목할 필요가 있다. 문장 중에 사용된 문자는 허자와 실자로 나눠지는데, 실자의 기능은 구체적이고 사실적인 정보를 제공하며, 허자의 경우에는 어조와 분위기 등을 느낄 수 있게 한다.

> 문장을 구성하는 방법이란 實字와 虛字의 兩端을 넘어서지 않는데, 실자는 그 몸체와 뼈대이고 허자는 그 본성과 情感이다. 대체로 문장이란 그것으로 말을 대신하는 것이어서 神理를 닮는 점을 취하므로 語氣가 올라가거나 내려올 때에 高低 輕重이 정취를 달리하는데, 허자가 한번 어그러지면 燕과 越의 거리처럼 판이해진다.29)

여기에서도 실자와 허자의 기능에 대하여 언급하고 있는데, 실자는 몸체와 뼈대를, 허자는 情感을 표현한다고 하였다. 정감은 語氣의 高低, 輕重, 緩急에 따라 달라지는데, 이것은 허자의 운용이 관건이라고 할 것이다.

> 虛字는 바로 語氣詞로서 句의 머리에 놓일 때도 있고, 구의 가운데에 놓일 때도 있으며, 구의 말미에 놓일 때도 있다. 글 속에서 虛字의 작용은 맥락을 시원하게 통해주고 文氣가 살아나게 하며, 神態가 나오게 한다.30)

이처럼 허자의 운용은 문장의 맥락을 이어주고 기세를 살아나게 하며, 뛰어난 驚句를 만들어내기도 한다. 따라서 내용을 전달해주는 실사와 함께 허사 또한 문장에 있어서 중요한 역할을 담당하고 있다.

목은의 산문을 살펴보면 허자의 사용이 눈에 띄는 작품이 많다. 특히 입

---

29) 劉淇, 「助字辨略序」, 『助字辨略』, "構文之道, 不過實字虛字兩端, 實字其體骨, 而虛字其性情也. 蓋文以代言, 取肖神理, 抗墜之際, 軒輊異情, 虛字一乖, 判於燕越."

30) 朱榮智, 『文氣論研究』, 臺灣:學生書局, 1988, 276쪽, "虛字就是語氣詞, 有時在句首, 有時在句中, 有時在句尾. 籍著虛字的作用, 可以使脈絡通暢, 文氣靈活, 神態畢出."

의가 중심을 이루는 의론체 산문의 경우 철학적 이치를 설명하고 그 근원을 밝혀내는 글에서 많이 발견된다. 이는 독자들에게 명확하게 이해시키기 위하여 좀더 강하고 단호한 어감을 줄 필요가 있기 때문이다.

予曰, 隱不可見之謂也, 其理也微, 然其著於事物之間者其迹也粲然, 隱也顯也非相反也, 蓋體用一源也明矣. 請畢顯之說. 天高地下, 萬物散殊, 日月星辰之布列, 山河嶽瀆之流峙, 不曰顯乎. 然知其所以然者鮮矣. 尊君卑臣, 百度修擧, 詩書禮樂之焜興, 典章文物之賁飾, 不曰顯乎. 然知其所由來者亦鮮矣. 求之人心, 鑑空衡平, 物之來也無少私, 雲行水流, 物之過也無少滯, 其體也寂然不動, 其用也感而遂通, 光明粲爛, 純粹篤實. 謂之隱, 則徹首徹尾, 謂之顯, 則無聲無臭.

내가 다음과 같이 말하였다. 隱이라는 것은 볼 수 없는 것을 말한다. 그 이치는 은미하나 사물에 나타나는 것은 그 자취가 찬연하니, 隱과 顯이 서로 반대되는 것이 아니고, 體와 用은 한 근원인 것이 분명하다.

顯에 대한 설명을 다해보겠다. 하늘은 높고 땅은 낮은 가운데 만물이 제각기 다르게 흩어져 있으며, 日月과 星辰이 펼쳐져 나열되어 있고 산악이 솟아 있고 물줄기가 흘러가니, 이는 '드러난 것'이라고 해야 하지 않겠는가. 그러나 그러한 까닭을 아는 이가 적다. 또 임금을 높이고 신하는 낮추어 온갖 법도가 닦여 갖추어지고, 詩書와 禮樂이 성대하게 일어나며, 典章과 文物이 아름답게 꾸며져 있으니, 이 또한 '드러난 것'이라고 해야 하지 않겠는가. 그러나 이것이 어디에서 온 것인지를 아는 이 또한 적다.

사람의 마음에서 찾아보면, 거울처럼 비어 있고 저울처럼 공평하여, 사물이 앞에 오면 조금도 私가 없으며, 구름이 떠가고 물이 흐르듯 하여 사물이 지나가더라도 조금도 막히는 것이 없다. 體는 고요하여 움직이지 않고, 用은 느끼게 되면 마침내 통하여 光明이 찬란하고, 순수함이 독실할 것이다. 隱이라고 하자니 用은 머리부터 꼬리까지 모두 나타나 있고, 顯이라고 하자니 體는 소리도 없고 냄새도 없다.[31]

---

31) 『文藁』 卷10, 「之顯說」.

이 글에서 눈에 띄는 허자의 사용은 '也'이다. 여기에서 '也'의 쓰임은 두 가지이다. 문장의 마지막에 놓여서 종결을 나타내기도 하고, 문장의 중간에 놓여서 단지 어기를 조절하는 기능을 담당하기도 한다. 종결사로 쓰이는 것은 가장 일반적인 용법이며, 어기사로 쓰이는 것도 어렵지 않게 찾아볼 수 있다. 목은은 '隱也顯也非相反也'에서와 같이 '也'를 반복적으로 사용함으로써 리듬감과 명확성을 획득하고 있다. 어기사는 그 역할은 간결하지만 작가의 감정을 적절하게 표현함으로써 독자에게 그 느낌을 그대로 전해줄 수 있다는 장점이 있다. 또한 일반적으로 '也'자는 종결사로 많이 쓰이기 때문에 문장의 '其理也微', '其迹也粲然'에서와 같이 가운데에서 어기사로 사용해도 문장의 흐름을 잠시 멈추어주는 느낌을 받게 되므로, 주어의 뒤에 쓰이면서 설명하고자 하는 중심어를 선명하게 강조하는 역할을 하고 있다.

또한 강한 어조의 주장이나 종결에서는 어기사 '矣'를 사용하여 변화를 주고 있다. 나아가 영탄의 의미를 갖는 '~乎'와 호응하면서 '然~矣'의 투식으로 쓰임으로써 반의적 의미와 함께 영탄의 어기를 포함하고 있다.

> 學道者, 由敬以誠正, 出治者, 由敬以治平. 夫婦之相敬, 史又書之, 田野間亦不可無敬也. 況於朝廷乎, 況於鄕黨乎, 況於屋漏乎.[32]

> 道를 배우는 자도 敬을 통해서 誠意와 正心으로 나가고, 政治를 행하는 자도 敬을 통해서 治國과 平天下를 이룰 수가 있는 법이다. 夫婦간에 서로 공경했던 일을 역사에서 또 기록하고 있으니, 田野 사이에서도 敬이 없어서는 안 되는 것을 알 수 있다. 하물며 朝廷에서랴! 하물며 鄕黨에서랴! 하물며 屋漏에서랴!

여기에서는 '況於~乎'의 어투를 반복적으로 사용한 것을 볼 수 있다. 이것도 영탄과 반어의 의미를 함께 가지고 있어 강조의 어기를 표현한다. 또

---

32) 같은 곳, 「韓氏四子名字說」.

한 똑같은 구식을 세 번이나 반복하고 있어 그 효과는 더욱 증가한다. 의미는 조정에서 향당으로 향당에서 옥루로 점차 작아지지만 같은 어구를 반복함으로써 훨씬 더 강한 박진감과 치밀함을 느끼게 하고 있다.

서사체 산문의 경우에도 허사의 사용은 이와 특별히 다르지 않다.

> 又況敬之氏胸中洒落, 無一點塵滓, 又其所居, 山明水綠, 謂之明鏡錦屏, ■無忝也哉. 雪也在孤舟, 蓑笠爲益佳. 月也在高樓, 樽酒爲益佳. 風在釣絲, 則其清也益清, 花在書榻, 則其幽也益幽. 四時之勝, 各極其極, 以經緯乎江山之間. 敬之氏侍側餘隙, 舟乎江屩乎山, 數落花立清風. 踏雪尋僧, 對月招客, 四時之樂, 亦極其極矣.33)

그런데 하물며 敬之는 가슴속이 맑아 한 점의 티끌이나 찌꺼기도 없고, 또 그가 사는 곳은 산이 푸르고 물이 맑아 밝은 거울이나 비단 병풍과 같다고 일컬어지는 곳이니 더 말해 무엇 하리. 눈은 외로운 배 위의 도롱이와 삿갓에 덮인 것이 더욱 아름답고, 달은 높은 다락과 술잔에 비춘 것이 더욱 아름답네. 바람은 낚싯줄에 부니 맑은 것이 더욱 맑고, 꽃이 책장 위에 있으니 그윽한 것이 더욱 그윽하네. 四時의 경치가 각각 더욱 지극한데 江山 사이에서 조화를 이루네. 경지는 어버이를 모시는 여가에 강물에 배 띄우고 산에는 나막신으로 올라, 맑은 바람 앞에 서서 떨어진 꽃잎을 헤아리네. 눈을 밟아서 중을 찾고 달을 대하여 客을 청하니 사시로 즐거움이 역시 지극하도다.

이것은 목은의 가장 친한 친구인 金九容에게 준 기문이다. 김구용이 외가인 여흥에 내려가 있으면서 자신의 거처를 六友堂이라 하고 목은에게 기문을 부탁한 것이다. 원래는 邵康節의 뜻을 본받아 눈, 달, 바람, 꽃을 취하여 四友堂이라고 하였으나 여흥에 내려와 살면서 강과 산의 경치가 좋아서 여기에 이 두 가지를 더하여 육우당이라 한 것이다.

다양한 대우를 구사하면서 허자인 '也'를 적절하게 응용하여 밝고 경쾌하면서도 긴밀한 느낌을 만들어내고 있다. 물론 여기에는 대우로 인한 리듬감

---

33) 『文藁』卷3, 「六友堂記」.

도 큰 역할을 담당한다. 먼저 '~也哉'에서처럼 두 개의 어기사를 겹쳐서 사용하기도 하였는데, '也'가 가지는 밝고 경쾌한 느낌을 '哉'가 나타내는 영탄의 어조가 더욱 고조시키고 있다. 「六友堂記」는 산의 웅장함이나 강의 유장함보다는 강과 산의 그윽한 아름다움을 묘사하고 있기 때문에 밝고 시원한 감각을 만들어내기 위해서는 허사의 역할이 중요하다고 하겠다.

> 但未知瓮墉歟, 圭竇歟, 繩樞歟, 蓽門歟, 如陶復歟, 如區脫歟, 上雨歟, 傍風歟, 所可必者, 談笑有鴻儒, 往來無白丁耳. 日彰偃息其中, 其必有所慕焉, 非傅岩之野乎.34)

다만 깨진 독 주둥이로 창을 내었던가, 문 옆에 홀 모양의 좁은 문을 내었던가, 노끈으로 문지도리를 대용하였던가, 가시덤불로 사립을 했던가, 움집같이 되었던가, 토실 같던가, 위로 비가 새던가, 옆으로 바람이 들어오던가는 알지 못하나, 하나 단정할 수 있는 것은 담소하는 자리에 당대의 석학들이 있을 것이요, 왕래하는 손님에는 이름 없는 白徒가 없을 것이라는 것이다. 일창이 그 가운데 편히 살면서 반드시 사모하는 바 있을 것이니, 그렇다면 傅巖 땅의 傅說이 아니겠는가?

이것은 목은의 문생인 송문귀가 자신의 거처를 축은이라 한 것에 답하여 쓴 기문이다. 여기에서는 '歟'자를 押韻처럼 반복적으로 사용함으로써 리듬감과 일체감을 만들어내고 있다. 산문의 미감은 눈으로 내용을 읽는 것만이 아니라 誦讀을 통해 음절의 휴지와 음성의 조화가 동시에 구현되어야 극대화될 수 있다. 따라서 산문은 운문과 달리 압운을 하지 않지만, 간접적으로는 문자와 어구의 운용을 통해 운문적 규칙성을 만들어내고 있다. 그중에서 가장 보편적인 것이 동일한 허사의 반복적인 사용을 통해 음성의 조화를 만들며, 동일한 어구의 반복적 사용으로 리듬감과 일체감을 이끌어내는 것이다. 이와 같은 미감은 문장의 기세를 결정짓는 중요한 역할을 하게 된다.

위의 글에서도 허자인 '歟'를 마지막에 포함하고 실자 2자를 앞에 가지는

---

34) 『文藁』 卷5, 「築隱齋記」.

단구로써 연속적으로 배치시켜 운문적 미감을 얻고 있다. 또한 3자의 단구 만 반복되면 지루하고 단조로워질 수 있기 때문에 중간에 '如~歟'와 같이 변화를 주고 있다. 이와 같은 변화는 문장의 균제미를 더욱 제고시켜 주기 때문에 전체적인 기운을 강건하게 하는 효과를 만들어주고 있다.

이처럼 목은은 그의 산문에서 허자를 적절히 사용하여 운문적 리듬감을 살리고 있으며, 동일한 허사와 어구를 반복적으로 사용하여 산문의 어기도 조절하고 있다. 허사의 사용은 산문을 창작하면서 내용에 맞는 어기를 살리 기 위한 의식적인 배치가 대부분이며, 그만큼 작가의 의도가 내재되어 있기 때문에 산문의 특징으로 살펴보아야 할 문제라고 하겠다.

2) 語句와 句法上의 特徵

목은 문장의 또 하나의 특징은 어구의 구성에 있다. 일반적으로 고문은 변려문의 형식에 대한 반성에서 출발하고 있다. 하지만 변려문은 사대표전 을 중심으로 거의 모든 시대에 꾸준히 애용되어 왔으며, 특히 외교문제가 정치의 가장 핵심으로 부각되었던 고려 중기 이후에는 더욱 변려문의 요구 가 증대되었다. 이러한 전통은 목은의 산문에 그대로 나타나고 있다. 즉, 하나의 어구를 4자에서 6자의 범위에서 구성한다는 것이다. 다시 말하면 단 구 위주의 문장을 구성한다고 할 수 있다. 이것은 문장의 기세를 결정짓는 데에도 큰 영향을 미치고 있다.

> 句는 글자 수의 많고 적음으로 短句와 長句로 나눠지는데, 단구는 글자 수 가 적고 장구는 글자 수가 많다. 단구는 기세가 굳세고 힘이 있기 쉽고 장구는 대 부분 기세가 완만하다. 단구는 글자가 적으므로 항상 어조를 촉급하게 하지만 구가 짧으면서도 전환이 있으면 그 촉급함이 흠이 되지 않고, 장구는 글자가 많으므로 장 황하게 만들기 쉽지만 구가 길면서도 힘이 있으면 장황한 것으로 빠지지 않는다.[35]

이처럼 문장을 短句로 하는가 長句로 하는가에 따라서도 산문에서 느낄 수 있는 정감이 달라질 수 있다. 목은은 대체로 단구를 많이 사용하고 있다.

予曰 大哉問乎 中焉而已矣 善事父母 其名曰孝 移之於君 其名曰忠 名雖殊而理則一 理之一 卽所謂中也 何也 夫人之生也 具健順五常之德 所謂性也 曷嘗有忠與孝哉 寂然不動 鑑空衡平 性之體也 其名曰中 感而遂通 雲行水流 性之用也 其名曰和 中之體立 則天地位 和之用行 則萬物育 聖人參贊之妙 德性尊 人倫敍 天敍天秩 粲然明白 曰忠曰孝曰中曰和 夫豈異致哉 舜以天下養親 其孝大矣 是舜之中也 瞽瞍殺人 則負之走 是舜之中也 周公抱成王 以定周室 其忠至矣 是周公之中也 管蔡流言 居東三年 是周公之中也 和而不能中 柳下惠而已矣 中而不能權 子莫而已矣 是則事君事親 行己應物 中和而已 欲致中和 自戒愼始 戒懼之何 存天理也 愼獨焉何 遏人欲也 存天理 遏人欲 皆至其極 聖學斯畢矣

내가 말하기를, "그 물음은 과연 크다. 中일 뿐이다." 하였다. 부모를 잘 섬기는 것은 孝요, 임금에게 옮기면 忠이니, 이름은 비록 다르나 이치는 한가지다. 이치가 하나인 것은 곧 이른바 중이다. 왜냐하면 대개 사람이 날 때에 健·順·五常의 덕을 갖추었으니 이른바 性이다. 어찌 예부터 충과 효라는 것이 따로 있었겠는가. 고요하여 움직이지 않아서 거울처럼 비었고 저울처럼 공평한 것은 性의 體이니 그 이름은 중이고, 그것이 感通하여 구름이 떠가듯 물 흐르듯 하는 것은 性의 用이니, 그 이름은 和이다. 중의 체가 서면 천지가 위치에 놓이고, 화의 용이 행하면 만물이 발육하며, 성인이 천지의 化育에 참여하여 돕는 미묘한 작용으로, 덕성이 높아지고 인륜이 펴져서 天秩이 찬연히 밝아지는 것이니, 충·효·중·화가 어찌 이치가 다르겠는가. 舜이 천하로써 부모를 봉양하였으니 그 효도가 크다. 이것은 순의 中이요, 瞽瞍가 사람을 죽인다면 업고 달아날 것이니 이것은 순의 중이다. 周公이 나이 어린 成王을 업고 주나라 왕실을 안정시켰으니 그 충성이 지극하다. 이것은 주공의 중이요, 管叔과 蔡叔이 유언비어를 퍼뜨리자 3년 동안 동방에 피해 있었으니 이것은 주공

---

35) 朱榮智, 앞의 책, 272쪽, "句以字數的多少, 分短句和長句, 短句字數少, 長句字數多. 短句易氣勢挺拔, 長句多氣勢舒緩. 短句字少, 常便語促, 不過 句短而有轉折, 則不嫌其促, 長句字多, 易生冗濫, 不過 句長而有勁氣, 則不失之冗."

의 중이다. 화하기만 하고 중이 못 되면 柳下惠가 될 뿐이요, 중만 잡고 권도를 쓰지 못하면 子莫이 될 뿐이다. 이것은 임금을 섬기는 것과 어버이를 섬기는 것, 몸을 행하는 것과 사물에 응하는 것이 중과 화일 뿐이니, 중과 화의 극치에 이르고자 하면 경계하고 두려워하는 것으로부터 시작하여야 한다. 왜 경계하고 두려워하는 것인가, 天理를 보존하자는 것이요. 慎獨은 왜 하는 것인가, 人欲을 막자는 것이다. 천리를 보존하고 인욕을 막는 것이 모두 지극한 데 이르면, 성인의 학문은 이것으로 끝나는 것이다.[36]

위의 글을 보면 단구가 압도적으로 많다. "문구의 변화는 비록 일정하지 않다고는 하나, 구를 이루는 글자의 수에 따른 작용의 차이점에 대해서는 설명이 가능하다. 4言句는 짧은 구절이지만 그 음절이 결코 촉급하지 않으며, 6言句는 비교적 긴 구절이기는 하지만 그 음절이 결코 늘어지지 않는다. 때로 3言句나 5言句로 변화되는 경우가 있는데, 이는 정황의 변화에 따라 임기응변으로 처리될 수 있다."[37]라고 한 유협의 언급에 따르면 短句와 長句의 구분은 4언과 6언을 기준임을 알 수 있다.

이렇게 정의하고 위의 산문을 보면, 4언 이하의 단구가 6언 이상의 장구보다 훨씬 더 많은 것을 알 수 있다. 그리고 6언 이상의 장구에서도 허자를 제외하고 실자만을 본다면 그 비율은 더욱 높아지게 된다. 그러나 목은은 이처럼 단구를 많이 사용하고는 있지만 어구와 어구 사이의 긴밀성과 대비를 통한 연속성, 그리고 내용상의 전환 등을 통해 한 구 한 구가 독립된 느낌을 주는 촉급함을 극복할 수 있었다.

이글은 처음 효와 충의 개념을 대비하고 있으며, 이것이 다시 '一理'로 긴밀하게 연결되고 있다. 또한 이 '一理'는 다시 '中'이라고 전환되었으며, 이 후에는 중의 의미를 설명하고 있다. 하지만 중의 의미를 설명한 반면 그 논의의 중심은 다시 李文和의 이름 字인 '和'로 옮겨짐을 볼 수 있다.

---

36) 『文藁』 卷10, 「伯中說 贈李狀元別」.
37) 劉勰, 『文心雕龍』, 「章句」, "若夫筆句無常, 而字有條數, 四字密而不促, 六字格而非緩. 或變之以三五, 蓋應機之權節也."

이처럼 역동적인 논리의 전환을 겪으면서 문장의 기운은 당당한 기세를 유지하는 동시에 단구로 구성된 문장이 빠져들 수 있는 촉급함을 극복하고 있다.

然又有可書者四焉. 公以今歲孟夏視事, 卽欲修葺館宇之頹圯者, 忽暴風作, 大木斯拔, 良村山積, 此其一也. 部分群吏, 身自督役, 不煩一民, 衆工效力, 旣修公館, 而及亭榭, 此其二也. 初度風詠, 輦糞壤, 審面勢旣仞旣闢, 宛然舊址, 蓋其指畫, 深契昔人, 而制作之妙則又過之, 此其三也. 莅政以還, 恩威竝著, 事輯民和, 聲績異等, 功役之微, 亦有次序, 此其四也. 至於繚垣爲圃, 引水爲池, 以種以樹, 顧瞻敞豁, 衆峯拱衛, 斯亭之羽翼也, 略之可也. 後之風於斯, 詠於斯, 以得夫吾與點也之大意者, 其何以報吾金公哉. 倂以告之. 金公名南得, 庚辰進士, 出入中外, 有重名, 予愛敬之, 故不辭而爲之記. 己酉十二月日.38)

그러나 또 기록할 만한 것이 네 가지 있다. 공이 금년 초여름에 일을 보게 되면서 바로 공관의 무너지고 헐어진 것을 수리하고자 하니, 홀연 폭풍이 일어나 큰 나무가 뽑혀서 좋은 재목이 산같이 쌓였으니, 이것이 그 첫째요, 여러 아전들을 부(部)로 나누고 자신이 역사를 감독하여 한 백성도 괴롭히지 아니하며, 여러 공인들이 힘을 다하여 이미 공간을 수리하고 정자에까지 미쳤으니 이것이 그 둘째요, 풍영정을 처음 경영할 적에 더러운 흙을 걷어내고 방향을 살펴서 재고 다듬으니 옛날 터가 완연하였다. 대개 그 지휘하고 계획함이 옛사람과 똑같았으나 그 제작하는 묘함은 더 넘쳤으니 이것이 그 셋째요, 정사에 임해서는 은혜와 위엄이 함께 나타나서 일이 이루어지고, 백성이 화합하며 명예와 공적이 뛰어나고 조그마한 공역이라도 또 한 차례가 있었으니 이것이 그 넷째이다. 담을 둘러서 동산을 만들고 물을 끌어다가 못을 만들어 심고 가꾸니 둘러보면 널찍하고 시원하여, 또 여러 산봉우리가 擁衛한 것에 이르러서는 이 정자의 羽翼이니 간략하게 기록하여도 가하다. 후일 여기에서 바람을 쏘이고 시를 읊조리면서 "나는 曾點에게 허락한다."고 한 大意를 깨닫는 이는 그 무엇으로 우리 김공에게 보답할 것인가. 아울러서 고한다. 김공의 이름은 南得이며 경진년에 進士하고 안팎에 출입하여 명망이 있어, 내가 사랑하고 존경하기 때문에 사양하지 아니하고 記한다. 12월 10일.

---

38) 『文藁』 卷1, 「風詠亭記」.

이 작품도 단구를 중심으로 서술한 것이다. 처음에 나열된 4언구는 '作'과 '積', '役', '力' 등의 압운을 하고 있어 더욱 정제미를 획득하고 있다. 또한 4언구를 나열한 뒤에 長句를 포치하여 변화를 줌으로써 단조로움에서 벗어날 수 있게 하였다. 나아가 '此其~也'라는 투식이 중심이 된 4언구가 반복됨으로써 규칙성과 연속성이 있는 가운데 문장의 호흡을 맺어주는 역할을 하고 있다.

青龍惠禪師之來京也, 公以書索予記曰, 身之幻 四大是已, 心之幻 緣影是已, 世界之幻 空華是已. 然旣曰幻矣, 是可見也, 是可修也. 見其可見, 修其可修, 非如指月指矣. 是吾平日所立之地也, 夫豈入於斷滅哉. 又有所謂三觀者, 單複以成淸淨, 定輪而起幻, 銷塵之術, 貫乎其中, 則幻之益於末學也非淺淺矣. 此吾所以表之居室, 而使聞吾風入吾室者, 皆得以自省也. 不然 闃寂蕭洒閑居之境, 何必立名立言, 以架屋下屋哉.[39]

青龍惠禪師가 서울에 오자 공이 글을 보내어 나에게 환암기를 써주기를 바라면서 말하기를, "몸의 환은 四大가 그것이요, 마음의 환은 緣影이 그것이요, 세계의 환은 空華뿐입니다. 그러나 이미 환이라 하되 그것을 볼 수 있었고 닦을 수 있었습니다. 볼만한 것을 보았고 닦을 만한 것을 닦았으니 달을 가리키는 손가락과 같지 않습니다. 이것이 내 평생에 처하던 곳이니 어찌 斷滅에 들어가겠습니까. 또한 이른바 三觀이란 것은 한 번 두 번 거듭하여 淸淨을 이루고, 윤회를 정하여 환을 일으키는 것입니다. 진세의 생각을 없애는 방법이 그 가운데 꿰어 있으니 환 그 자체가 末學에게 유익한 것이 그리 얕지 아니한 것이니 이것이 바로 내가 거처하는 방 앞에 幻菴이라고 표시하여 제 풍도를 듣고 제 방에 들어오는 자로 하여금 스스로 깨달음이 있게 하고자 하는 이유입니다. 그렇지 아니하여 고요하고 쓸쓸한 가운데 한가히 있는 경계를 하필이면 이름을 세우고 말을 세워서 쓸데없는 짓을 하겠습니까." 하였다.

이 기문은 다른 것에 비하여 단구가 특별히 많지는 않고 장구와 단구가 적절히 어우러진 경우라고 하겠다. 오히려 장구의 비율이 더 많다. 그러나

---

39) 『文藁』 卷4, 「幻菴記」.

여기에서는 대우의 사용이 특별하다. 먼저 '~之幻 ~是已'의 반복은 문장의 호흡을 연속시켜 주는 역할을 함으로써 단구 구성이 지니는 단점을 보완하고 있다. 더욱이 '見其可見 修其可修 非如指月指矣'에서 보이는 것처럼 하나의 4언구에서도 첫 글자와 마지막 글자를 동일한 글자로 사용하여 대칭시킴으로써 정제미를 이끌어내고 있다. 이와 같은 어구는 의식적으로 문장의 어기를 만들어내려는 鍊字의 결과로 볼 수 있다.

이처럼 어구의 장단은 정감을 달리 표현할 수 있을 뿐만 아니라 동일한 어구의 반복으로 균제미를 만들어내는 역할을 한다.

> 句는 조직의 정감과 형태에 의존하는데, 단행의 구성도 있고, 배우의 구성도 있다. 단행 구성은 변화가 많으며, 대우는 정제미가 많다. 일반적으로 말해서 단행구성의 문은 기세가 왕성하며 대우의 구성은 정감의 韻律美가 깊다.[40]

이처럼 대우의 구성은 정제미를 얻을 수 있어 문장의 정감과 운율미를 살리게 된다. 對偶는 騈儷文이나 律詩에서 자주 쓰이는 수사법이다. 율시의 頷聯과 頸聯에는 반드시 대우를 놓아야 하며, 산문에서는 讚이나 頌 등의 운문성이 강한 글에서 자주 찾아볼 수 있고, 특히 변려문에서 가장 빈번하게 사용되고 있다.

> 자연이 부여한 형체는 사람의 팔과 다리처럼 반드시 쌍을 이룬다. 그러한 조화의 내용은 사물들이란 고립적인 것이 아니라는 사실을 드러내준다. 문학작품을 창작함에 있어서도 구상하고 모색하는 가운데 여러 방면에 대해 많은 고민을 하게 되는데, 이때 높고 낮음과 위와 아래가 서로 배합되어 자연스럽게 대우를 구성한다.[41]

유협이 밝힌 위의 말은 대우의 특징을 쉽고 명료하게 설명하고 있다. 글

---

40) 朱榮智, 앞의 책, 273쪽, "句依組織的情形, 有單行, 有排偶. 單行多變化, 對偶重整齊, 一般地說, 單行的文字, 氣勢旺盛, 對偶的文字, 情韻深美."

41) 劉勰, 『文心雕龍』, 「麗辭」, "造化賦形, 支體必雙, 神理爲用, 事不孤立. 夫心生文辭, 運裁百慮, 高下相須, 自然成對."

을 쓸 때, 다양한 생각을 하고 이것을 정리하여 문자로 표현하게 되는데, 이때 어구의 길고 짧음, 억양의 높고 낮음은 자연스럽게 대우를 이루게 된다는 것이다. 따라서 대우의 수사법은 리듬감과 정제미가 풍부하기 때문에 기억할 수 있고, 쉽게 읽을 수 있는 특징이 있다.

변려문으로 대표되는 것은 바로 事大表牋이다. 고려 후기의 혼란한 외교 관계에서 목은의 외교문서는 커다란 공헌을 하였다. 이는 그만큼 목은의 변려문에 대한 능력이 뛰어났음을 의미하는 것이며, 변려문에서 가장 중요하게 사용되는 것이 바로 대우이니만큼, 목은에게 있어 對偶는 매우 친숙한 표현방법이었다고 하겠다.

① 옛사람으로서 朝廷에 숨었던 사람은 『詩經』에서 말한 伶官이나 漢나라 때 滑稽일 뿐이요, 저자에 숨었던 사람은 燕나라의 屠狗나 蜀 땅의 점을 쳐서 먹고 살던 사람일 뿐이다. 晉나라 때에 술에 숨었던 사람은 竹林七賢이요, 宋나라 말년에 물고기를 잡는데 숨었던 사람은 苕溪이다. 이 밖에도 숨은 사람이라고 스스로 일컬은 사람으로는 唐나라 때 李氏, 羅氏이다. 三韓에 와서는 사람들이 儒雅해서 옛날로부터 선비가 많다고 일컬어 왔다. 높은 풍도와 뛰어난 재주가 어느 대에도 끊어지지 않아서 은자라고 자칭하는 자가 적었다. 그것은 나아가서 벼슬하는 것이 그 뜻이기 때문에 은자라고 일컫기가 부끄러워 그러했던 것인가? 아니면 숨어 사는 것이 그 떳떳한 일이기 때문에 스스로 드러내지 않음인가? 어찌 이다지도 은자가 없었던가? 근세에 와서 鷄林 崔拙翁이 스스로 農隱이라고 호를 했고, 星山 李侍中이 樵隱이라고 스스로 호를 했으며, 潭陽 田政堂이 野隱이라고 스스로 호를 했으며, 나는 牧에 숨었다고 했더니 이제 또 시중의 일가 조카인 子安氏 李崇仁이 호를 지었으니 그는 대개 陶에 숨은 자이다.[42]

---

42) 『文藁』 卷4, 「陶隱齋記」, "古之人隱於朝者, 詩之伶官, 漢之滑稽是已. 隱於市者, 燕之屠狗, 蜀之賣卜者是已. 晉之時, 隱於酒者, 竹林也. 宋之季, 隱於漁者, 苕溪也. 其他以隱自署其名者, 唐之李氏羅氏是已. 三韓儒雅, 古稱多士, 高風絶響, 代不乏人, 鮮有以隱自號者, 出而仕其志也, 是以羞稱之耶. 隱而居其常也, 是以不自表耶. 何其無聞之若是耶. 近世雞林崔拙翁自號曰農隱, 星山李侍中自號曰樵隱, 潭陽田政堂自號曰野隱, 予則隱於牧, 今又得侍中族子子安氏焉, 蓋陶乎隱者也."

② 산으로 말하면 우리 어진 사람이 즐겨하는 것이다. 그래서 산을 보고 나도 어질어진다. 또 물은 우리 지혜로운 사람이 즐겨하는 것이다. 그래서 강을 보면 나의 지혜가 생긴다. 눈이 겨울을 덮어 따뜻하게 하니 이것은 나의 기운의 中央을 보존해주는 것이요, 달이 밤에 나와 밝으니 이것은 내 몸의 편안한 것을 보존해주는 것이다. 바람은 八方에서 각각 때맞춰 불어오니 내가 망령되지 않게 하는 것이요, 꽃은 四時에 각각 종류대로 모이게 되니 이것은 내가 次序를 잃지 않게 하는 것이다.43)

위의 두 인용문은 많은 대우의 예 중에서 가장 대표적인 것이다. 목은이 사용한 대우는 구법과 글자 수에 이르기까지 상당히 정연한 느낌을 준다. 그는 대부분의 구와 구, 문장과 문장을 대우로 맞추고 있는데, ①의 '唐之李氏羅氏是已'에서와 같이 글자 수가 맞지 않아 완전한 대우를 이루지 못하더라도 구법을 일치시켜 동일성을 갖추도록 하였다. ②의 경우는 구법이나 어사에서 조금도 어긋남이 없이 완벽한 正對이다. 이것은 글을 짓는 데 있어서 목은의 역량을 잘 보여주는 것이라고 하겠다.

무릇 문장을 짓는 데에는 붓을 잡으면 곧 내려씀이 바람이 가고 물이 흐르는 것 같아서 조금도 막힘이 없었고, 말의 뜻이 아주 정밀하여 격률이 높고 예스러웠으며, 넓고 거침없어 강물이 바다로 흘러 들어가는 것과 같았다.44)

앞서 대우에 대한 유협의 언급에서 알 수 있듯이 글을 짓기 위해 많은 생각을 하게 되고, 그러는 가운데 자기도 모르는 사이에 자연스럽게 대우를 이룬다고 하였는데, 목은의 대우는 이처럼 자연스럽고 격조가 있다고 할 수 있다.

---

43) 『文藁』 卷3, 「六友亭記」, "山吾仁者所樂也. 見山則存吾仁. 水吾智者所樂也. 見江則存吾智. 雪之壓冬溫, 保吾氣之中也. 月之生夜明, 保吾體之寧也. 風有八方, 各以時至, 則吾之無妄作也. 花有四時, 各以類聚, 則吾之無失序也."
44) 權近, 「牧隱先生李文靖公行狀」, "凡爲文章, 操筆卽書, 如風行水流, 略無凝滯, 而辭義精到, 格律高古, 浩浩滔滔, 如江河注海."

또한 목은의 산문에는 대우이기는 하지만 반복에 가까운 표현들도 찾아볼 수 있다.

　　(나는) 학문이 소활해서 거칠고 쌓이지 못했으니 내가 비록 뉘우치지만 소용이 있는가? 일에 소활하여 벼슬에 있으면서도 태만했으니 내가 비록 뉘우치지만 소용이 있는가? 친구 사귀는 것이 소활하여 옛 친구들에게 버림을 받고 잠시 만난 사람들에게도 시기와 의심을 받으니 내가 비록 뉘우치지만 소용이 있는가? 임금과 신하 사이에 기밀한 일을 지키지 못해서 해를 이루어 위험한 지경에 빠질 뻔한 적이 한두 번이 아니었으니 윗사람을 섬기는 데 소활하니 내가 비록 뉘우치지만 소용이 있는가?[45]

이것은 崔彦父를 위해 쓴 「疏齋記」이다. 여기에서 보면 정확하게 대우를 맞추어 글을 이끌어나가고는 있지만 일정하게 '吾雖悔, 可追歟'를 반복하고 있다. 이러한 예는 「茂珍金氏三子名字說」, 「韓氏四子名字說」에서도 확인할 수 있다. 이처럼 대우와 함께 일정한 어구를 반복시키는 방법은 목은 산문의 특징적인 면이라고 할 수 있다. 대우를 맞추어 표현하게 되면 類字들의 반복으로 인하여 특유의 리듬감과 정제미를 얻을 수 있고, 對照의 효과까지 얻을 수 있다. 나아가 같은 어구의 반복은 押韻의 역할을 담당하게 함으로써 리듬감과 音響性을 한층 더 높여 문장의 活力과 均衡美를 살리고 있다.

이처럼 목은은 의식적으로 어구의 장단을 혼합하여 사용하였으며, 많은 산문에 장구보다는 단구를 주로 배치하였다. 그러나 단구이지만 글자의 반복이나 어투의 반복을 통해 연속성을 유지시키고, 의미의 전환으로 촉급한 느낌을 완화시키는 동시에 문장 내의 어기를 효율적으로 이끌어나가고 있음을 볼 수 있다. 또한 적절한 대우 구성은 목은 문장의 리듬감과 정제미를 만들어내는 중요한 역할을 하고 있다.

---

45) 『文藁』 卷5, 「疏齋記」, "學之疏, 鹵莽滅裂矣, 吾雖悔, 可追歟. 事之疏, 官曠職廢矣, 吾雖悔, 可追歟. 交友之疏, 舊故見遺, 邂逅見猜矣, 吾雖悔, 可追歟. 君臣機事不密, 害成將阽於危, 又非一再, 事上之疏, 吾雖悔, 可追歟."

3. 注疏語錄體的인 特徵

목은의 고문론과는 다소 대척적이라고 할 수 있지만, 목은의 문장의 큰 특징으로 논의되는 것이 註疏語錄體의 氣習이 있다는 후대인들의 평가이다. 이러한 기습은 조선의 문풍에도 많은 영향을 미쳤다고 한다.

> 목은의 문장에는 註疏語錄體의 氣習이 많아서 이로부터 우리나라 200여 년 동안 이어졌으니, 陽村 權近, 佔畢齋 金宗直, 簡易 崔笠, 象村 申欽, 月沙 李廷龜 등 諸家들이 모두 牧隱에게서 病弊를 얻었다.[46]

위 글은 한말의 대표적인 고문가로 일컬어지며, 우리나라의 고문을 평가하고 정리한 滄江 金澤榮의 언급이다. 주소어록체의 기습이 조선 전기 200여 년 동안이나 이어져 陽村, 佔畢齋, 簡易, 象村, 月沙 등의 글에서도 이러한 기미가 보인다고 하였다. 창강이 들었던 문장가들은 조선시대의 대표적인 문장가들이며, 특히 상촌과 월사는 고문가로도 지목되는 대표적 인물이기도 하다.

그렇다면 목은 문장에 주소어록체적 기습이 있다고 하였는데, 과연 어떠한 면 때문에 이와 같은 지목을 받게 되었는지를 살펴보기로 한다. 먼저 注疏語錄體라고 하면 注疏體와 語錄體로 나누어 살펴볼 필요가 있다. 물론 이들 두 가지의 문체는 그 근원이 다를 뿐만 아니라 그 쓰임도 전혀 다르다. 주소체는 經學에서 만들어진 문체이고 어록체는 佛教에 뿌리를 두고 있으며, 주소체는 문장 構成上의 문제인 반면 어록체는 語彙使用의 문제이다.

---

46) 金澤榮, 『韶濩堂集』 卷8, 「雜言」, "而文多註疏語錄之氣, 自是至吾韓二百餘年, 有權陽村 金佔畢 崔簡易 申象村 李月沙諸家 而皆受病於牧隱."

1) 注疏體의 性格

注疏體는 儒家의 經學에 뿌리를 두고 있기 때문에 經學의 발전과 맥을 같이하고 있다. 孔子가 정한 것을 '經'이라 하고, 후인들이 풀이한 것은 '傳' 혹은 '記'라고 하며, 제자들이 서로 전수한 것을 '說'이라고 한다. 오직 『詩』, 『書』, 『禮』, 『樂』, 『易』, 『春秋』의 六藝만이 공자가 手定한 것이므로 經이라고 부를 수 있다. 이것은 마치 釋家에서 佛陀의 말씀을 「經」이라고 하고 禪師들의 말한 바를 「律」, 「論」이라고 함과 같다.

공자 당대에는 6經이 존재하였다. 논어는 공자의 말씀을 기록한 것이지만 공자가 직접 지은 것이 아니기 때문에 漢代의 사람들이 『論語』를 인용할 때는 「傳」이라고 하였다. 또한 『孝經』이 없어졌기 때문에 5經博士를 두었다가, 그 뒤 『논어』와 『효경』을 더하여 7經이 되었다. 唐代에 들어서는 『周禮』, 『儀禮』, 『小戴禮記』와 『左氏傳』, 『公羊傳』, 『穀梁傳』으로 나누고, 여기에 『易』, 『書』, 『詩』를 합하여 9經이 되었으며, 宋代에는 여기에 다시 『論語』, 『孝經』, 『孟子』, 『爾雅』를 더하여 13經이 되었다.

경전의 내용에 주석을 가하는 것은 한대부터 본격적으로 시작되었다. 한나라가 건국되면서 국가경영의 기반으로 유교가 채택되었다. 관직을 정비하여 경전에 대한 전문가의 성질을 띤 '五經博士'가 생기고, 진시황의 분서갱유로 침체된 학술진흥에 힘을 기울였다. 그 결과 경전을 재정리하고 연구하는 일이 활발하게 이루어졌으며, 이러한 과정에서 경전의 내용을 풀이하고 의미를 궁구하는 注疏가 중요한 비중으로 다루어지기 시작하였다. 兩漢의 대표적인 주석가로는 董仲舒, 劉向, 何休, 鄭玄 등이 활약을 하였다. 이중에서 동중서는 前漢의 경학을, 정현은 後漢의 경학을 대표할 만한 사람이다. 이들은 魏의 王弼과 함께 隋唐에 이르기까지 위세를 떨쳤다. 당나라에 이르러서는 孔穎達의 『五經正義』가 대표적인 저술이다. 당 태종의 명에 의하여 國子祭酒로 있던 공영달이 중심이 되어 오경의 義疏를 찬정한 것인데 모두 170권으로 되어 있다.

중국의 경학이 일변한 시기는 宋나라 때부터이다. 그동안 있었던 주석들에 대한 새로운 검토와 함께 종합이 이루어졌고, 특히 宋 仁宗이 明經科를 부활시키면서 주소에 대한 중요성이 강조되었다. 더욱이 程・朱에 의하여 道學이 크게 일어나면서 漢・唐에서 벗어나 독자적으로 義理를 연구하여 경전에 대한 舊說들을 믿을 수 없다는 입장이 생기게 되었다. 그리하여 경전에 대한 舊說을 정리하고 새롭게 주석을 가하는 작업을 함으로써 경학의 새로운 장을 마련하였다. 또한 朱子의 『四書集注』가 나오면서 그동안의 5經 중심 학문에서 四書 중심으로 바뀌게 되었다. 이와 같은 경향은 元을 거쳐 明에까지 이어졌으나, 명초에 들어 학파가 갈라지고 주장이 너무 지나쳤기 때문에 혼란에 빠지고 空談을 일삼게 되기에 이른다. 따라서 淸에 들어 이러한 풍조를 혁신하여 사실을 상고하고 증명하는 학풍이 일어나게 되었다.[47]

이처럼 경학의 변천과 밀접한 관련을 맺고 발전한 注疏의 문체는 일찍부터 나타나게 되었다. 이와 같은 유가의 경전에 注와 疏를 가하면서 만들어진 문체가 바로 주소체이다. '注'는 일반적으로 '註'로도 많이 쓰이는데 經과 傳의 내용을 풀이하고 설명한 1차 주석을 말한다. '疏'는 경전의 내용을 주석한 것에 대해 다시 의미와 이치를 궁구하여 설명한 2차 주석으로, 漢・晉 때는 注가, 唐・宋 때는 疏가 성행하였다.

우리나라는 이미 삼국시대에 국학을 설치하여 교육하였으며, 국가의 통치는 유가의 이념에 맞추어 있었다. 고려시대까지는 五經을 중심으로 한 연구가 이루어졌으며, 二程과 朱子에 의해 새롭게 정립된 송대의 주자학이 『사서집주』를 중심으로 고려로 수입되면서 四書에 대한 중요성이 높아졌으며 주소체에 대한 관심도 점차 증가하였다. 주자학은 바로 漢代이래로 가해졌던 注와 疏에 대한 반성과 정리에서 출발한다. 주소는 단순히 경전 본문에 대한 설명에 그치는 것이 아니라 단어나 구절의 의미 해석, 句讀, 어법, 문

---

47) 皮錫瑞 著(李鴻鎭 譯), 『中國經學史』, 同和出版公社, 1984.

자교감, 修辭, 성어와 전고에 대한 설명, 古音과 古義의 고증, 사건에 대한 기술 史實의 고증, 산천과 지명에 대한 기술, 凡例에 대한 설명 등으로 내용이 매우 포괄적이다.

> 學之爲言效也. 人性皆善, 而各有先後, 後覺者必效先覺之所爲, 乃可以明善而復其初也. 習鳥數飛也. 學之不已, 如鳥數飛也. 說喜意也. 旣學而又時時習之, 則所學者熟而中心喜說, 其進自不能已矣. 程子曰 習重習也. 時復思繹, 浹洽於中, 則說也. 又曰 學者將以行之也, 時習之, 則所學者在我, 故說. 謝氏曰 時習者, 無時而不習, 坐如尸坐時習也, 立如齊, 立時習也.[48]

學이란 말은 본받는다는 뜻이다. 사람의 本性은 모두 善하나 이것을 앎에는 먼저 하고 뒤에 함이 있으니, 뒤에 깨닫는 자는 반드시 先覺者의 하는 바를 본받아야 善을 밝게 알아서 그 本初를 회복할 수 있는 것이다. 習은 새가 자주 나는 것이니, 배우기를 그치지 않음을 마치 새 새끼가 자주 나는 것과 같이 하는 것이다. 說은 기뻐하는 뜻이다. 이미 배우고 또 때때로 그것을 익힌다면 배운 것이 익숙해져서 中心에 喜說을 느껴 그 진전이 자연히 그만둘 수 없는 것이다. 程子가 말씀하였다. "習은 重習이나, 때로 다시 생각하고 演繹해서 가슴속에 무젖게 하면 기뻐지는 것이다." 또 말씀하였다. "배우는 것은 장차 그것을 행하려고 해서이니, 때로 익힌다면 배운 것이 내 몸에 있다. 그러므로 기뻐지는 것이다." 謝氏가 말하였다. "時習이란 때마다 익히지 않음이 없는 것이니, 앉음에 尸童과 같이 함은 앉아 있을 때의 익힘이요, 섬에 齊戒함과 같이 함은 서 있을 때의 익힘이다."

이것은 『논어』의 學而章의 "學而時習之不亦說乎"에 대한 주자의 주석이다. 위에서 보는 바와 같이 단어의 뜻을 풀이한 것뿐 아니라, 그 뜻이 왜 그렇게 되었는가 하는 이유를 자세하게 밝히고 있다. 먼저 '學'이라는 것은 '본받는 것'이라고 주석하였다. 그렇다면 '본받는 것'은 무엇이며, 그 의미가 무엇인가가 다시 제시되어야 한다. 여기에 대하여 사람의 본성은 본래 선한

---

48) 『論語』, 「學而第一」.

것이지만 이것을 알게 되는 것은 먼저 될 수도 있고 늦게 될 수도 있기 때문에 뒤에 깨달은 사람이 반드시 먼저 깨달은 사람을 보고 익힌다면 본래의 순수한 성을 회복할 수 있을 것이라고 제시하고 있다. 이처럼 하나의 문제를 제시하고 이것을 차근차근 실마리를 이어서 풀이하고, 연역적으로 논증하는 서술방식이 바로 주소체의 작법이다.

주소체의 또 하나의 특징은 제기된 의론을 설명하기 위하여 이전에 많은 사람들이 해석해 놓은 전거들을 모두 찾아 열거하는 것이다. 이와 같이 수집되어 열거된 전고와 해석은 의론의 증빙자료로 사용된다. 위에 제시한 「學而」의 주석에서 보이는 것처럼 朱子는 孔子의 大文에 주석을 가하면서 이전에 있었던 程子와 謝氏의 의견을 모두 모아 열거하는 방법으로 자신의 의견을 공고히 증명하고 있는데, 이것이 바로 주소체의 또 다른 개념으로 볼 수 있다.

이러한 주소체는 二程과 朱子로 대표되는 송대의 성리학자들이 즐겨 사용하던 문체이다. 성리학은 주로 사회적 인간관계와 개인의 수양이라는 두 측면에서 그 사상을 심화시켰다. 그런데 이와 같은 성리학의 형이상학적인 性情과 理氣 등과 같은 개념을 명확하게 설명하기는 그리 쉽지가 않다. 타당한 논거를 제시하고 이를 효과적으로 이해시킬 수 있어야 한다. 이런 난점을 극복하기 위해 나타난 것이 바로 註疏이다. 이것은 인간의 실제 생활에서 부딪치는 개인적인 것에서부터 출발하여, 다시 국가로, 국가에서 다시 천하로 논의를 확장하여 우주에까지 이르게 되는 것이다. 수사법으로 이야기 하자면 점층법, 점강법에 연쇄법의 혼합이라고 할 수 있다.

이와 같은 주소의 문체는 성리학의 영향으로 說理化, 思辨化 되어가던 문학에 흡수될 수밖에 없었다. 특히 문장에 있어서 성리의 도를 담아 서술할 경우, 필수적인 것이 되었다. 주소체는 가장 친근하고 이해하기 쉬우면서도 논리성을 바탕으로 하고 있기 때문에 의론을 이끌어나가는 데 있어 효과적인 문체라고 할 수 있다. 주소체가 형이상학적인 의론을 이끌어나가는 산문에 주로 등장하는 것도 이러한 이유 때문인 것이다.

(1) 集註方式의 敍述

목은은 익재와 가정의 가르침을 바탕으로 성리학의 연원인 원나라의 국자감
에 나가 수학하였으며, 중국의 수많은 재사들과 어깨를 나란히 하였다. 그는
고려로 돌아온 후에도 후생들을 진취시키기에 힘쓰고 사문을 일으키는 것을
자기의 책임으로 삼았기에 배우는 사람들이 태산북두처럼 우러러 보았다.[49]
이처럼 목은은 우리나라에 성리학을 발흥시킨 인물이다. 그는 경전을 읽
을 때 程·朱의 뜻에 맞추는 데 힘썼으며, 記誦과 詞章의 풍습을 버리고
身心性命의 이치를 궁구하도록 노력하였다. 목은은 유가에서 말하는 완성된
인격체인 君子를 추구하였으며, 평소 조용히 사색과 愼獨을 통해 이 경지에
도달하고자 하였다. 이와 같이 성리학적인 배경하에 있었던 목은은 문장을
지을 때마다 자연스럽게 성리의 도를 서술하였고, 이것은 종종 주소체로 표
현되기도 하였다.

　　詩曰, 焉得萱草, 言樹之背. 釋之者曰, 忘憂草也, 字書釋萱, 亦曰, 忘憂草
也. 諼之言, 忘, 忘其憂也, 萱之從宣, 宣其鬱也. 有鬱于心而宣之則通, 有憂
于心而忘之則樂, 樂則順乎親而親亦樂, 通則通于天地而天地以平. 天地之平,
父母之樂, 堯舜時雍之理, 所以不可及也. 求其理之所在, 則著於象, 求其象之
所在, 則見乎萱. 二物微矣, 一字末矣, 而天理人情之昭著, 政體國風之關係.
予嘗讀而玩之, 思與同志講之久矣.

　　『詩經』에 이르기를, "어디에서 萱草를 얻어서 집 뒷마당에 심어볼까." 하였
는데, 이것을 해석해서 말하기를, 이는 忘憂草라 하였고, 字書에도 萱을 망우
초라고 풀이하였다. 훤을 忘자로 말한 것은 그 근심을 잊는다는 말이요, 훤을
宣자로 따른 것은 그 답답함을 푼다는 뜻이니 마음속의 답답한 것을 풀면 通
暢해지고, 마음의 근심을 잊으면 즐거워지며, 즐거우면 부모에게 순종하여 그

---

49) 河崙, 「有明朝鮮國元宣授朝列大夫 征東行中書省左右司郎中 本國特進輔國崇祿大夫
　　韓山伯 諡文靖公 李公 神道碑 竝書」: "公稟資淸粹, 學問精敏, 蚤承家訓, 入齒辟
　　雍, 博聞篤行, 務盡性理之學. 及還本國, 勉進後生, 以興起斯文爲己任, 學者仰之如
　　山斗. 掌國辭命數十年, 恒見稱於朝廷爲詩文, 操筆卽書, 辭理精到, 妙絶一時."

부모도 역시 즐거워지고, 통하면 천지에도 통해져서 천지가 평화로워질 것이니, 천지가 평화로워지고 부모가 즐거워진다면, 堯舜이 時雍의 정치를 펼친 도리라고 할 것이니 아무나 미칠 수 없는 경지이다. 그 이치의 소재를 찾아보면 象에 나타나고 그 상에 있는 바를 구하면 萱을 통해 알 수 있다. 비록 하찮은 물건이고 중요하지 않은 글자로 보일지 몰라도, 그 속에 天理와 人情의 도리가 밝게 드러나 있으니, 정치하는 체제와 국가의 풍속과 관련을 지니고 있다고 할 것이다. 내 일찍이 이것을 읽고 음미하여 뜻을 같이하는 사람들과 함께 강론해보려고 생각한 지 오래되었다.[50]

이 글은 전형적인 주소체의 형식으로 이루어져 있다. 民望이라는 사람을 위해 萱庭의 뜻을 설명해준 記文인데, 먼저 『시경』의 구절을 인용하여 실마리를 제시한 후 의론을 이끌어나가고 있다. 목은은 여기에서 '萱'은 곧 忘憂草라고 주석을 하고, 萱과 諼은 같은 뜻임을 증명하였다. 그리고 萱字에 들어 있는 宣字도 답답함을 풀어준다는 의미가 있음을 말하고 있다. 마음이 답답함을 풀면 시원하게 통하게 되고, 마음의 근심을 잊어버리면 즐겁게 되고, 즐겁게 되면 어버이의 뜻도 잘 따르게 되어 어버이도 즐겁게 되며, 이렇게 되면 천지에도 통하게 되어 천지가 평온해지게 된다는 내용이 그것이다.

여기에서 '萱'字의 의미를 설명하기 위하여 '忘憂草'라고 한 『詩經』의 주석을 인용하였으며, 字書에서도 萱字를 忘憂草라는 의미로 주석하고 있음을 알 수 있다. 이처럼 萱의 의미를 논의하기에 앞서 이전에 이미 있었던 다양한 해석을 모아서 참고하며, 그중에서 자신의 논지를 입증할 수 있는 내용을 먼저 제시하고 있다. 이와 같이 제시된 주제에 대하여 이전의 모든 해석을 '集註'하고 있는데, 이들의 서술방식을 살펴보면, 'A＝B이다'라는 등식의 해석형태를 볼 수 있다. "習 鳥數飛也"와 동일한 형식을 지니고 있는 것이다. 이와 같은 형식의 글이 바로 주소체 산문의 전형이라고 하겠다.

또한 내용상의 전개는 萱字가 근심을 잊는다는 뜻이라는 것에서 시작하여, 내가 즐거워진다 → 어버이도 즐겁게 된다 → 천지가 평온해진다는 논리

---

50) 『牧隱文藁』 卷2, 「萱庭記」. 이하 『文藁』라 칭한다.

로 확장되어 나가고 있다. 그렇지만 실마리의 꼬리를 물고 새로운 실마리가 제시되고, 그 실마리의 꼬리를 물어 또다시 새로운 사실이 제시되는 형식은 계속 유지되면서 반복되고 있음을 볼 수 있다. 따라서 '근심을 잊는다'에서 시작한 명제는 몇 단계의 논리적 설명을 거쳐 '천지가 평온해진다.'에 이르게 되는 것이다. 그리고 다음 단락에서 이를 다시 종합하여 천지가 평온해지도록 하고, 부모님이 즐겁게 되도록 하는 것이 바로 요순이 펼친 시용의 치라고 결론짓고 있다.

이와 같이 목은의 산문에서는 주소체의 특징을 지니고 있는 것을 곳곳에서 찾아볼 수 있다. 그러나 양적으로 많은 부분을 차지하고 있는 것은 아니다.

> 普濟以雪牛命之, 有以也. 稿爲衍其義. 雪, 雪山也. 牛, 雪山之牛也. 其乳之用, 竺書言之詳. 非稿所知.
>
> 보제가 설우로 이름을 지은 것이 까닭이 있다. 이제 내가 그 뜻을 부연해보겠다. 설은 설산이다. 우는 설산에 있는 소이다. 그 젖의 쓰이는 것에 대해서는 불교의 글에 자세히 써 있다. 내가 알 바가 아니다.[51]

여기에서도 목은은 普濟가 그의 제자인 乳上人의 이름을 雪牛로 지은 것에 대하여 그 뜻을 설명하고 있는데, '雪'字와 '牛'字, 그리고 '乳'의 효용에 대하여 집주방식으로 서술하고 있다. 글자 하나하나의 뜻을 밝히고 있는 것이 마치 주석을 달고 있는 것과 같은 형식을 가지고 있음을 볼 수 있다.

> 大極 寂之本也. 一動一靜而萬物化醇焉. 人心寂之次也. 一感一應而萬善流行焉. 是以, 大學綱領, 在於靜定, 非寂之謂乎. 中庸樞紐, 在於戒懼, 非寂之謂乎. 戒懼, 敬也. 靜定, 亦敬也. 敬者, 主一無適而已矣. 主一, 有所守也, 無適, 無所移也, 有所守而無所移, 不曰寂不可也.
>
> 태극은 寂의 근본이다. 한 번 움직이고 한 번 고요함에 따라 만물이 순일하게 변한다. 사람의 마음은 寂의 다음이다. 한 번 느끼고 한 번 감응하여 모든 善함

---

51) 『文藁』 같은 곳, 「雪牛說」.

이 널리 행해지게 되는 것이다. 이런 까닭에 『대학』의 綱領도 고요히 안정함에 있는 것이니, 寂을 말함이 아니겠는가. 또 『중용』의 요체도 스스로 경계하고 두려워함에 있으니, 이것이 寂을 말함이 아니겠는가. 경계하고 두려워함은 공경함이고, 고요히 안정함도 역시 공경함이다. 경은 主一無適일 따름이다. 主一은 지키는 바가 있음을 말하고 無適은 옮겨감이 없다는 것을 말하는데, 지키는 바가 있고 옮겨감이 없는 것을 寂이 아니라고 말할 수 없을 것이다.[52]

（壬寅科壯元朴子虛, 號其所居曰貞齋, 蓋取諸易也. 一日謂予曰, 子嘗理易, 幸爲我衍其義.） 予曰 乾坤 易之門也, 乾坤廢 易不可見. 六十四卦, 貞之着也, 言之長也. 且就乾坤言之. 乾之貞 大也, 至於坤則加牝馬焉, 尊無二上也. 詩之二南風化, 繫於后妃之貞也, 是以 配乾坤之重卦焉, 禮之一人元良, 形於萬國之貞也, 是以 致乾坤之交泰焉. 乾坤二卦, 足以見貞之訓矣. 而況虞, 夏, 商, 周之書, 紀此貞也, 故其理敎如天地之貞觀焉, 顔, 曾, 思, 孟之學, 傳此貞也, 故其道學如日月之貞明焉, 貞之用, 其大矣哉.

（임인년 과거에 장원을 한 박자허가 자기 사는 집의 號를 貞齋라고 붙였는데, 아마도 그 뜻이 『周易』에서 가져온 것 같다. 어느 날 나에게 말하기를, "그대 일찍이 『주역』을 공부하였으니 나를 위해 그 뜻을 풀이하여 주면 다행이겠습니다." 하였다.） 내가 대답하기를, "乾坤은 易의 門이니, 건곤이 폐하면 역을 볼 수 없는 것이다. 64괘는 貞의 나타남이니 말을 하자면 길어질 것이다. 우선 乾坤에 대해서만 말하겠노라. 건괘의 貞은 큰 것이요, 곤괘에는 牝馬의 정이라 하였으니 높은 것에 둘이 없음을 말한다. 『詩經』의 「周南」, 「召南」 두 편의 風化가 后妃의 貞에 달려 있는 것이기 때문에 건곤의 重卦에 배합한 것이요, 『禮記』의 한 사람이 元良이란 것은 만국의 貞을 나타낸 정이기 때문에, 건곤의 交泰로 이루는 것이다. 건곤 두 괘에서 정의 내용을 충분히 볼 수 있다. 하물며 虞, 夏, 商, 周의 글은 이 貞을 기록한 것이기 때문에 그 理敎가 천리의 貞觀과 같고, 顔子, 曾子, 子思, 孟子의 학문은 이 貞을 전한 것이기 때문에, 그 도학이 해와 달의 貞明한 것과 같으니 貞의 쓰임이 참으로 큰 것임에랴"[53]

---

52) 『文藁』 卷6, 「寂菴記」.
53) 『文藁』 卷4, 「朴子虛貞齋記」.

위 인용문들도 하나의 글자나 단어의 뜻을 간단하게 주석을 가하듯이 서술하고 있다. 즉 'A＝B이다'와 같은 형식으로 설명하고 있는 것이다. 註疏는 경전에 쓰인 글자나 단어, 그리고 문장 등이 현재의 의미와 상이하게 쓰인 것에 대하여 원래의 뜻을 밝혀줌으로써 경전의 본문을 좀더 용이하고 정확하게 파악할 수 있도록 도와주기 위한 것이다. 그렇기 때문에 간단·명료하고 대응의 형식을 가질 수밖에 없는 것이며, 특히 형이상학적인 내용을 설명할 때 가장 유용한 형식이다.

목은은 이와 같은 주소의 형식을 산문의 구성에 적용하고 있는 것이다. 이처럼 목은은 주소체를 산문의 서술방식으로 새롭게 시도하였다는 데 무엇보다 큰 의미를 지닌다고 할 수 있다. 그러나 목은은 주소체를 단순히 산문 창작의 새로운 형식을 시도하는 데 머무르지 않고 성리의 내용과 이치를 설명하는 방편으로 사용하고 있음을 볼 수 있다. 이것은 자신의 논리를 무엇보다 명확하게 나타낼 수 있으며, 용이하게 상대방에게 전달할 수 있기 때문이다.

성리학의 근본개념인 '태극'을 들어 불교의 근본개념인 '寂'을 설명하고 있는 첫 번째 인용문과 '貞'의 의미를 『주역』에 근거하여 설명하고 있는 두 번째 인용문에서 이러한 편리성과 명확성은 확인된다. 불가에서 말하는 '寂'은 바로 유가에서 말하는 '太極'과 같은 개념이라는 것을 제시하고, 그 이유를 상세하게 설명하고 있다. 또한 『주역』의 '乾坤'과 '貞'의 개념을 짧게 먼저 서술하고 이어 그 의미를 자세하게 설명하고 있는데, 이와 같은 서술방식이 주소체의 형식을 모태로 좀더 확장시킨 산문서술 양식이라고 하겠다.

이처럼 목은은 문장을 쓰면서 주제를 제시하고 이것의 의미를 먼저 간단하게 등식의 형태로 제시하고, 이어 그것에 대한 자세한 설명을 붙이는 방식의 산문을 창작하고 있다. 이것은 경전에서 대문의 내용을 설명하기 위하여 취한 집주의 방식을 그대로 원용하고 있는 것으로 까다로운 형이상학적이고 철학적인 내용과 이론을 설명하는 데 가장 효과적인 방법이라고 할 수 있다. 고려 후기 본격적으로 성리의 학문을 습득하고 내면화하였으며, 이를 다시 후학에게 전수하는 것을 일생의 목표로 삼았던 목은에게 있어서 가장 적절한 서술방식이었다고 하겠다.

(2) 字句解釋 中心의 敍述

목은은 다양한 문체를 남기지는 않았지만 실용문을 위주로 창작하였기 때문에 의론체보다는 서사체가 압도적이다. 양적으로 가장 많은 것이 記文, 表牋, 碑誌, 序跋의 순서임을 보아서도 이를 쉽게 알 수 있다. 그러나 문체상으로는 紀事를 중심으로 서술하는 서사체를 많이 남기고 있지만, 내용상으로는 대부분 立意로 논지를 전개시키는 특징을 보이고 있다. 물론 碑文, 墓碑, 墓誌銘 등과 같이 일정하게 형식적인 틀에 맞추어 서술해야 하는 경우는 의론이 개입할 여지가 없기 때문에 순수한 서사체의 형식을 보이고 있다.

㉮ 陽村은 나의 門生 永嘉 權近의 自號이다. 近의 말에 의하면 '근이 선생의 문하에서 나이가 제일 어리고 학문도 가장 낮습니다. 그러나 생각하여 따라가려 하는 것은 가까운 데로부터 먼 데까지입니다. 그래서 字를 可遠이라고 했습니다.' 한다.

㉯ 이 세상에서 가깝고도 또 먼 것은 그것을 안으로 구한다면 精誠이요, 밖으로 구한다면 陽이 된다. 정성은 오직 군자이어야만 실천하지만, 양은 아무리 어리석은 남자나 어리석은 여자라도 모두 다 아는 것이다. 봄이면 따뜻하고 여름이면 몹시 더우며, 가을이면 건조하고 겨울이면 다시 따뜻함이 돌아올 것으로 歲功이 이루어지고 민생이 살아갈 수 있게 되는 것이다.

近은 그윽이 스스로 성인이 인재를 만드는 것도 또한 이와 같다고 생각한 것이다. 詩書와 禮樂의 가르침이 모두 天時에 순종하는 바가 되므로, 孔子가 일찍이 말하기를, '내가 숨긴다고 생각하는가? 나는 숨김이 없노라.' 했다. 대개 공자는 天地와 같고 日月과 같아서 넓고 커서 포용하지 않는 것이 없고 남을 대신하여 밝아서 비치지 않는 것도 없어서 그 사이에 형형색색으로 모두 제 바탕을 드러내게 해서 빠짐이 없다. 그러므로 말하기를 "솔개는 날아 하늘에 이르고 물고기는 못 속에서 뛴다."고 하였으니, 이것은 그 상하를 살피는 것을 말한 것이니 여기에 또 무슨 숨김이 있겠는가? 아무리 그 음험하고 간사한 무리라도 역시 모두 그 뜻을 숨길 수 없다. 그러니 夫子가 알지 못하는 것이 없고 감화하지 않는 것이 없다는 것이 昭昭하게 밝고 浩浩하게 크다 하겠다.

　沂水에서 목욕하고 舞雩에 바람 쐬는 일 같은 것은 오히려 족히 和氣가 유행하는 것을 알게 되어 唐虞의 기상과도 다름이 없다. 그러니 제때에 맞추어 비가 와서 만물이 나게 하고 발육하게 하는 것이니 이것을 다시 말해 무엇 하랴.54)

　위 인용문에서 목은이 논지를 세우고 전개시켜 나가는 것을 보면 성리학이 가지는 엄밀성과 명확성이 부족한 듯이 보인다. '陽村'의 의미를 서술하기 위하여 먼저 '陽'의 개념을 설정해야 한다. 그러기 위하여 목은은 권근의 '近'자에서 출발하여 상대자인 '遠'자를 可遠이라는 字에서 이끌어내고, 다시 이를 '陽'으로 종합하여 설명하고 있다. 보기에 서로 엄밀한 논리적 연관성을 찾기 어렵다.

　이 기문은 목은의 나이 52세인 1379년(己未, 우왕5) 3월, 목은이 문생인 권근이 자호한 '陽村'의 의미를 서술한 것이다. 먼저 起에 해당하는 ㉮는 기의 주인이 누구인가에 대한 간단한 소개와 함께 쓰게 된 동기를 서술하고 있다. 또한 權近이 字를 '可遠'이라고 한 이유를 직접 인용하여 의론의 실마리를 제시하고 있다. 즉, '가까운 데서부터 먼 데까지 이르는 것(近而之遠也)'으로 '近'과 '遠'을 함께 제시하고 있는 것이다.

　承인 ㉯에서는 앞에서 '近而之遠也'라고 한 것을 받아 '天下之近而又遠者 求之內曰誠 求之外曰陽'이라고 열고 있다. 가깝고도 먼 것은 안으로 구하면

---

54) 『文藁』卷3, 「陽村記」: "㉮ 陽村, 吾門生永嘉權近之自號也. 近之言曰, 近也在先生之門, 年最少, 學最下. 然所慕而跂之者, 近而之遠也. 故字曰 可遠.

　　㉯ 天下之近而又遠者, 求之內曰誠, 求之外曰陽. 誠惟君子, 然後踐之, 若夫陽也, 愚夫愚婦之所共知也. 春而溫, 夏而可畏, 秋而燥, 冬而復乎溫, 歲功得以成, 民生得以遂. 近竊自謂聖人之化, 成人材也亦如此. 詩書禮樂之敎, 皆所以順乎天時矣. 而仲尼則嘗曰, 以我爲隱乎, 吾無隱乎爾, 盖仲尼, 猶天地也, 猶日月也. 廣大而無所不包, 代明而無所不照, 物乎其間者, 形形色色, 呈露靡遺. 故曰鳶飛戾天, 魚躍于淵, 言其上下察也. 尙何幽隱之有哉. 雖其陰險邪類, 亦皆無所遁其情, 則夫子之無所不知, 無所不化, 昭昭乎其明也, 浩浩乎其大也. 浴沂風詠之流, 猶足以知和氣流行, 與唐虞氣象無異, 則其時雨化之者, 發榮滋長, 復何言哉.

성이 되고, 밖에서 구하면 양이 된다고 하여 誠과 陽을 이끌어내고 있다. '陽'의 변화에 의해 계절의 변화가 생기고 이로 인해 민생이 살아갈 수 있게 되는 것처럼, 성인이 인재를 만드는 것도 같은 이치임을 이야기하고 있다.

하지만 '近', '遠', '誠', '陽'으로의 논리적 확장은 어떠한 논리적인 근거나 이유가 없으며, 상호간의 연관성도 또한 그렇게 깊지가 않다. 특히 안과 밖의 대응에 맞추어 '誠'과 '陽'을 거론하고 있는데, 이 두 개의 개념이 서로 대등하게 짝을 이루지 못하고 있다. 또한 이 기문의 가장 핵심이 되는 '陽'字가 가지는 의미가 너무나 불명확하게 제시되고 있다. 이것은 단순히 '陽'이라는 글자를 제시하기 위한 과정이며, 엄밀한 논리적인 연관성을 바탕으로 한 것이 아니라고 하겠다. 이러한 과정 속에서 '근'이라는 글자는 어떤 의미이고, '원'이라는 글자는 어떤 의미이고, '양'이라는 글자는 어떤 의미의 것이라는 형식을 가지고 있다. 이것은 실제 경전의 註疏부분에서 한 글자, 한 구절이 가지는 의미를 상세하게 부연 설명하는 과정과 같은 것이라고 볼 수 있다. 즉, 위와 같이 경전의 내용이나 성리의 구체적인 이치를 바탕으로 글의 내용을 이끌어가는 것이 아니라 단순히 글자 하나하나의 의미를 설명하는 방식으로 글을 구성하는 것이 바로 주소체 산문의 또 다른 형태라고 할 수 있다.

> 내가 關東을 유람하는데 杆城 고을을 맡고 있는 朴仁乙이 字를 구하고 또 해설을 청하였다. 내가 늙은 몸으로, 학문이 거칠고 文辭가 막히고 껄끄러워, 말을 하여도 글을 이루지 못하고, 뜻을 말하여도 철저하지 못하니, 어떻게 그 책임을 다할 수 있겠는가. 그러나 함께 寺院에 있었으니 옛 인연이 없다고 할 수 없고, 지금 나를 만나 그 情이 매우 깊으니 내가 어찌 말해주지 않을 수 있겠는가. 이에 景春이라 자를 짓고 다음과 같이 말하였다.
>
> 仁은 하늘에 있을 때는 낳아주는 것이 되고, 사람에 있어서는 마음 씀씀이가 된다. 乙은 방위에서는 동쪽에 속하고 물건으로 보면 나무에 속한다. 그러므로 仁은 네 가지 德을 包括하고 乙은 사방의 첫머리가 되니, 곧 上帝가 震에서 나와서 한 해의 운행을 주재하는 것이다. 그 운행하는 것이 동쪽에 있으면 봄이라 하고 남쪽이면 여름이요, 서쪽이면 가을이요 북쪽이면 겨울이다. 겨울이

면 다시 봄이 되어 낳고 낳아서 궁하지 않아 萬古가 하루 같으니, 봄이 사시
의 첫머리가 되는 것이 거짓이 아니요, 仁이 네 덕을 포괄한 것이 빈 말이 아
니다. 乙의 뜻을 또 어떻게 말하랴. 사람에게 있어서는 마음을 存養하는 것이
니, 집에 있으면 사랑하고 효도하고 정치를 하면 惻隱하게 여기는 것이 仁을
미루어 나가는 것이다. 또 그 얼굴이 순수해지고 등에 후덕한 기품이 드러나는
것이나 마음이 넓어지고 몸이 여유가 있는 것도 인의 발현이요, 봄의 화창한
것과 같은 것이다. 백성이 좇아서 교화되는 것이 봄바람 속에 서 있는 것 같아
서, 和氣가 사방에 가득찬 가운데 무궁히 흘러넘치게 될 것인데, 하물며 한 고
을의 땅이겠는가. 현달하여 조정에 들어가 唐의 陽春을 펴는 것도 이상한 일
이 아니니, 그대는 마음을 가라앉히고 깊이 생각할지어다.55)

　이 글은 江原道 杆城의 지방관인 朴仁乙을 위해 景春이라는 字를 지어
주고 이에 대한 의미를 해설해준 字說이다. 먼저 형식적인 겸사와 함께 경
춘이라는 자를 지어주게 된 동기를 앞에 간단히 밝히고 있다. 이어서 이름
에 쓰인 '仁'字와 '乙'字에 대한 의미를 설명하고 있는데, 仁과 乙을 번갈아
가며 상호 연관성을 대비하여 마치 매듭을 만들 듯이 논리를 전개해 나가고
있다.

　먼저 仁은 하늘에 있으면 '生'이 되고, 사람에게 있어서는 '心'이 된다고
하였고, 乙은 방향으로 보면 동쪽에 속하고, 물건으로 보면 나무에 속한다
고 설명하였지만, 보기에 두 가지의 내용이 서로 관련성이 없어 보인다. 그
러나 다음에 등장하는 목은의 의론을 보면 인은 四德을 포괄하고, 乙은 四

---

55) 『文藁』 卷10, 「景春說」: "予之遊關東也, 杆城知郡朴君仁乙求字, 且徵言. 予老
　　矣, 學問之荒落也, 文辭之蹇澁也, 吐言而不成文, 談義而未底蘊, 何由塞其責. 然
　　同在琳宮, 不爲非舊, 今之遇我, 其情油然, 不可無辱, 乃字以景春而告之曰, 仁在
　　天曰生, 在人曰心, 乙於方在東, 於物在木. 故仁包四德, 乙冠四方, 卽帝出而運乎
　　一歲者也. 其運也, 在東曰春, 南而夏, 西而秋, 北而冬, 冬而復乎春, 生生不窮,
　　萬古一日. 則春之冠四時也不誣矣, 仁之包四德也不虛矣, 乙之爲訓, 尙何言哉. 其
　　於人也, 存心曰仁. 居家慈孝, 爲政惻隱, 是其推也. 且其粹面盎背, 心廣體胖, 仁
　　之發而春之暢也. 民之從化, 如立春風, 和氣四達, 流乎無窮, 況一州之地乎. 達而
　　在上, 布唐陽春, 非異事也, 君其潛心焉."

方의 처음을 장식한다고 설명함으로써 두 글자가 가지고 있는 공통성을 부각시키고 있다. 그리고 다시 四德과 四方을 들어 上帝가 동방에 나와서 한 해의 운행을 주재한다는 말을 인용하면서 서로 다른 것 같지만 이치의 운행에 있어서는 모두 같은 것이라고 융합시키고 있다.

다음으로 仁이 가지는 본래의 뜻이란 본심을 그대로 보존하는 것이라고 정의하고, 집에 있을 때는 慈孝를 하고 정치에 참여하여서는 惻隱之心을 발휘하여 백성을 按撫하는 것이 바로 인이라고 보았다. 이와 같은 인은 睟面盎背와 心光體胖으로 나타나게 되며, 이것은 봄이 화창하게 시작되는 것과 같은 것이라고 하였다. 또한 인을 미루어 백성들을 교화하면 봄바람 속에서 和氣가 사방에 가득차서 흘러넘치는 것처럼 다스릴 수 있다고 결론짓고 있다. 이는 다시 '따뜻한 봄' 곧 '景春'을 이룰 것이라는 데에 이른 것이다.

그러나 이 〈경춘설〉에서도 앞서 살펴본 〈양촌기〉와 동일한 느낌을 받을 수 있다. 이름인 '仁'과 '乙'에 대하여 부연 설명 하고 있는데, 이들 상호간의 논리적인 엄밀성은 그리 높아 보이지 않는다. 인이 사덕을 포괄하고 있다는 것과 을이 사방의 처음을 뜻한다는 것 사이의 논리적인 구체성과 통일성을 찾기는 어렵다.

그러나 이처럼 仁과 乙을 비교함과 동시에 약간의 논리적인 비약까지도 허용하면서 씨줄과 날줄을 엮듯이 차근차근 의논을 진행시켜 결국에는 다시 논의의 출발점으로 되돌아와 마무리를 짓는 방법의 문장 서술은 풍부한 독서와 충분한 사색의 과정을 거친 목은의 독특한 경지라고 할 수 있다.

이와 같은 주소체 산문은 이름과 자, 그리고 호에서 사용된 '近', '遠', '陽', '仁'과 '乙' 등을 모두 서로 연관시켜 총체적으로 서술하는 방식으로 어떤 측면으로 본다면 생경하고 독특한 참신성과 재미를 줄 수 있다. 그러나 또 다른 시각을 가지고 본다면 핵심을 비켜난 서술이 많으며, 글자 하나하나의 뜻을 설명하는 데 머물러 전체적으로 통일성이나 엄밀성을 방해하고 있다고 볼 수 있다. 이것은 순정하지 못하다고 말할 수 있는 여지를 가지게 된다. 이러한 면이 조선시대 道學家나 純正古文을 주창하던 이들에게 목은의 산문이 정통 고문에서 멀어졌다고 느끼게 할 수 있는 부분이라고 생각한다.

2) 語錄體的 性格

注疏語錄體의 기원은 물론 중국에서 찾을 수 있다. 중국의 文語를 漢文이라고 한다. 말 그대로 漢代의 文字라고 할 수 있는데, 중국의 문어체가 한대에 이르러서야 비교적 다양하고 체계적인 완성을 보았기 때문이라고 하겠다. 그래서 문장은 漢으로 法을 삼고 詩는 唐으로 법을 삼아야 한다는 인식이 일반적이다. 그러나 중국에서도 문어와 구어가 항상 일치할 수는 없다. 다양한 방언과 지역적인 차이들이 존재하고, 시대가 변함에 따라 언어의 변화도 점점 커지게 될 수밖에 없다. 더구나 중국의 말을 사용하고 한자를 알고 있다고 하더라도 문장을 구성하여 글을 짓는다는 것은 많은 훈련을 통하지 않고서는 할 수 없는 것이다. 이러한 학습 과정이 중국에서도 시나 문장을 학습하는 방법에서 볼 수 있듯이 앞선 시대의 글들을 모두 외우는 것으로부터 시작하고 있다는 사실에서 확인할 수 있다.

시대가 漢을 거쳐 唐으로 내려오면서 물론 특별한 경우이기는 하지만 점차 口語를 문장 속에 자연스럽게 사용하게 되었다. 이러한 예들은 당나라 때부터 두드러지게 나타나게 된다. 그것도 승려들 사이에서 유행하게 되었다. 인도에서 들어온 불교가 가장 왕성하게 전파되고 성행하였던 시기가 당나라이다. 수많은 불경들이 한문으로 옮겨졌으며, 이론적인 부분의 보완과 새로운 사색을 통한 정비가 활발하게 이루어졌다. 이러한 과정에서 師僧의 강론을 제자들이 기록하여 남기게 되었으며, 이러한 기록 속에는 당연히 구어체가 많이 포함될 수밖에 없었다. 이처럼 문어체가 아닌 구어체가 다수 포함되어 있는 문체를 어록체라고 지칭하게 되었고, 당 이후 성행하게 되었다. 이 어록체는 스승과 제자 간에 오고간 대화를 기록한 것이 대부분이기 때문에 문답형태의 글에서 많이 찾아볼 수 있으며, 禪語錄이라는 하나의 형태로 전해지게 되었다.

唐에서 선어록의 형태로 기록되던 어록체는 宋으로 들어서면서는 유가에서 스승들의 강학을 구어로 기록하면서 어록체가 주목받게 되었다. 周敦頤,

張載, 昭雍 등과 程頤兄弟들이 性理의 깨달음을 기록할 때, 口語를 자주 이용하면서 어록체가 성행하게 되었다.[56] 특히 어록체는 유가의 학설을 새롭게 정립하고, 선진시대의 유가경전의 의미를 주석하면서 훈고학적인 전통을 수립하여 새롭게 '성리학'이라는 신유학의 기반을 마련한 朱子와 그의 제자들 사이에 학문적 토론의 기록이 정리되면서 더욱 일반화되기 시작하였다. 주자와 그의 제자들 사이의 性理에 대한 강론을 모아 그 내용의 유형대로 분류하여 편찬된 『朱子語類大全』은 어록체의 전형이라고 할 수 있다. 『주자어류』라고 통칭되는 이 책은 南宋 咸淳 6년(1270) 黎靖德이 편찬한 것이다. 이러한 이유에서 어록체를 語類體라고도 한다. 그리고 이러한 어록체는 구어가 많이 쓰였기 때문에 현재는 白話體라고도 불리는데, 이 백화체라는 용어는 중국 淸末 民國初 白話가 口語를 의미하는 말로 사용되면서 생긴 것이다. 따라서 어록체라는 용어는 불가의 禪語錄體, 유가의 語類體, 근대의 白話體 등으로 다양하게 지칭되고 있다. 이러한 용어를 모두 포괄하여 구어를 기록한 것이라는 뜻을 갖는 '어록체'라는 용어가 가장 적절하다고 할 수 있다.

　우리나라의 경우, 한자 문화권의 중심에 있었기 때문에 일찍부터 한자를 수용하면서 중국의 변화와 긴밀한 관계를 유지할 수밖에 없었다. 한자는 삼국시대 이전에 이미 들어왔으며, 삼국시대에 들어온 문화 중에서 불교는 가장 대표적인 것이다. 이 불교는 통일신라 문화의 핵심역할을 하였으며, 이때 많은 승려와 학자들이 당에 유학을 하였고, 자연스럽게 당시의 문화가 신라로 전파되었을 것임은 분명하다. 불가에서 유행하였던 선어록체의 전래는 이미 통일신라 때부터 수용되었다고 생각된다. 하지만 본격적으로 중국 서적이 활발하게 수입되던 고려시대는 한자문화가 완숙한 경지에 이르게 되고, 다양한 한자문화가 시도되면서 어록체를 포함한 저작들이 나타나게 되었다. 현재 남아 있는 자료로는 고려 말에 간행된 『白雲和尙語錄』[57]이 이

---

56) 張伯潛·張祖怡, 『騈文與散文』, 上海書店出版社, 1996, 76~77쪽.
57) 이 책은 고려 말기의 승려 景閑이 지은 法語集으로 2권 1책의 목판본이다. 1378

른 시기의 대표적 간행물이다.

여기에 더하여 안향을 시작으로 權溥, 白頤正 등이 원에서 성리학을 수용하면서 고려에 전파시킨 점은 어록체와의 접촉을 훨씬 용이하게 했다고 볼 수 있다. 『사서집주』의 간행과 아울러 주자의 주를 중심으로 답안을 작성하도록 하는 과거제도의 정비는 어록체의 유행에 기반을 마련해주었다고 해도 과언이 아니다. 하지만 이른바 어록체의 전형인 『주자어류』가 수입된 시기가 조선 초이기 때문에 고려 후기의 어록체는 불가의 선어록의 영향을 받아 형성되었다고 보는 것이 타당하다.

본격적으로 우리나라에 어록체가 수용된 것은 조선 成宗 7년 『朱子語類』가 수입된 이후로 보인다. 성종 7년(1476) 5월 중국에 사은사로 갔다가 돌아온 鄭孝常·朴良信이 처음으로 『朱子大全』과 『朱子語類』를 조선으로 들여왔으며, 이것은 다시 중종 10년(1515) 11월 弘文館 副提學으로 있던 金謹思의 주청에 의해 각 도에서 판각하면서 성리학 학습의 가장 중요한 교재로 사용되었다. 조선의 유학자들에 의해 『주자어류』가 읽히게 되면서 어록체가 주목을 받게 되었다. 정통 한문의 어법에 맞지 않는 구어체의 사용은 이들을 당황스럽게 만들었으며, 이에 대한 연구와 주석이 만들어지기 시작하였다. 대표적인 사람이 退溪 李滉과 眉巖 柳希春이다. 퇴계와 미암은 제자들에게 『주자어류』를 가르치면서 각자 어록체를 수집하고 주석하였는데, 그 흔적은 『語錄解』라는 책에 그대로 반영되어 있다.

『어록해』는 孝宗 8년(1657) 鄭瀁이 편찬하여 간행하고, 이어서 왕명으로 홍문관에서 南二星이 주관하여 이것을 다시 수정하여 顯宗 10년(1669) 개정된 『어록해』가 간행되었다.58) 이 책은 주로 『주자어류』에 등장하는 어록체 어휘들을 글자 수별로 모아서 한글이나 한자로 주석을 달아놓은 사전

년(우왕4)에 제자 釋瓚이 法隣·靜惠 등과 함께 간행하였다. 卷首에는 1378년 李穡이 쓴 서문과 1377년에 李玖가 쓴 序가 있다.

58) 安秉禧, 「≪語錄解≫ 解題」, 『韓國文化』 4, 서울大學校 韓國文化研究所, 1983에 편찬과 간행에 대한 검토가 있으며, 서지형태 등도 자세하다.

류이며, 주석은 퇴계와 미암의 주를 그 기반으로 하고 있다.

어록체는 앞서도 잠시 언급한 것처럼 어휘사용의 문제이다. 글을 쓸 때의 언어와 말을 할 때의 언어는 조금 차이가 있다. 사용하는 단어도 다르고, 사용방법에 있어서도 다르다. 특히 일상 구어에서 많이 쓰이는 '做作, 這裏, 這介, 甚麽, 依前, 下手, 奈何' 등과 같은 어휘는 문장 속에서는 많이 쓰이지 않는 말이다. '奈何'와 같은 어휘는 산문에서 자주 볼 수 있지만 이것도 구어이다. 예로 '唐宋八大家文'에서 이 어휘가 한 번도 사용되지 않은 것이 이를 증명해주고 있다.

본 장에서는 이 『語錄解』에 수록되어 있는 어휘를 바탕으로 목은의 산문에 사용된 어록체 어휘들을 구별해 내고 그 쓰임을 비교·분석하는 방법이 필요하다고 생각된다. 어록해의 어휘는 조선시대의 최고 유학자의 실제 교육과정에서 뽑아낸 것이기 때문에 무엇보다도 신빙성이 있으며, 왕의 명으로 편찬된 것이라는 점도 이 자료의 가치를 더하게 한다. 먼저 『어록해』에 수록된 어휘들이 『목은문고』에서 얼마나 사용되었는가를 찾아보고, 이를 다시 『唐宋八大家文抄』에서 검증해보기로 한다. 당송팔대가라고 하면 중국은 물론 역대 우리나라의 문장가들이 정통 고문의 전범으로 삼았던 사람들이다. 따라서 고려 중기 이후 조선시대에도 이들의 글을 읽고 모방하여 글쓰기를 배우고 실제로 창작활동을 하였음을 볼 때, 좋은 비교대상이 될 것으로 생각된다.

(1) 日常對話의 問答 構成

산문에서 묻고 답하는 형식의 구성은 가장 흔한 것이다. 이것은 漢代의 賦에서 본격적으로 발전하였으며, 辭, 賦나 詩뿐만 아니라 說과 記 등과 같은 산문에서 주로 활용되었다. 특히 唐·宋의 散文에 많이 등장하는 구성 방식이다. 일반적으로 묻는 사람은 客이거나 或人을 등장시키고 이에 대답하는 사람은 바로 작자 자신이다. 이러한 방법은 자신의 뜻을 나타냄에 있어서 일반적인 평이한 서술보다 읽는 사람으로 하여금 명확하고 상세한 느낌을 줄 수 있다.

그러나 어록체 산문이 가지는 문답의 특징은 이와는 좀 다르다. 일반적인 문답식 산문이 문제에 대한 의문의 제기와 답변을 통한 해명과 설득의 형태를 가지고 있는 데 반하여 어록체 산문의 문답구성은 일상의 대화를 그대로 옮겨놓았다는 점에서 구별된다. 즉, 일반적인 문답식 산문은 자신의 의견을 명확하게 제시하려는 목적으로 문제를 단도직입적으로 제시하고 이에 대한 답변을 통해 나타내고자 하는 핵심내용을 서술한다. 그러나 어록체의 문답은 문제를 한꺼번에 제시하지 않는다. 평범한 대화를 여러 번 반복하면서 그 가운데 자연스럽게 문제를 제시하고, 또 답변하는 방식을 지니고 있다. 따라서 문제를 제시하는 부분이나 답변을 하는 부분이 단순하고 간단하게 구성되는 것이 대부분이다.

　　용구산 동쪽에 남곡이 있는데, 나와 함께 급제한 이선생이 여기에 살고 있다. 어떤 사람이 묻기를 "선생은 숨어 사는 사람인가?" 한다. 나는 대답하기를, "숨은 것이 아니다." 했다. 묻기를, "벼슬을 하는 사람인가?" 한다. 대답하기를, "벼슬하는 사람도 아니다." 했다. 그 사람은 몹시 의심스러워하며 또 묻기를, "벼슬하는 것도 아니요, 숨은 것도 아니면 무엇을 하는 사람인가?" 한다. 나는 말하기를, "내가 들으니 숨는 사람은 그 몸만 숨는 것이 아니라 반드시 이름도 숨기며, 이름만 숨기는 것이 아니라 또 반드시 마음도 숨긴다고 한다. 이것은 다른 것이 아니라 사람이 알까 두려워하여 남이 알지 못하게 하는 것이다." 하였다.[59)]

여기에서 목은은 或者와의 문답을 통하여 동년인 李釋之의 존재를 설명하고 있다. 그러나 문답은 짧고 연속적인 자연스런 일상의 대화 형식이다.

---

59) 『牧隱文藁』 卷1 「南谷記」.: "龍駒之東有南谷, 吾同年李先生居之. 或問先生隱乎. 予曰 非隱也. 曰 仕乎. 曰 非仕也. 或者疑之甚, 又問非仕非隱則何居. 予曰 吾聞, 隱者不獨隱其身, 又必名之隱, 不獨隱其名, 又必心之隱. 此無他, 畏人知而不使人知也."

물음 하나하나는 작품 전체의 주제와 직접적으로 관련되지 않는다. 이러한 대화들을 전체적으로 파악을 하여야 작품의 주제와 관련을 가지게 된다. 답변도 동일하다. 이와 같은 일상적이고 짧은 대화의 형식은 의론의 통일성이나 일관성을 흐리게 할 수 있다. 또한 극히 짧은 호흡의 문장들이 연속되어 제시되면서 글 전체에서 유지되어야 하는 기세에도 큰 영향을 미칠 수 있다.

이런 경향은 하나의 작품 전체를 이와 같은 일상의 대화체 문답으로 구성한 것에서 더욱 강하게 나타나고 있다.

坦如라는 중이 내 집에 찾아와서 청하기를,

"저는 曹溪宗의 승려로, 올해 정사년 승과에 大選이 되었습니다. 俗姓은 迎日 鄭가요, 演福寺 주지이신 대선사 竹菴 軫公은 나의 스승입니다. 제 나이 27세인데도 별호가 없어서 동료들이 뭐라고 부르기 어렵게 여기자 우리 스승의 말씀이, '幻翁이라 하라.' 하였습니다. 그 출처를 물으니, 『圓覺經』 「普賢章」에 있는 말이었는데, 그 설명을 청하였더니 선사가 이내 말씀하기를, '如야, 네 이름 坦如는 무슨 뜻인가. 평탄하여 중심에 일정한 주장이 없고 밖으로도 기대는 데가 없으며 종용하게 스스로 얻는 것을 이름이니, 이는 반드시 如如하여 움직이지 아니함에 이르게 될 것이다. 비록 그렇지만 너는 또 세계를 보아라. 幻이 아니냐.' '예 환입니다.' '몸과 마음도 환이 아니냐.' '예 환입니다.' '三世 敎主와 諸方 祖師도 환이 아니냐.' '예 환입니다.' '내가 말하고 네가 듣는 것도 환이 아니냐.' '예 환입니다.'라고 하였습니다. 선사가 말씀하시기를, '내가 들으니, 韓山 牧隱者가 방금 幻語로써 사람에게 이야기하고 있으니, 네가 가서 청하면 반드시 사양하지 않을 것이라.' 하므로 감히 청하는 바입니다."

라고 한다. 나는 이르기를,

"師의 스승은 양반집 후예로서 膏粱과 綺紈으로 그 육신을 기르고, 시서와 예악으로 그 성정을 닦았는데, 초연히 홀로 벗어나 돌아보지 아니하니 진실로 如와 幻의 취미를 얻었다 하겠다. 비록 그러하나 나는 배우지 못했으니, 어찌 하랴."

하고 이에 상인에게서 그 설을 궁구하였다. 상인은 말하기를,

"지금의 세계는 器의 世間이요, 중생은 곧 情의 세간이요, 부처는 곧 正知覺

의 세간입니다. 이 세 가지가 서로 융화하여 막힘이 없기 때문에 如如의 지혜
가 항상 홀로 비치는 것입니다. 그러므로 세계라 하는 것은 모두 환을 쓰고 사
는 것이 됩니다. 如가 아니면 환을 구할 수가 없고 환이 아니면 如를 구할 수
없으니, 어찌 事理가 혹시라도 서로 빼앗기는 일이 있겠습니까?"

　하므로, 나는 이르기를,

　"상인은 진실로 圓機의 선비라 하겠다. 내가 그 말을 관찰하니 하나는 如가
바로 환이란 말이요, 또 하나는 장차 如가 환이라는 말이다. 처음에 幻으로 보
면 물이 있고 내가 있으니 이는 對가 있는 것이요, 마침내는 如가 장차 환인
데 物도 없고 我도 없으니 이는 對가 없는 것이다. 이렇게 되면 물과 나를 모
두 잊어버리고 마음과 자취가 둘 아니게 될 것이니, 이는 그야말로 지극한 경
지라 할 것이다. 뒷날에 환옹이 좌선하고 정념을 닦아 만약 그 설에 대한 소득
이 있으면 오늘의 말이 옳은지 그른지 나에게 알려주기 바란다. 나는 마땅히
마음을 비우고 상인의 말을 경청하겠다."

　고 하였다. 如는 또 묻기를,

　"우리 스승께서 선생이 방금 幻語로 사람에게 말한다 하였으니, 말이 환이
되는 것에 대해 들려줄 수 있습니까?"

　하므로, 나는 말하기를,

　"聲音이 나올 적에는 목구멍·혀·입술·이가 서로 어울려서 소리가 이뤄지는 것
이며, 그 글을 옮길 적에도 붓·먹·종이·벼루·물이 서로 어울려서 형체가 이뤄지
는 것이다. 하물며 轉注·假借·形聲·事意의 사이에 그 변하는 것이 사람을 번갈
아서 헤아려도 자세히 할 틈이 없음에랴. 그러나 나아가서 분석해보면 소리가 과연
어디에 있다 하랴. 글은 과연 어디서 왔다 하랴. 이것이 환이 아니고 무엇이랴."

　하였다. 如가 머리를 조아리며 하는 말이.

　"우리 스승이 참으로 선생을 알았다고 하겠습니다. 우리 스승이 이른바, '환
이 아니냐.'에 대해서는 선생이 반드시 알 것이니, 如는 배우기를 원하는 바입
니다."

　하였다.[60]

---

60) 『文藁』 卷9, 「贈幻翁上人序」.: "釋坦如踵門請曰　如　曺溪宗今丁巳年大選也. 俗
　　姓, 迎日之鄭也. 演福寺住持大禪師竹菴斡公　吾之師也. 吾生廿有七年矣, 而未有
　　號, 同列稱呼之難也. 吾師命之曰幻翁. 咨其所出, 則圓覺普賢章之語也. 請其說,
　　師乃曰　如乎. 汝之名坦如, 何也. 坦蕩蕩也. 中無主而外無倚　從容而自得之謂也.

이 글은 처음부터 끝까지 문답의 형식으로 되어 있다. 이것은 坦如와 목은의 대화가 주된 내용이지만 둘 사이의 대화에 다시 탄여와 그의 스승인 竹菴과의 대화가 삽입되어 있어 색다른 구성을 보이고 있다. 또한 모든 대화는 직접인용의 형식을 가지고 있다. 탄여는 자신의 스승인 죽암에게 號를 지어주기를 청하고 '幻翁'이라는 호를 받았으며, 죽암은 '탄여'라는 법명이 '坦蕩蕩'과 '如如不動'의 의미를 가지고 있음을 설명하였다. 그리고 이어서 세상의 모든 것이 '환'이 아님이 없음을 말하고 이에 대한 설명을 목은에게 부탁하도록 하였다. 죽암은 '탄여'라는 법명과 '환옹'이라는 호가 가지는 의미가 서로 밀접한 관련이 있음을 암시하고 있다.

하지만 글 가운데에서 대화를 하고 있는 죽암과 목은, 탄여는 모두 '幻'에 대해 각각 자신의 의견을 가지고 있다. 죽암은 이 세상의 모든 것이 환임을 깨달아 알고 있지만, 이것을 말로 설명하는 것은 목은에게 미루고 있다. 목은도 환에 대한 의미를 알고 있으며, 이것을 말로 설명할 수 있음을 알았던 것이다. 그러나 목은은 불교에서 말하는 '幻의 說'을 배우지 못하였다고 하면서 도리어 탄여에게 그 의미를 물어보았으며, 탄여가 가지고 있는 '환'의 개념을 확인하고 있다. 그러나 탄여는 이 세상 모두가 환이 머무는 곳이지

是必如如不動之歸矣. 雖然, 汝且觀世界非幻乎. 曰, 幻也. 身心非幻乎. 曰, 幻也. 三世教主 諸方祖師 非幻乎. 曰, 幻也. 吾語爾聽, 非幻乎. 曰, 幻也. 師曰 吾聞韓山牧隱子方以幻語語人, 汝且求之, 必不辭矣. 是以敢請. 予曰 師之師 衣冠之胃也, 膏粱紈綺之養其身, 詩書禮樂之熏其性, 超然獨出而不顧, 信乎得如幻之趣矣. 雖然, 予未之學也. 迺從上人究其說. 上人曰 今之世界 則器世間也. 衆生 卽情世間也. 諸佛卽智正覺世間也. 是三者交融無礙. 故如如之智, 常獨照焉. 故曰 世界也俱爲幻主, 非如無以求幻, 非幻無以求如, 尙何事理之或相奪也哉. 予曰 上人 信圓機之士矣. 予觀其言, 一則如其幻也, 一則如且幻也. 始以幻觀 則有物有我 是有對也. 終如且幻 則無物無我 是無對也. 物我俱忘 心跡無二 斯其至矣. 異日 幻翁宴坐正念 如有得於其說 其告予以今日之言之是否也. 予當虛心以聽之, 如又問吾師稱先生方以幻語語人, 語之爲幻 可得聞歟. 予曰 聲之出也, 喉也舌也唇也齒也相須而聲成焉. 其寓於書也, 筆也墨也紙也硯也水也相須而形成焉. 而況轉注假借形聲事意之間, 其變也更僕而不暇詳也哉. 就而分析之 則聲果安在歟. 文果何從歟. 非幻而何歟. 如稽首曰 吾師眞知先生矣. 吾書所謂非幻者 先生必知之 如也願學焉."

만 '여여'의 지혜를 가지지 않고는 '환'을 발견할 수 없고, '환'을 통하지 않고서는 '여여'의 지혜를 얻을 수 없다고 하였다. 이것이 바로 탄여의 환에 대한 깨달음인 것이다.

이에 대하여 목은은 탄여의 깨달음에서 간과하고 있는 次序에 대하여 말하고 있다. 즉 탄여는 '如如'와 '幻'이 다르다는 입장과 '如如'와 '幻'이 같다는 입장이 서로 얽혀 그 끝을 발견하지 못하고 있음을 지적한 것이다. 목은은 如如와 幻을 '我'와 '物'로 비유하여 설명하고 있는데, 처음에는 물과 아가 따로따로 존재하고 있지만, 결국 끊임없이 수행하여 깨달음을 이어나간다면 물과 아가 하나가 되는 경지에 이르게 된다는 것이다. 탄여는 현재의 세상에 엄연히 아와 물이 따로 존재하고 있으면서도, 둘이 서로 다르지 않고 서로 충돌하지 않음을 궁금해한 것이다. 이러한 의문에 대해 목은은 깨달음의 과정으로 나누어 설명함으로써 탄여의 수행의 길을 제시한 것이다.

이러한 문답구성은 자연히 구어의 사용을 통해 맛을 살릴 수밖에 없게 되는데, 위의 '俗姓, 迎日之鄭也'에서 볼 수 있는 것처럼 자연스럽게 구어가 등장하게 된다. 또한 "如 曹溪宗今丁巳年大選也. 俗姓, 迎日之鄭也. 演福寺住持大禪師竹菴軫公 吾之師也. 吾生卄有七年矣"와 같은 문장의 표현은 서로 마주하여 일상적으로 나누는 자연스러운 대화를 그대로 옮겨놓은 느낌을 얻을 수 있다. 하지만 이러한 구어적 표현이 현저하게 많이 등장하는 것은 아니다. 하나의 작품에 한두 개에 지나지 않지만 대화체의 맛을 살리기 위한 독특한 작용을 하고 있다.

이처럼 의문을 가지고 있는 問者에게 答辯者가 도리어 질문을 하여 다시 한번 자신이 가지고 있는 문제를 돌이켜 정리할 수 있는 기회를 제공하고 스스로 그 의문을 풀 수 있도록 하는 것이 문답형식의 요체이다. 이것은 바로 유가에서나 불가에서 흔히 사용하는 학습의 방법이다. 논의의 주제를 던져주고 이에 대하여 서로 자신의 의견을 교환하여 궁극의 의미를 찾아가는 것이다. 그러나 어록체 산문의 특징은 이에 더하여 일상적인 대화를 자연스럽게 표현하고 있기 때문에 문장이 짧고, 구어체 표현들이 다수 등장하게 된다. 이와 같은 구성은 너무 촉급한 느낌을 주고, 굳세거나 심원하고 웅장한 기세를 지니고 있는 문장과는 거리가 있다는 평가를 받을 수 있다.

요컨대 목은의 산문에는 의론체나 서사체를 가리지 않고 특히 대화체 구성이 많이 사용되고 있다. 이러한 대화체 구성은 자연스럽게 구어의 느낌을 전해줄 수밖에 없으며, 대화 속에서 구어적 표현이 나오기도 한다. 이것은 완전한 어록체라고 할 수는 없지만 일반적인 산문과는 그 정감이 다르기 때문에 어록체에 가까운 문체라고 할 수 있다.

(2) 口語體 語彙의 使用

우리나라에 어록체가 본격적으로 읽힌 것은 『주자어류』가 들어오면서부터이다. 따라서 목은이 살았던 시기에는 그렇게 보편적이지 못하였을 것으로 생각된다. 고려 후기 朱子의 학설을 담고 있는 서적은 오직 『四書集注』가 유일하였기 때문이다. 이 책에 주자가 주석해 놓은 부분에서 구어체를 찾아보기는 힘들다. 그렇다면 목은이 어록체를 접하였던 시기는 원에서 공부를 할 때라고 볼 수 있다. 이미 원에서는 『주자어류』가 정주의 성리학의 핵심 서적으로 읽혀졌을 것이며, 목은도 이를 보았을 것임이 분명하다. 또한 3년여의 元都에서 생활하는 동안 漢語를 익혀 원의 문인들과 교유하였던 것이나, 창왕 원년(1388) 10월 賀正使로 明에 들어가 明 太祖와 한어로 대화하였던 것을 볼 때, 그의 한어수준은 매우 높았음을 알 수 있다. 어록체가 漢語 口語를 문장 중에 사용하는 것임을 감안할 때, 목은 문장의 어록체적 특징은 어쩌면 당연한 것이라고 할 수 있다.

목은의 문장 중에서 보이는 어록체 어휘들은 대략 20여 가지로, '一宿(2회)', '奈何(10회)', '卓然(5회)', '親炙(3회)', '無方(3회)', '話頭(2회)', '依前(2회)', '由來(2회)', '若曰(1회)', '印可(1회)', '下手(1회)', '不同(1회)', '走(1회)', '渠(1회)', '才' '倘' 등이 대표적이다.

① 無隱菴**倘**容吾一宿也不.[61]

　－무은암에서 만약 용납된다면 나를 하룻밤 묵도록 해주려는가?

　위의 예문에는 구어체 어휘를 다수 사용하고 있다. 먼저 "倘"字의 사용이다. 이 글자는 '만약 ～한다면'의 뜻을 가진 口語이다. "倘有困難, 當再設法(만약 어려움이 있다면, 다시 방법을 생각해봐야 한다.)"와 같이 사용되고 있다. 이것은 '倘若'으로 자주 쓰이는데, 의미는 동일하여 "倘若不能來, 請先期通知(만약 못 오신다면, 미리 통지해주십시오.)"와 같다. 이 어휘는 목은의 事大表箋에서 종종 볼 수 있다.

　　○ 臣今亦擬以顥字爲名, **倘**垂兼聽, 曲貸擅更, 臣謹當期壹節以釐東.[62]
　　○ **倘或**倭賊得志, 豈非小邦之不幸, 朝廷之所慮哉.[63]
　　○ 憐臣嚮化之誠, 諒臣成人之美, 特垂明詔, 渙發兪音, **倘容**互鄉之童, 得齒虞庠之胄, 臣謹當奉揚聲教, 永綏箕子之封, 罄竭忠勤, 益貢華人之祝.[64]

　또한 앞서 예시한 구어체 문장의 마지막에 '不'字만으로 의문을 나타내고 있음을 볼 수 있다. 이것도 지극히 구어적인 표현이라고 할 수 있다. "나를 하룻밤 묵도록 허용해주겠는가? 하룻밤 묵도록 허용해주지 않겠는가?"의 표현인데, '是不是～?'와 같이 의문문을 만들어야 하지만, 일상회화의 경제성으로 인하여 평서문의 마지막 부분에 '不'字만을 사용하여 간단하게 의문문을 만들어내는 것이다. 이러한 표현은 현대 중국어에서도 아주 빈번하게 사용되는 것이다. 그것도 구어체 문장에서 사용되는 것이 아니라 실제 실용회화에서 사용되고 있다.

　그 밖에 '一宿'도 구어체 어휘로 분류되는 것이다. 이것은 '흔슌 又 흐로

---

61) 『文藁』卷5,「無隱菴記」.
62) 『文藁』卷11,「請改名表」.
63) 같은 곳,「王大妃陳情表」.
64) 같은 곳,「請子弟入學表」.

밤'이라고 『語錄解』에 주석이 되어 있으며, '잠깐' 또는 '하룻밤'의 의미를 가지고 있는 어휘이다. 원래 '宿'은 밤을 세는 量詞로 사용되던 口語이기 때문에 어록체 어휘로 분류되었다. 현대 중국어에서도 '談了半宿', '三天兩宿'처럼 사용하여 '한밤중까지 얘기했다', '2박 3일'의 의미로 사용되고 있다. '잠깐'은 '하룻밤'의 의미에서 파생된 것으로 "予老矣. 明月滿樓, 無由一宿其中矣."[65] 등의 문장에서 용례를 찾을 수 있다.

  ② 進而自請曰, 稽, 高麗李稼亭牛馬走也.[66]

  '走'는 '牛馬走如云僕自稱之辭'에서와 같이 본래는 '牛馬走'로 스스로를 지칭하는 어휘이다. 목은은 그의 문장에서 한 번 사용한 예를 보이고 있는데, 위와 같이 走라고 줄여서 쓰지 않고 본래의 어휘를 사용하고 있다. 직접화법으로 내용을 전개하면서 구어체 표현을 그대로 사용하고 있는데, 여기에서 어록체가 구어적 표현을 하는 것임을 다시 한번 확인할 수 있다.

  ③ 上曰 渠是法中王, 宜其自負如此.[67]

  渠는 '저, 그'와 같이 2인칭 대명사로 쓰이는 어휘이다. 목은의 산문에서는 한 번 사용되는 데 그치기는 하였지만 인칭대명사를 보여주는 것으로 의미가 있다.

  ④ 而公在政府才數閱月。而致事家居者十有九年[68]
    ○ 嗚呼君子而未得其壽者多矣, 壽矣而才蹄耳順.
    ○ 阿耨池僧道巖居其傍, 以草作小菴, 人來則焚之, 叫曰 救火救火, 吾至,

---

65) 『文藁』 卷3, 「長城縣白巖寺雙溪樓記」.
66) 같은 곳, 「朴子虛貞齋記」.
67) 『文藁』 卷14, 「西天提納薄陀尊者浮屠銘」.
68) 『文藁』 卷17, 「栗亭先生尹文貞公墓誌銘」.

才叫救火, 踢淨瓶, 道嚴曰 可惜, 來何遲.69)

위의 두 가지 예는 『語錄解』에서 ‘又’이라고 해석해 놓은 데에 대한 것이다. 여기에서 “才”는 ‘겨우, 근근이, 그럭저럭(수량이나 능력 등이 적은 것을 표시함)’의 뜻을 가진 구어이다. 두 번째의 예는 ‘방금, 이제 막’의 뜻을 지닌 것이다. 이 의미의 ‘才’는 “比賽才開始了(경기가 방금 시작되었다.)”에서 보이는 것처럼 일이나 동작이 방금 발생했거나, 반대로 늦게 발생한 것을 표시하는 구어이다.

　⑤ 蒼天蒼天知奈何, 白頭牧隱徒欷歔.70)

‘奈何’는 ‘엇디리오’의 뜻으로 우리나라 문장이나 詩에서 가끔씩 볼 수 있는 낯익은 어휘이다.

　○ 若夫山中之寂, 屬之師而不屬於我, 我奈何我奈何.71)
　○ 宜至眉壽, 天奪奈何.72)
　○ 公曰, 殿下上奉宗廟, 下保生靈, 奈何欲效匹夫廢絶倫理之事乎.73)
　○ 矯命賜, 命也奈何.74)
　○ 奈何逞私憾, 廢公義乎.75)
　○ 九容氏又曰, 吾父淸德, 畏人之知, 喜於晦養, 母今亡焉, 嗚呼奈何.76)

‘奈何’는 ‘어찌할 수 없다’는 반문을 나타내는 어휘로 ‘如何’와 비슷한 의미를 가진다. 두 번을 반복하여 사용함으로써 그 뜻을 강조시키기도 한다. 목

---

69) 같은 곳.
70) 『文藁』 卷9,「贈金敬叔秘書詩序」.
71) 『文藁』 卷6,「寂菴記」.
72) 『文藁』 卷15,「韓文敬公墓誌銘 幷書」.
73) 『文藁』 卷17,「栗亭先生尹文貞公墓誌銘 幷書」.
74) 『文藁』 卷18,「謚文僖柳公墓誌銘 幷書」.
75) 같은 곳,「益山府院君謚文忠李公墓誌銘 幷書」.
76) 『文藁』 卷19,「驪興君夫人閔氏墓誌銘」.

은은 이 어휘를 어록체 어휘 중에서 가장 많이 사용하고 있는데, 이는 문장
뿐만 아니라 시에서도 볼 수 있다.

⑥ 子安氏卓然勇往之時也.

'卓然'은 '두려디'라고 주석되어 있는데, '탁월하다', '뛰어나다'라는 의미를
갖는다.

○ 卓然不爲所變者甚鮮.
○ 殆所謂卓然不變者歟.77)
○ 卓然欲趨於大中之域.78)
○ 戊午, 禦敵北鄙, 其功烈卓然矣.79)

이 용어도 어록체 어휘로 생각되지 않을 정도로 우리에게 익숙한 말이며,
시에서 자주 사용되고 있다. 본래 산이 높이 서 있는 모양을 나타내던 의미
가 확장되어 '뚜렷하다', '우뚝하다'라는 의미가 생긴 것이다. 현재는 '탁월하
다'라는 의미가 일반적으로 사용되고 있다.
이 어휘는 『唐宋八大家文』에도 네 차례의 용례가 보인다. 韓愈의 「送區
冊序」,80) 歐陽修의 「論修河第三狀」,81) 「答祖擇之書」,82) 蘇軾의 「策略」83)
등의 글에 한 차례씩 등장한다. 이것은 어록체의 어휘이기는 하지만 일반적
으로 쓰였던 것임을 알 수 있다. 그러나 쓰였더라도 그 용례가 한두 차례밖
에 없다는 것에 주목할 필요가 있다.

---

77) 『文藁』卷7, 「送江原道按廉金先生序」.
78) 『文藁』卷10, 「伯中說」.
79) 『文藁』卷12, 「贈侍中鄭公畫像讚 竝書」.
80) 『唐宋八大家文』卷4.
81) 『文藁』卷10.
82) 『文藁』卷11.
83) 『文藁』卷22.

⑦ 又學于及菴, 得以**親炙**益齋, 愚谷.

親炙는 '炙'의 쓰임에 의해 어록체 어휘가 된 것이다. 주에 '薰炙 炙音격, 불의죄다. 音쟈, 膾炙也)'라고 되어 있다. 炙의 음이 '적'과 '자'가 있는데, '적'은 '불에 굽다'라는 뜻으로 '구운 고기'라는 본래의 의미이고, '자'는 본래의 뜻에서 파생되어 '膾炙人口'의 의미로 변하였음을 말하고 있다. 여기에서 '親炙'는 '직접 가르침을 받다'라는 의미로 사람의 입에서 입으로 직접 가르침이 전해진다는 후자의 의미로 이해하여야 할 것이다.

  ○ 矧今先王在天之靈, 群臣莫獲聞乎其聲, 而**親炙**其耿光也.[84]
  ○ 及其亡, 恨**親炙**之未久.[85]

이 親炙는 『孟子』에서도 사용된 어휘이다.[86] 『唐宋八大家文』에서도 曾鞏의 「撫州顔魯公祠堂記」에 한 차례 사용되고 있다.

⑧ 風來而**無方**, 月行而無迹.

無方은 주석에 '無方所'라고 되어 있어, '方'이 '방법'의 뜻이 아니라 '방향'의 뜻으로 쓰이고 있음을 나타내고 있다. '~곳이 없다'의 의미로 해석할 수 있다.

  ○ 立賢**無方**, 又可見大朝用人之法矣.[87]
  ○ 夫入道者如泛駕之馬, 橫馳**無方**.[88]

---

84) 『文藁』卷13, 「廣通普濟禪寺碑銘 竝書」.
85) 『文藁』卷19, 「判書朴公墓誌銘 竝書」.
86) 『孟子』, 「盡心章句下」, "奮乎百世之上, 百世之下, 聞者莫不興起也, 非聖人而能若是乎, 而況於親炙之者乎."
87) 『文藁』卷7, 「送徐道士使還序」.
88) 『文藁』卷8, 「贈元上人序」.

첫 번째와 세 번째의 예는 방향을 나타내는 의미로 사용되었지만, 두 번째의 예는 '구애됨이 없다'라는 뜻으로 사용되어 조금 차이가 있다. 하지만 어느 한곳으로 치우치지 않았다는 뜻이기 때문에 넓은 의미에 포함시킬 수 있다. 이 역시 『唐宋八大家文』에는 등장하지 않는 어휘이다.

⑨ 餘隙則思惟話頭不置, 可謂有志者矣.[89]

話頭는 '詞頭之類 言題目也'라고 주석되어 있어 현재 사용되고 있는 의미와 같이 '主題'와 비슷한 뜻으로 쓰이는 어휘이다.

○ 然爲懶翁可肯指以參話頭, 則百福裝嚴, 可立竢也.[90]

話頭는 주로 불교에서 쓰는 어휘이다. 불교의 禪宗에서 參禪修行者가 깨달음을 얻기 위하여 參究하는 문제를 가리키는 말로, 公案 또는 古則이라고도 한다. 화두의 '話'는 말이라는 뜻이고, '頭'는 머리, 즉 앞서 간다는 뜻이다. 따라서 화두는 말보다 앞서 가는 것이며, 언어로 표현되기 전의 앎이라는 뜻을 담고 있다. 이와 같이 특별한 의미를 가지고 있기 때문에 일상생활에서는 사용하지 않는 특수한 어휘이다.

⑩ 歲丙申, 官制行, 拜金紫大夫, 依前政堂文學, 寶文閣大學士, 同修國史, 判翰林院事, 又兼御史大夫.[91]

依前은 '젼가티 又 으리브터'라고 주석되어 있어 '전과 같이'의 의미로 '如前하다'와 비슷한 어휘이다.

---

89) 『文藁』卷2, 「金剛山潤筆菴記」.
90) 『文藁』卷6, 「嚴谷記」.
91) 『文藁』卷15, 「諡文忠公樵隱先生李公墓誌銘 竝書」.

  ○ 歲戊寅春, 判小府寺事, 階奉順大夫寶文閣提學, **依前**知製敎, 選爲江陵道存
    撫使.[92]

'依前'는 모두 '전과 같이'라는 의미로 쓰였으며, '오래전부터'라는 또 다른
뜻으로 쓰인 예는 없다. 관직과 관련되어 있기 때문에 묘지명에 한정되어
나타나고 있다.

  ⑪ 悟道於檜巖, 印可於平山, 皆從此中出.[93]

印可는 '佛語올타'로 주석되어 있는데, 불가에서 사용하는 어휘이다. 불가
에서는 깨달음을 얻기 위해서 화두를 가지고 참선에 들어 수양을 한다. 잠
시도 이 화두를 놓지 않고 용맹정진을 하여 깨달음을 얻으면 스승이나 선배
승려들에게 자신의 깨달음을 이야기하고 이것이 참된 깨달음인지 아닌지를
묻게 되는데, 이때 그 깨달음을 인정해주는 것이 바로 印可이다.

이처럼 목은의 문장에서 구어 어휘들이 종종 나타나고 있다. 이 이외에도
'會', '將(가져, 眉訓持也)' 등이 있다. 전체적으로 살펴보면, 記文에 가장
많이 등장하고 墓誌銘에도 다수 보인다. 그 외 說, 序 등에도 한두 번씩
나타나고 있다. 由來의 경우에 『語錄解』의 주석에는 '從來仝'이라고 되어
있으며, '從來'는 '녜브텨오므로'라고 되어 있어 부사어로 사용되는 예이다.
그런데 由來의 용례[94]에서는 명사밖에 없다. 따라서 '牛馬走'와 같은 名詞

---

92) 『文藁』 卷19, 「判書朴公墓誌銘 竝書」.
93) 『文藁』 卷3, 「潤筆菴記」.
94) 『文藁』 卷6, 「古巖記」, "飽食佚居, 不知其所由來者, 妄人焉而已耳.(배불리 먹고
    편안하게 거처하면서 그렇게 된 유래를 알지 못한다면 망녕된 사람이라고 해야 할
    것이다.)"; 『文藁』 卷10, 「之顯說」, "尊君卑臣, 百度修擧, 詩書禮樂之焆興, 典章
    文物之賁飾, 不曰顯乎, 然知其所由來者亦鮮矣.(임금은 높고 신하는 낮은 가운데
    온갖 법도가 닦여서 거행되고 있다. 그리하여 시서와 예악이 성대하게 일어나고,
    전장과 문물이 아름답게 장식하고 있으니, 이것을 바로 현이라고 해야 하지 않겠는
    가. 그러나 이것이 어디에서 온 것인지를 아는 이는 드물다고 하겠다.)"

도 존재하지만 일반적으로 副詞語가 가장 많이 사용되고 있다.

하지만 이와 같은 어록체 어휘들은 현재 자연스럽게 문어적 표현으로 굳어진 것이 많이 있어 의구심을 가질 만하다. 그러나 『唐宋八大家文』에서는 ‘卓然’을 제외한 그 외의 어휘가 전혀 등장하지 않고 있어 역시 구어적인 표현으로 정통 고문에서 사용하기를 꺼려하는 어휘임을 확인하게 된다.

목은은 원에 들어가 3년간 학습을 하였고, 그 이후에도 29세 되던 정월에 원의 모든 관직을 사임하고 완전히 귀국하기까지 약 9년 동안 자주 고려와 원을 왕래하였기 때문에 漢語의 사용이 빈번하였을 것임은 당연한 것이다. 또한 표기수단이 한자밖에 없는 상황에서 漢語의 단어를 사용하여 모든 것을 이해할 수밖에 없기 때문에 어록체의 표현이 더 강화되었다고 볼 수 있다.

하지만 목은의 문장에서 보이는 주소어록체는 창강이 평가한 것처럼 심각한 수준은 아니다. 단지 처음으로 주소어록체를 사용하여 문장을 지었기 때문에 이와 같은 평가를 받았다. 앞서 살펴본 바와 같이 목은은 우리나라에 성리학을 본격적으로 뿌리내리게 한 장본인으로서, 고려 후기 송과 원에서 들어온 신유학을 누구보다 깊고 다양하게 섭렵하였으며, 사색을 통해 이해하고 다시 실생활에서 실천하였던 인물이다. 즉 본격적인 성리학자로서 선두에 서 있는 인물이다. 그렇기 때문에 누구보다도 먼저 자연스럽게 주소체와 어록체를 접할 수 있었다. 이러한 사실은 목은의 문장에 주소어록체가 반영될 수밖에 없는 필연성을 보여주고 있다. 하지만 목은은 항상 익재와 가정의 훈도 아래서 진한의 고문을 본받고자 하는 의식에서 벗어날 수 없었기 때문에 오히려 주소어록체로 된 문장을 많이 짓지는 않았던 것으로 판단된다. 그리고 목은의 주소어록체적 특징으로 인하여 조선시대 200년 동안 이러한 폐단이 있게 되었다고 하였는데, 이 또한 수긍하기 어려운 부분이다. 조선은 건국 초부터 성리학이 확고하게 통치이념으로 자리를 잡았던 국가이고, 모든 학자들은 孔孟과 朱子로 이어지는 학문의 정통 맥을 잇고자 부단히 性理의 道를 추구하여 새로운 도학의 맥을 형성하였다. 그만큼 성리학에 대한 연구와 이해가 고려 후기보다 훨씬 넓고 깊었다고 하겠다. 나아가 조선 초부터 명나라로부터 『성리대전』, 『주자어류』 등의 서적들을 들여와 널리 유포시킴으로써 명실공히 성리학의 이념으로 통치되는 나라를 이룩하였다. 이와 같은 환경 속에서 退溪도 語錄體를 별도로 공부할 수밖에 없었으며, 왕명으로 어록체를 단어별로 정리하여 주석을 가한 전문 서적도 간행할 수밖에 없었던 것이다. 그만큼 조선의 학자들에게 성리학과 관련된 어록체와 주소체는 일반적이었다고 하겠다.

따라서 목은의 산문에서 보이는 주소어록체는 古文意識을 바탕으로 새로운 산문창작의 시도이며, 고려 후기 산문의 새로운 형태의 글쓰기의 개척이라는 점에서 큰 의의를 찾을 수 있다. 또한 이러한 형태의 시도는 당시 문단의 상황과 문인들의 사상을 반영하여 나타난 것이기 때문에 더욱 중요하다고 하겠다.

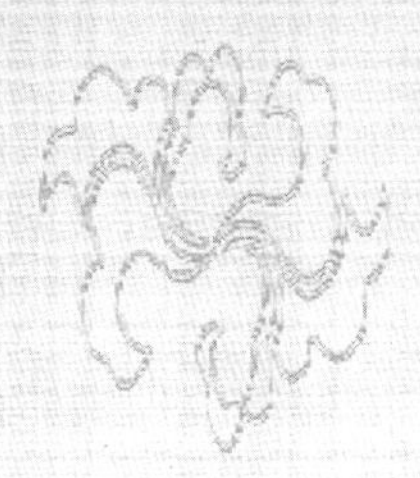

V 牧隱 文學의 意義

목은이 주로 활동하였던 시기의 고려는 원의 부마국이 된 지 이미 두세 대나 지났기 때문에 정치적으로나 사회적으로 많은 안정을 되찾았다. 원과의 왕래가 활발하게 진행되면서 원의 문화는 지배층을 중심으로 수용되었는데, 그중에서 가장 대표적인 것이 바로 성리학이다. 이미 원에서 생활할 기회를 가진 몇몇 사람들이 간간히 고려로 들여와 전파되었지만 불교의 자리를 대신할 만큼은 아니었다. 그러나 원에서 과거제를 정비하고, 이에 따라 고려에서도 새로운 과목으로 시험을 보도록 제도를 고치면서 성리학의 위치는 굳건해졌다. 목은처럼 원에 들어가 수학을 하려는 사람들도 많아졌으며, 성리학을 익혀 관직에 진출하는 사람이 많아지면서 점차 새로운 지배이념으로 자리를 잡게 되었다.

〈천수절에 신 이색은 본국의 표문을 올리는 배신을 따라 대명전에 들어가 황제를 알현하다〉

大闢明堂曉色寒	활짝 열린 명당에는 새벽빛이 차가운데
旌旗高拂玉闌干	깃발은 옥난간에서 높이 펄럭이네.
雲開寶座聞天語	구름 걷힌 보좌에서 천자의 옥음이 들리고
春滿金卮奉聖歡	봄기운 가득한 금술잔은 황제의 기쁨을 받드네.
六合一家堯日月	천하가 합해져 한집이 되니 요임금의 일월이요
三呼萬歲漢衣冠	만세를 세 번 부르니 한나라의 의관이라.
不知身世今安在	이 몸이 지금 어디 있는지 모르겠으니

恐是靑冥控紫鸞　　푸른 하늘에서 붉은 난새를 탄 것이 아닌가 싶네.[1]

1348년 고려에서 政丞 李凌幹과 密直 李公秀를 보내 원 순제의 생일을 축하하도록 하였는데, 이때 목은은 원도에 있는 부친을 뵙기 위해 와 있다가 그들과 더불어 21세의 청년으로 사신들과 함께 입조하여 황제를 알현한 장면을 아주 호쾌하게 그려내고 있다. 이른 새벽부터 궁궐로 들어가니 황제의 생일을 맞아 휘황한 장식이 펄럭이고, 황제의 얼굴과 음성을 직접 들을 수 있다는 것에 흥분을 감추지 못하고 있다. 또한 천하가 하나로 통일되어 문물이 융합되고 번성하여 요임금의 시절과 한나라의 시절에 비길 수 있지 않겠는가라고 하여 원문화의 위용을 격찬하고, 이러한 새로운 문화를 접하게 된 것을 두고 무한한 경이와 자부심을 나타내고 있다. 목은에게 있어 원문화에 대한 경험은 이전의 어느 것보다 화려하고 대단하게 느껴졌을 것으로 생각된다. 하지만 목은은 드넓은 땅과 크고 웅장한 건축물들, 다양하고 화려한 문물들을 보고 감탄에만 그치지 않고 자신의 학문을 성취시키기 위한 강한 의지를 확고히 하고 있다.

　　원나라가 천하를 차지하여 四海를 통일하니, 三光五嶽의 기운이 함께 뭉치어 넓고 크게 움직이고 뻗치어, 중원과 변방의 차이가 없었다. 그러므로 한세상을 주름잡는 재주가 그 사이에 섞여나서 무르익고 성한 것에 젖어들어 그 정수를 취하여 문장으로 펼쳐내어, 일대의 정치를 빛나게 장식하였으니 거룩하다 이르겠다.[2]

이처럼 목은은 이전 세대들이 가지고 있던 抗蒙意識을 지니고 있지 않았다. 오히려 원의 문화를 적극 수용하고 흡수하여 새로운 문화의 중심을 이루고자 노력하였다. 더구나 3년간 원도에 머물면서 당시 다양한 문화를 직

---

1) 『詩藁』 卷2, 〈天壽節日 臣穡從本國進表陪臣 入覲大明殿〉.
2) 『文藁』 卷7, 「益齋先生亂藁序」, "元有天下, 四海皆一, 三光五嶽之氣, 渾淪磅礴, 動盪發越, 無中華邊遠之異. 故有命世之才雜出乎其間, 沈浸醲郁, 攬結粹精, 敷爲文章, 以賁飾一代之理, 可謂盛矣."

접 체험하고 배울 수 있었던 목은은 전통적인 華夷觀에서 벗어나 변방과 중원은 차이가 없음을 깨닫게 되었으며, 이러한 인식은 동국의 유구한 역사와 전통을 다시금 생각하는 계기가 되었다. 동국의 문화가 중원의 문화에 견주어 뒤지지 않음을 역설하고 증명하기 위해 노력을 하였다. 전기에는 동국의 유장한 역사와 독자성을 위주로, 후기에는 일상생활 속의 토속적인 것을 제재로 사용하고 있다. 또한 중국의 고사만을 대상으로 시를 짓던 습관에서 벗어나 동국의 문인들이 서로 교유한 내용과 민간의 생활에도 관심을 기울여 시의 소재로 사용하여 명실상부하게 우리나라 고유의 시를 짓고자 하였다.

특히 목은은 우리나라의 상고사에 많은 관심을 가지고 있었으며, 이것을 그의 시문에 자주 언급하고 있다.

> 조선 나라를 세운 것은 실로 唐堯 무진년이었다. 비록 대대로 중국과 통하긴 하였으나 중국이 일찍이 신하로 여기지 아니하였으며, 이 때문에 주 무왕이 殷太師를 봉하고도 신하를 삼지 아니하였다. 그 후 신라, 고구려, 백제가 솥발처럼 대치하여 서로 웅장하여 秦, 漢 이래에 혹은 통하기도 하고 혹은 절교도 하였는데, 우리 시조가 굉장한 재능과 원대한 전략으로 唐의 말기에 일어나서, 드디어 삼국을 합병하고 그 땅에서 왕이 되어 5대 시대로부터 지금까지 내려왔으니, 대개 5백 년이 되어간다. 습속이 이미 다르고 언어가 통하지 아니하니, 진실로 중국과 나란하지는 않았지만, 그러나 詩, 書, 禮, 樂의 風이 아직도 사라지지 아니하여 중국을 높일 줄 알았으니, 聖人이 나오게 되면 의지하여 돌아가려고 생각하지 않은 사람이 없었다.[3]

이처럼 고려의 역사와 전통이 유구하고 문화가 번영하였음을 자부하고 있다. 단군이 조선을 건국한 것이 요임금 무진년이라는 내용은 그의 시에서도

---

3) 『文藁』 卷9, 「送偰符寶使還詩序」, "朝鮮氏立國, 實唐堯之戊辰歲也. 雖世通中國, 而中國未嘗臣之, 是以 武王封殷太師而不之臣. 其後新羅, 百濟, 高句麗鼎峙相雄長, 秦, 漢以降, 或通或絶, 我始祖以宏材遠略, 起於唐季, 遂倂三國而王其地, 自五代以迄于今, 蓋將五百年矣. 俗習旣異, 語言不通, 固中國之所不齒也, 然詩書禮樂之風, 尙猶不泯, 知尊中國, 有聖人者出, 未嘗不爲之依歸焉."

자주 등장하는 소재이다. 또한 高句麗의 시조인 東明王과 관련된 '麟馬', '朝天石' 등과 같은 시어들도 자주 볼 수 있다. "일찍이 조천석이 있었다는 말과, 단군은 뛰어나고 밝아 군웅의 으뜸이었음을 들었네(聞說朝天曾有石 檀君英爽冠群雄)"4)와 같이 단군에 대한 칭송은 바로 우리 민족에 대한 긍지를 말하고자 하는 것이다. 그런데 이러한 언급이 집중적으로 나타나는 시기가 바로 원에서 수학을 하던 시기부터라는 점이다.

처음 세계의 문화가 집중되어 번영을 누리던 원도를 경험한 목은은 경이와 찬탄을 할 수밖에 없었다. 다양한 민족과 다양한 문화들이 섞여서 만들어낸 문화는 신선함을 주었지만 한편으로는 고려의 문화를 다시 한번 생각해볼 기회를 제공하였다. 몽고인, 색목인, 한인 등과 함께 중원문화의 당당한 하나의 구성원이라는 자부심을 스스로 찾게 되었으며, 그 과정으로 동국의 고대 사회와 문화에 시각을 돌리게 된 것이다.

이와 같은 동국에 대한 인식은 점차 역사적인 인물의 회고에 머무르지 않고 우리나라의 사적과 전고를 소재로 하는 시문을 창작하게 되었다. 물론 이러한 동국의 일을 가지고 시를 짓게 된 것은 익재의 권유에 촉발된 면이 있기는 하였지만, 고려의 자연과 문화에 대한 중요성을 깨닫게 되었다.

> 우리의 고향인 韓山은 비록 小邑이지만 우리 부자가 중국의 과거에 등과함으로써 천하의 사람들이 모두 東國에 韓山이 있다는 것을 알게 되었으니, 그 勝覽을 노래로 전파하지 않을 수 없다. 그래서 8영을 짓는다.5)

여기에서 목은은 자신의 본관인 韓山이 小邑인데도 천하의 사람들이 모두 알게 되었고, 그렇게 되기 위해서는 자신들 두 父子가 중국의 과거에 올라 명성을 떨쳤기 때문임을 역설하고 있다. 여기에서도 자신과 자신의 부친

---

4) 『詩藁』 卷3, 〈西京〉.
5) 『文藁』 卷3, 〈吾家韓山雖小邑 以予父子登科中國 天下皆知東國之有韓山也 則其 勝覽不可不播之歌章 故作八詠云〉.

이 나란히 중국의 과거에 오른 것을 자랑스럽게 여기고 있음을 살필 수가 있다. 이처럼 목은이 원나라에 대해서 긍정적인 의식과 함께 고려에 대한 인식도 중국과 다르지 않다는 자부심을 찾을 수 있다.

이처럼 동국의 역사와 문화에 대한 자부심과 독자성을 부각시키고자 노력한 것은 목은만이 아니다. 이미 고려가 몽고군의 침입을 받아 전통성을 위협받을 때부터 꾸준히 제시되어 왔던 것이며, 목은에 이르러 확연히 눈에 띄게 되었을 뿐이다. 목은은 이와 같은 인식을 바탕으로 우리나라 문화에 대해 깊은 관심과 자부심을 가지게 되고 이를 꾸준히 그의 시문에 나타냈다.

東方磊落多英雄	우리나라에는 뜻이 큰 영웅이 많은데,
文章氣焰摩蒼穹	문장의 기세가 푸른 하늘에 닿았네.
遺芳膰馥霑後人	남긴 향기가 후대 사람을 적시니
爪留泥上如飛鴻	날아가는 기러기가 진흙 위에 발자국을 남긴 듯.
名家全集不易得	名家의 全集은 쉽게 얻을 수 없는데
良金美玉沙石中	良金과 美玉이 모래 속에 있네.
孤雲以來多作者	孤雲 이래로 작가가 많아서
筆戰有如龍鬪野	문필의 우열을 다툼이 용이 들판에서 싸우는 듯
中原歆美小中華	中原에서도 小中華라고 부러워하니
日星晃朗光相射	해와 별처럼 맑은 빛을 밝히네.
況有益齋集大成	더욱이 益齋가 집대성하여
千百五七皆精英	散文과 詩가 모두 빼어나네.
騈驪四六亦得體	騈儷文이 또한 體를 얻었고
陳情頌德和而平	陳情과 頌德은 온화하고 평온하네.
拙翁豪氣自無敵	拙翁의 호방한 기운은 절로 맞설 이 없고
拾盡三韓高律格	三韓의 높은 율격을 다 모았네.
同時諸賢不入選	같은 시대에 여러 분들은 뽑히지 못했는데
似重耳聞輕目擊	들은 것을 중히 여기고 본 것을 가벼이 여긴 듯하네.
晚年留與驪江翁	늘그막에 驪江의 늙은이와 머물면서
直與江水流無窮	곧바로 강물이 끝없이 흐르는 듯하였네.

老者仙去少者繼　　늙은이가 죽자 젊은이가 잇는데
我愛閣門追古風　　나는 古風을 좇는 閣門을 사랑하네.
閣門學力有餘地　　閣門의 학력은 여유가 있는데
身如蠧魚寄文字　　몸은 좀벌레처럼 문자에 기탁하네.
旁求博采如雲屯　　두루 찾고 널리 채집하여 쌓인 구름과 같은데
驚我老目迷同異　　나의 노숙한 눈으로도 異同을 헤매게 하네.
我今病餘心力衰　　나는 지금 앓은 뒤라 마음과 힘이 쇠약하여
不分菽麥成白癡　　콩과 보리도 분간하지 못할 만큼 백치가 되었네.
敢從管中窺豹斑　　어찌 대통 구멍으로 표범의 얼룩을 엿보랴?
氣息不絶如抽絲　　호흡의 기운은 실을 뽑듯이 끊어지지 않네.
且待秋風凉滿天　　장차 가을바람을 기다려 서늘함이 하늘에 가득하면
精神爽快興居便　　정신이 상쾌하고 지내기가 편하리.
便當執筆略批點　　곧 붓을 잡고 대략 비점을 찍을 것이니
君家更肯謀流傳　　그대의 집에서는 더욱 즐겨 유전시킬 것을 꾀하게나.[6]

　　이것은 閔安仁이 拙翁 崔瀣의 뒤를 이어 새롭게 詩選集을 편집하였는데, 그의 노고를 치하하면서 준 詩이다. 목은은 민안인과 함께 類選作業과 批點을 가하였음을 알 수 있다. 여기에서도 목은은 孤雲 崔致遠 이래로 무수히 많은 문인들이 이어졌으며, 그들의 노력이 쌓여 지금과 같은 원숙한 문화를 이루게 되었음을 자부하고 있다.

　　이와 같이 동국의 문학에 대한 자부심과 類選의 노력은 조선 초기에까지 그대로 이어지고 있다.

　　우리 동방에서 檀君이 나라를 세운 것은 너무 멀어 상고할 수 없고, 箕子가 九疇를 천명하여 八條를 폈으니 그 당시에 반드시 볼만한 문화가 있었을 것이나 전적에 남아 있지 않고, 三國이 솥발처럼 버티었을 때는 날마다 전쟁을 일삼았으니 어찌 詩와 書를 필요로 하였겠습니까. 그러나 高句麗에서는 乙支文德이 辭命을 잘하여 隋의 백만 군사를 물리쳤으며, 新羅에서는 자제를 보내어

---

6) 『文藁』 卷17, 〈閔祗候安仁, 集諸家詩稿, 將續拙翁東文, 予喜之甚, 作短歌以勖其成〉.

唐에 들어가 과거에 급제한 자가 50여 명이나 되었고, 崔致遠의 黃巢 토벌의 橄文은 이름이 천하에 울렸으니 글 잘하는 선비들이 없는 것이 아니었는데, 지금 전하는 것이 드무니 진실로 탄식할 일입니다.

高麗에서 後三國을 통일한 이래로 文治가 점점 일어나서 光宗이 과거를 설치하여 선비를 뽑았고, 睿宗이 文雅를 좋아하였으며, 계속하여 仁宗, 明宗이 역시 儒學을 숭상하여 호걸스런 선비가 찬란하게 많이 나왔습니다. 北宋, 南宋, 遼, 金의 전란 때에 여러 번 문사로서 국가의 환란을 풀었으며, 元朝에 이르러서는 賓貢으로 과거에 올라 중원의 재사들과 상하를 다투는 이가 앞뒤에 서로 잇달았고, 皇明이 통일하매 光嶽의 기운이 완전하여 우리나라에서도 여러 성군이 서로 이어져 함양하여 백 년 동안 나온 인물들이 偉大하고 精粹하여 文章을 지음에 있어 뛰어나게 울림이 옛날에 비해 손색이 없습니다.

이것은 우리 동방의 文이 宋, 元의 文도 아니고 또 漢, 唐의 文도 아니며 바로 우리나라의 문인 것입니다. 마땅히 중국 역대의 문과 나란히 천지간에 행할 것이거늘, 어찌 泯沒하여 전함이 없어서 되겠습니까. 그러나 金台鉉이 편찬한 『文鑑』은 疏略하여 실패하였고, 崔瀣가 편찬한 『東人文』은 散逸한 것이 매우 많았으니 어찌 문헌의 크게 개탄할 일이 아니겠습니까.7)

위의 인용문은 서거정이 동국의 문을 모아 선발하여 『동문선』을 만들고 그 내력을 써 놓은 서문이다. 여기에서 서거정의 언급을 살펴보면 그의 인식은 바로 목은과 같이함을 알 수 있다. 우리 동방의 文은 송, 원의 문이 아니고, 한, 당의 문도 아닌 우리나라의 문이라는 인식과 중국의 역대 문들

---

7) 徐居正, 『四佳文集』 卷4, 「東文選序」, "吾東方 檀君立國, 鴻荒莫追, 箕子閘九疇, 敷八條, 當其時, 必有文治可尙, 而載籍不存, 三國鼎峙, 干戈日尋, 安事詩書. 然在高句麗, 乙支文德善辭命, 抗隋家百萬之師, 在新羅, 入唐登第者, 五十有餘人, 崔致遠黃巢之橄, 名震天下, 非無能言之士, 而今皆罕傳, 良可嘆已. 高麗氏統三以來, 文治漸興, 光宗設科取士, 睿宗好文雅, 繼而仁, 明, 亦尙儒雅, 豪傑之士, 彬彬輩出. 當兩宋, 遼, 金搶攘之日, 屢以文詞, 得紓國患, 至元朝, 由賓貢中制科, 與中原才士頡頑上下者, 前後相望, 皇明混一, 光岳氣全, 我國家列聖相承, 涵養百年, 人物之生於其間, 磅礡精粹, 作爲文章, 動盪發越者, 亦無讓於古. 是則我東方之文, 非漢, 唐之文, 亦非宋, 元之文, 而乃我國之文也. 宜與歷代之文, 幷行於天地間, 胡可泯焉而無傳也哉. 奈何金台鉉作文鑑, 失之疏略, 崔瀣著東人文, 散逸尙多, 豈不爲文獻之一大慨也哉."

과 나란히 평가되어야 한다는 인식은 민족과 문화에 대한 높은 자긍심을 나타낸 것이라고 하겠다.

또한 목은에게서 크게 발현된 우리 민족의 원류와 역사적 전통에 대한 인식도 조선 초의 문인에게 이어지고 있어, 陽村, 三峰, 雙梅堂 李詹 등의 시와 문장에서 산견되고 있다.

〈상고시대 開闢한 東夷王. 옛날에 神人이 檀木 아래 하강하자, 나라 사람들이 그를 임금으로 세우고서 檀君이라 불렀다. 때는 唐堯 元年戊辰이었다.〉

聞說鴻荒日	얘기를 듣자하니 아득한 옛날에
檀君降樹邊	단군님이 나무에 내려오셨다네.
位臨東國土	임금이 되어 동쪽 나라 다스렸는데
時在帝堯天	저 중국 요 임금과 때가 같다하네.
傳世不知幾	세대를 전한 것이 얼마인지 모르지만
歷年曾過千	해로 따져도 천 년이 훨씬 넘었다네.
後來箕子代	그 뒷날 기자의 대에 와서도
同是號朝鮮	똑같은 조선이라 이름하였네.[8]

이것은 양촌이 명나라 황제의 명으로 지은 應製詩이기 때문에 더욱 의미가 있다고 하겠다. 우리 민족의 시조로서 단군을 묘사하면서 자연스럽게 당요 무진년을 거론할 수 있었으며, 이것은 역사와 전통이 중국에 비견하여 뒤지지 않음을 은유적으로 나타낸 것이라고 볼 수 있다. 그러나 목은도 마찬가지였지만 檀君과 함께 殷太史 箕子에 대한 언급에 더욱 비중을 두고 있는 시들이 많다. 이것은 중국문화와의 동질감을 얻기 위한 것으로 해석된다. 하지만 목은은 기자를 노래할 때 신하노릇을 하지 않았음을 강조한 것에 비해 조선 초기 문인들은 주 무왕에게 봉함을 받은 것을 특별히 드러내고 있어 차이를 보이고 있다. 이러한 檀君과 箕子, 그리고 高句麗, 百濟,

---

8) 權近, 『陽村集』 卷1, 「應製詩」, "始古開闢東夷主 昔神人降檀木下, 國人立以爲主, 因號檀君, 時唐堯元年戊辰也."

新羅, 三韓 등과 관련된 인식을 나타내고 있는 산문들로는 양촌의 「平壤城大同門樓記」, 「送三司右使李虞廷稷奉使朝京詩序」, 「三國史略序」 등과 쌍매당의 檀君朝鮮, 箕子朝鮮, 衛滿朝鮮에 대한 史論, 三國에 대한 사론, 「三國圖後序」 등에서 찾아볼 수 있다.

목은 문학이 가지는 다른 한 가지 의의는 바로 우리나라에 성리학을 굳건하게 根着시킴으로써 조선 개국의 사상적 기틀을 마련하였으며, 성리학의 사상적 기초 아래 이루어진 수많은 시와 문장들은 조선 초기 문학의 원류로 평가될 수 있다.

> 지금 牧隱 李先生은 일찍이 가정의 교훈을 이어받고 북으로 중원에 유학하여 師友淵源의 올바름을 얻어 性命道德의 학설을 궁구하고 동으로 돌아와 諸生을 맞이하여 가르쳤다. 그를 보고 흥기한 자는 烏川 鄭公 達可, 京山 李公 子安, 潘陽 朴公 相衷, 密陽 朴公 子虛, 永嘉 金公 敬之, 權公 可遠, 茂松 尹公 昭宗 등이 있으며, 비록 나같이 不肖한 사람도 그분들의 대열에 참여하게 되었다.9)

이처럼 목은이 원의 국자감에 들어가 3년간 수학을 하고 고려로 돌아와 가장 심혈을 기울여서 시작한 일은 바로 성리학을 보편화시키는 것이었다. 40세 12월 성균관 대사성이 된 후 10여 년이 넘도록 계속하였으며, 다른 관직으로 옮기고 난 후에도 꾸준한 관심을 가지고 있었다. 이 과정에서 배출된 인물들이 무수히 많이 존재하는데, 麗末鮮初의 文人들이 대부분 포함되고 있다. 그중에서도 가장 중심인물이 바로 위에서 삼봉이 언급한 사람들이다. 이 중에서 鄭夢周, 李崇仁, 朴相衷, 朴子虛 등은 조선이 개국하기 전에 죽었거나 죽임을 당하였으며, 權近, 鄭道傳, 尹昭宗, 河崙, 金子粹,

---

9) 鄭道傳, 『三峯集』 卷3, 「陶隱文集序」, "今牧隱李先生早承家庭之訓, 北學中原, 得師友淵源之正, 窮性命道德之說. 旣東還, 延引諸生, 見而興起者, 烏川鄭公達可, 京山李公子安, 潘陽朴公相衷, 密陽朴公子虛, 永嘉金公敬之, 權公可遠, 茂松尹公昭宗, 雖以予之不肖, 亦獲側於數君子之列."

姜淮伯 등은 조선의 건국에 중추적인 역할을 하였으며, 건국 이후에 관료로 진출하여 국가의 기틀을 다졌다. 또한 吉再, 閔安仁, 朴믈, 黃喜 등도 목은의 문하에서 성장한 인물들이다.

이처럼 고려 말과 조선 초의 문인, 학자들의 대부분은 조선 건국과 관련하여 각각 대처하는 방법이 서로 달랐지만 목은에게서 성리학을 배웠다는 공통점을 지니고 있다. 그만큼 麗末鮮初의 성리학사에 있어 목은이 가지는 위치와 역할은 가장 정점에 위치한다고 하겠다. 목은보다 앞선 세대는 성리학 수용기의 문인들로 완전히 성리학적인 사고를 하지 못했던 반면, 목은은 어릴 때부터 潛心하여 성리의 학을 궁구하고 실천하여 명실상부한 儒宗으로 추앙받게 되었다. 이러한 사상적 배경하에서 현실과 의리 사이의 방황 등이 그의 시문에 그대로 나타나 있다.

또한 목은은 실용적인 문장을 창작하는 데 주력하였다. 고려 후기의 사회가 원, 명이 교체하는 과도기에 있었기 때문에 중국으로 보내는 表나 牋 등 실용적인 문체가 중요시되었다. 그 외의 문체들도 記文과 說文, 碑誌, 序跋 등 문인들 간 교유에 필수적인 것을 중심으로 창작하였다. 그리고 그의 산문에서 보이는 註疏語錄體의 氣習도 산문에 대한 실용적 인식으로 나타나게 된 것이라고 말할 수 있다. 이와 같은 산문의 실용적 효용에 대한 인식은 조선 초기에 그대로 계승되었다.

VI

結

論

한 작가의 문학을 연구함에 있어서 가장 중요한 문제는 바로 문학작품 자체이다. 그러나 문학작품이 탄생하게 된 정치, 사회, 문화적 배경을 간과 해서는 완전한 연구가 되지 못하며, 작가의 의지와는 다른 방향으로 왜곡될 우려가 있다. 따라서 작품과 창작 배경, 그리고 작가가 가지고 있던 의식도 함께 총체적으로 살펴보는 것이 가장 이상적인 작가론이라고 할 것이다. 이 러한 인식 아래 목은 문학의 詩文과 散文을 중심으로 사유의 변화양상과 시의 특징, 그리고 산문의 특징과 의의를 밝혀보았다.

먼저 기초적인 선행연구로 목은의 문학이 성립될 수 있었던 사회적 배경 을 살펴보았다. 고려 후기 사회는 몽고의 침입과 항몽기를 거쳐 원 간섭기 로 이어진다. 이 시기에는 지배층이 중심이 되어 적극적으로 원의 문화를 고려로 수용하였는데, 서화와 화초는 물론 서적, 성리학 등 다양하였다. 그 중에서 서적은 대부분 유교경전이나 성리학에 관련된 것이었다. 성리학의 수용은 고려 건국 이후 지배사상으로 자리를 지켜왔던 불교를 대신하여 새 로운 사회로의 변혁에 사상적 기반을 제공해주었다.

다음으로 『牧隱藁』의 편차의 특성에 따라 청·장년기와 중·노년기로 나 누어 사유의 변화양상과 그 특징을 살펴보았다. 목은이 태어난 시기는 이미 몽고가 중원에 원이라는 대제국을 건설한 이후였기 때문에 전 세대들의 시 문에서 나타났던 항몽의식은 찾아보기 힘들다. 오히려 원의 문화는 새롭고 체계화되어 있으며, 그동안 문화를 더욱 빛나게 하였고, 문물·제도는 요순시대와 같이 되었음을 노래하였다. 또한 비록 자신은 동쪽의 조그만 구석에서 태어났지만 원이라는 크고 번화한 문화를 익힘으로써 그 기질을 변화시켜 앞으로 큰일을 하겠다는 당당한 포부를 내비치고 있다. 재원시기에 지은 목은의 시 중에는 타국에서의 혼자서 시작하는 새로운 생활에 대한 불안감이나 외로움을 나타낸 것이 다수 있다. 또한 부모님과 고향의 산천을 그리워하는 시도 많은데, 이와 같은 마음의 動搖는 애벌레가 허물을 벗고 하늘을 마음대로 날 수 있게 되는 것처럼 목은도 열심히 학업에 열중하여 자신의 뜻을 마음껏 펴보겠다는 결의로 위안을 삼고 있음을 볼 수 있다.

하지만 목은은 20여 세의 젊은 나이로 중원에 들어가 3년간 수학하면서 불합리한 차별을 받는 고려인들의 실상을 보았으며, 중원의 문화에 결코 뒤지지 않는 고유한 고려문화의 우수성을 깨닫게 되었다. 또한 변방의 오랑캐로 멸시를 받던 몽고족이 송나라를 멸망시키고 중원의 새로운 지배자로 떠오르면서 점차 華·夷에 대한 구별이 없어져 夷도 변하여 華가 될 수 있고, 華도 변하면 夷가 될 수 있다는 것이 元에 의해 증명되었다. 이것은 그동안 고착화되어 있던 華夷觀의 변화를 가져왔다.

또한 목은은 부친을 따라 원도에 들어가 국자감에 입학을 하여 수학을 하면서 여러 가지 어려운 여건을 극복하고, 마침내 고려와 원의 과거에서 우수한 성적으로 급제하는 영예를 한 몸에 받게 되었다. 그동안 고난을 당할 때마다 미래에 대한 큰 포부와 강한 자부심을 가지고 이겨냈으며, 고려 왕실의 보존과 백성들의 안정에 관심을 가지기 시작하였다. 과거급제 이후 본격적으로 관직생활에 들어서면서 적극적으로 고려의 관제를 회복하고 원의 정치적인 간섭에서 벗어나 고유성을 회복하는 데 앞장을 섰다.

목은은 29세 때, 원의 모든 관직을 사직하고 고려로 돌아온 이후부터 오직 공민왕을 도와 고려의 국권을 회복하고 문물과 제도를 정비하여 중흥을 이루는 데 심혈을 기울였다. 목은이 가지고 있던 이와 같은 고려 중흥의 의지는 공민왕이 갑자기 죽은 이후에도 계속되었으며, 중·장년기의 유일한 목표였다. 하지만 공민왕 집권 후기로 가면서 신돈의 횡포와 공민왕의 실정으로 점차 왕권이 흔들리고, 원과 명의 사이에서 정치적으로도 안정되지 못하였다. 이러한 상황에서 목은은 고려를 끝까지 부지하고 다시 일으키려고 했던 희망이 점차 어려워짐을 깨닫게 되었다.

이처럼 중·노년기의 시에서는 고려에 대해 가지고 있던 목은의 의식이 일변하게 되었다. 일찍이 세계적인 제국을 이루었던 원에서 공부하였으며, 쟁쟁한 중원의 문사들과 겨루어 목은 자신이 최고임을 당당히 보여주었고, 원의 한림원에서 그 재주를 인정받았을 뿐만 아니라 고려에서도 정치를 이끌었던 목은으로서는 누구보다도 세태의 변화를 잘 알 수 있었다. 이미 중원에서도 그 세력을 자랑하던 원이 망하고 새롭게 명이 섰지만 오히려 정치적으로 사회적으로 안정된 모습을 이룩한 예를 보더라도 더이상 고려를 고집할 수 없음을 알았기 때문에 이와 같은 의식의 변화를 가져왔다. 하지만 의리를 중요시하는 유학자의 본분으로서 자신이 섬겼던 고려 왕조를 버릴 수 없었다. 실제로 조선 건국 이후 목은이 보여주었던 中庸的 行步는 이러한 그의 의식을 대변하는 것으로 이해할 수 있다.

목은의 시에는 웅혼한 기상을 느낄 수 있는 작품들이 다수 존재하는데, 이것은 바로 목은의 내면에 잠재하고 있는 큰 포부와 호연함이 만들어내는 것이라고 하겠다. 물론 시의 품격을 단정적으로 말할 수는 없지만 이와 같은 웅혼한 품격의 시는 대부분 목은의 청·장년기에 주로 나타나고 있다. 이것은 원에서 천하의 재사들과 어깨를 나란히 할 수 있는 자신감과 학문의 역량을 비롯해 다양한 견문을 쌓은 목은만이 가질 수 있는 것이었다. 이 시기의 목은의 충만한 기백과 자신감은 그의 시에 그대로 나타나고 있다. 그리고 이러한 기상은 대부분 고체시에서 주로 나타난다. 목은의 대표작으로 평가되며 후대의 시화집에 등장하는 〈貞觀吟〉, 〈天寶歌〉, 〈燕山歌〉 등의 시들은 모두 古詩의 형태이다. 古詩가 형식상 비교적 자유롭고 장편이기 때문에 작자가 표현하고자 하는 바를 마음껏 발휘할 수 있어 이와 같은 웅혼한 기상을 담고 있는 시가 많아졌다. 또한 古詩는 해박한 지식과 난숙한 기교를 더욱 필요로 하는 詩體이다. 그리고 난숙한 학문문적 성취와 함께 작시에 있어서도 원숙함을 얻은 장·노년기의 시에서는 다양한 형태의 시적 기교가 보인다. 시를 지으면서 구법과 형식, 단어 등을 자유자재로 구사하여 시적 효과를 배가시키고, 리듬감이나 흥미를 유발시키기도 하였다. 또한 다양한 고사를 인용하고 옛 글을 변용하였고, 의문사를 사용한 독특한 구성으로 대가의 난숙함을 보여주었으며, 특히 '工緻'하다는 평을 듣는 시들이 많이 있다. 이것은 그만큼 이 시기 목은의 시가 형식상 뛰어났다는 것을 말하는 것이다.

또 하나의 특징은 우리나라의 풍습과 음식, 속담 등을 소재로 자연스럽게 시를 창작하였으며, 고유어를 시어로 사용하기도 하였다. 이것은 고려가 가지고 있는 역사성과 전통에 대한 자부심에서 오는 현상이라고 할 수 있다. 또한 전통적으로 中原과 邊方으로 대별되던 華夷觀에서 벗어나 우리나라만의 특징적인 소재를 사용하여 시를 지음으로써 고유한 문화와 전통을 형성하고자 하는 인식도 읽을 수 있다. 이러한 목은의 인식은 益齋의 격려가 큰 촉매가 되었다. 청·장년기 우리나라의 역사와 전통이 중국에 비하여 뒤지지 않음을 역설하기 위하여 고대 우리나라의 건국 시조들과 중국의 침략을 물리친 역사적 사건 등을 시의 소재로 사용하였으며, 중·노년기에 들어서는 평범한 우리나라의 생활 풍속, 음식, 속담, 고유어 등을 사용하여 東國의 시를 지으려는 의식을 보여주었다.

산문은 〈記〉가 총 74편으로 가장 많고, 다음으로는 〈墓誌銘〉이 22편, 〈名字說〉이 21편 등이다. 이 중에서 특히 주목할 것은 卷11에 수록된 〈事大表牋〉이다. 여기에는 〈表〉, 〈牋〉뿐만이 아니라 〈教書〉와 〈批答〉, 〈頌〉, 〈乞退書〉 등도 포함되어 있기는 하지만 〈表文〉만 20편이 수록되어 있다. 고려 후기 외교문장에서 목은의 위치가 얼마나 중요한 것이었는가를 알 수 있는 자료이다.

목은은 좌주인 익재의 영향으로 산문을 지으면서 고문을 추구하였다. 그러나 과거를 보고 관직에 나가기 위해서 자신의 뜻을 그대로 표현하지 못하였고, 시험을 보기 위해 형식과 수식에 치중한 글을 지었음을 자술하고 있다. 하지만 목은은 스스로 그것이 고문이 아니고 자신의 진실한 뜻을 표현한 것이 아니었기 때문에 모두 미련 없이 버리고 수록하지 않고 있다. 그만큼 고문을 짓고자 하는 의식이 누구보다 강하였음을 알 수 있다. 여기에서 목은이 강조한 것은 외형보다는 내실의 중요성이다. 즉 격률을 맞추고, 어구를 조탁하여 시관들이나 권력자들의 비위를 맞추는 것보다 자신의 뜻을 바르게 표현하는 것이 참된 고문임을 말하고 있다.

목은 산문의 또 하나의 특징은 문장을 지을 때, 항상 경전의 내용을 들어 입론의 근거로 삼고 자기주장의 증거로 사용하였다는 것이다. 더구나 불교의 교리를 설명할 때에도 유교의 개념으로 대체하려고 하였는데, 이는 性理의 이론을 실제 생활에 적용하여 보편화시키려는 의도로 해석될 수 있다. 또한 각각의 인용들은 자신의 논리에 맞도록 생략이나 점화의 수법을 거치고 있는데, 이는 단순히 경전의 내용에 의지하여 서술하는 것이 아니라 경전의 내용을 인용함으로써 얻어지는 간결성과 명확성을 바탕으로 자신의 논의를 더욱 선명하고 견고하게 나타내주고 있다.

또한 권계와 권면의 내용도 목은 문장에서 전반적으로 나타나고 있다. 특히 서발문과 기문에 많이 나오지만, 說, 銘 등에도 자주 등장한다. 이러한 현상에서 목은이 문장에 대해 가지고 있는 의식을 찾아볼 수 있는데, 그것이 바로 실용성이라고 할 수 있다. 목은이 유희적인 문장을 전혀 짓지 않았다는 것에서도 이러한 사실을 확인할 수 있는데, 이것은 문장은 실용적인 목적을 가지고 지어야 한다는 道學文學觀의 기초 위에 있는 것이라고 하겠다.

다음으로 古文論과는 대척적인 것이기는 하지만 목은의 문장에 註疏語錄體的 氣習이 있다고 조선조의 비평가들의 언급이 있는데, 과연 어떠한 면 때문에 이와 같은 지목을 받게 되었는지를 살펴보았다. 먼저 注疏語錄體라고 하면 注疏體와 語錄體로 나누어 살펴볼 필요가 있다. 물론 이들 두 가지의 문체는 그 근원이 다를 뿐만이 아니라 그 쓰임도 전혀 다르다. 주소체는 經學에서 만들어진 문체이고 어록체는 불교에 뿌리를 두고 있으며, 주소체는 문장 構成上의 문제이고 어록체는 語彙使用의 문제이다.

어록체는 記文에 가장 많이 등장하고 墓誌銘에도 다수 보이며, 그 외 說, 序 등에도 한두 번씩 나타나고 있다. 어록체는 조선시대『성리대전』과 『주자대전』,『주자어류』등이 다수 간행되면서 더욱 관심이 높아졌다. 특히 퇴계 이황과 미암 유희춘 등이 평소 제자들을 가르치면서 위의 내용에서 등 장하는 어록체를 모아 우리나라 말로 주석을 가한 것이 있었다. 이것이 후 에 왕명에 의해 체계적으로 정리되어 간행되었는데, 바로『語錄解』이다. 여 기서 이 책에 등장하는 어록체 단어가 목은의 산문에서 얼마나 사용되었는 가를 살펴보았는데, 10여 가지의 예를 찾을 수 있었다. 由來와 같은 어휘 는 '從來소'이라고 되어 있으며, '從來'는 '녜브텨오므로'라고 되어 있어 부사 어로 사용되는 예이다. 그런데 由來의 용례에서는 명사밖에 없다. 따라서 '牛馬走'와 같은 名詞도 존재하지만 일반적으로 副詞語가 가장 많이 사용되 고 있다. 하지만 이와 같은 어록체 어휘들은 현재 자연스럽게 문어적 표현 으로 굳어진 것이 많이 있어 의구심을 가질 만한 것이 있다. 그러나『唐宋 八大家文』에서는 이들 어휘가 거의 등장하지 않고 있어 역시 구어적인 표 현임을 확인하게 된다.

그러나 목은 문장의 어록체적 성격이 창강 김택영의 평가와 같이 심각한 수준은 아님을 알 수 있다. 목은이 문장을 쓸 때, 문답의 형식을 많이 사용 하였고, 직접화법으로 표현한 부분이 많이 있기 때문에 자연스럽게 등장하 는 어휘들이라고 보인다. 특별히 의식적으로 어록체적 표현을 사용한 것이 아니라는 것이다. 오히려 고려 후기의 사회적인 분위기로 볼 때, 어록체 어 휘의 사용에 극히 조심스럽지 않았는가 의심할 수 있을 정도이다.

주소체로 된 산문도 존재한다. 목은은 원에 들어가 3년간 학습을 하였고, 그 이후에도 29세 되던 정월에 원의 모든 관직을 사임하고 완전히 귀국하 기까지 약 9년 동안 자주 고려와 원을 왕래하였기 때문에 漢語의 사용이 빈번하였을 것임은 당연한 것이다. 또한 표기수단이 한자밖에 없는 상황에 서 漢語의 단어로 모든 것을 이해할 수밖에 없기 때문에 어록체의 표현이 더 증가하였다고 볼 수 있다. 〈萱庭記〉, 〈景春說〉, 〈之顯說〉, 〈可明說〉,

〈寄贈柳思菴詩卷序〉, 〈送玆上人序〉 등의 글에 주소체가 보인다. 대부분 記, 序, 說 등 議論으로 이끌어가는 문체에 주로 등장하고 있다. 이것은 주소체 자체가 경전의 내용을 설명하는 것뿐만 아니라 단어나 구절의 의미를 해석하고, 옛 음과 이전에 쓰였던 뜻을 고증하였던 문체이므로 기, 서, 설 등 치밀한 구성과 논리성을 바탕으로 하는 산문에 사용하기에 적절했기 때문이다.

  앞서 살펴본 바와 같이 목은은 우리나라에 성리학을 본격적으로 뿌리를 내리게 한 장본인으로서, 고려 후기 송과 원에서 들어온 신유학을 누구보다 깊고 다양하게 섭렵하였으며, 사색을 통해 이해하고 다시 실생활에서 실천하였던 인물이다. 즉 본격적인 성리학자로서 선두에 서 있는 인물이다. 그렇기 때문에 누구보다도 먼저 자연스럽게 주소체와 어록체를 접할 수 있었고, 이것이 목은의 문장에 반영될 수밖에 없었던 것이다. 하지만 목은은 항상 익재와 가정의 훈도 아래서 진한의 고문을 본받고자 하는 의식에서 벗어날 수 없었기 때문에 오히려 주소어록체로 된 문장을 많이 짓지 않았던 것으로 나타나고 있다. 그리고 목은의 주소어록체적 기습으로 인하여 조선시대 200년 동안 이러한 폐단이 있게 되었다고 하였는데, 이 또한 수긍하기 어려운 부분이다. 조선은 건국 초부터 성리학이 확고하게 통치이념으로 자리를 잡았던 국가이고, 모든 학자들은 孔孟과 朱子로 이어지는 학문의 정통 맥을 잇고자 부단히 性理의 道를 추구하여 새로운 도학의 맥을 형성하였다. 그만큼 성리학에 대한 연구와 이해가 고려 후기보다 훨씬 넓고 깊었다고 하겠다. 더구나 조선 초부터 명나라로부터 『성리대전』, 『주자어류』 등의 서적들을 들여와 널리 유포시킴으로써 명실공히 성리학의 이념으로 통치되는 나라를 이룩하였다. 이와 같은 환경 속에서 退溪도 語錄體를 별도로 공부할 수밖에 없었으며, 왕명으로 어록체를 단어별로 정리하여 주석을 가한 전문 서적도 간행할 수밖에 없었던 것이다. 그만큼 조선의 학자들에게 성리학과 관련된 어록체와 주소체는 일반적이었다.

〈參考文獻〉

1. 基本資料 및 工具書

『經書』(『大學』·『中庸』·『論語』·『孟子』), 대동문화연구원, 1979.

『高麗史』, 아세아문화사, 1972.

『高麗史節要』, 아세아문화사, 1973.

『國譯 稼亭·牧隱集』, 국역 가정·목은문집 편찬위원회, 1983.

『국역 대동야승』, 민족문화추진회, 1982.

『국역 목은집』, 민족문화추진회, 2003.

『국역 신증동국여지승람』, 민족문화추진회, 1978.

『국역 익재집』, 민족문화추진회, 1985.

『국역 청장관전서』, 민족문화추진회, 1978.

『東文選』, 협성문화사, 1985.

『文選』, 정문사, 1983.

『文體明辯』, 오성사, 1983.

『北譯 高麗史』, 신서원, 1991.

『史記』·『三國志』·『後漢書』·『舊唐書』·『新唐書』·『宋史』·『元史』·『新元史』,
　　　　경인문화사.

『事文類聚』, 해동문화사.

『書傳』, 보경문화사, 1983.

『成宗實錄』, 국사편찬위원회, 1979.

『世宗實錄』, 국사편찬위원회, 1979.

『詩傳』, 보경문화사, 1983.

『淵鑑類函』, 해동문화사.

『禮記』(『漢文大系』17), 신문풍출판공사, 민국 67.

『周易』(『漢文大系』16), 신문풍출판공사, 민국 67.

『朱子大全』, 中華書局, 민국 74.

『靑丘風雅』·『箕雅』·『大東詩選』, 아세아문화사, 1980.

『春秋左氏傳』, 경문사, 1979.

『通鑑節要』, 보경문화사, 1983.

『佩文韻府』, 한국학진흥원, 1985.

『韓詩外傳』(『漢魏叢書』), 중화당.

『海東詩選』, 창문각.

『淮南子』(『漢文大系』20), 신문풍출판공사, 민국 67.

2. 文集 및 雜錄類

權　近, 『陽村集』(『韓國文集叢刊』7), 민족문화추진회, 1990.

金澤榮, 『麗韓十家文抄』, 경문사, 1980.

金澤榮, 『韶濩堂文集』(『金澤榮全集』), 아세아문화사, 1978.

南龍翼, 『箕雅』, 亞細亞文化社, 1977.

閔思平, 『及菴詩集』(『韓國文集叢刊』3), 민족문화추진회, 1990.

卞季良, 『春亭集』(『韓國文集叢刊』8), 민족문화추진회, 1990.

徐居正, 『東人詩話』, 이우출판사, 1981.

徐　兢, 『高麗圖經』, 아세아문화사, 1981.

安錫儆, 『霅橋集』.

安　軸, 『謹齋集』(『韓國文集叢刊』2), 민족문화추진회, 1990.

李　穀, 『稼亭集』(『韓國文集叢刊』3), 민족문화추진회, 1990.

李光靖, 『牧隱先生年譜』, 한국정신문화연구원 소장본.

李達衷, 『霽亭集』(『韓國文集叢刊』2), 민족문화추진회, 1990.

李　穡, 『牧隱集』(『韓國文集叢刊』3·4·5), 민족문화추진회, 1990.

李崇仁, 『陶隱集』(『韓國文集叢刊』 6), 민족문화추진회, 1990.

李仁老, 『破閑集』, 아세아문화사, 1972.

李齊賢, 『益齋亂藁』(『韓國文集業刊』 2), 민족문화추진회, 1990.

林　椿, 『西河集』(『韓國文集叢刊』 1), 민족문화추진회, 1990.

田綠生, 『埜隱逸稿』(『韓國文集叢刊』 3), 민족문화추진회, 1990.

鄭　誧, 『雪谷集』(『韓國文集叢刊』 3), 민족문화추진회, 1990.

鄭道傳, 『三峯集』(『韓國文集叢刊』 5), 민족문화추진회, 1990.

鄭夢周, 『圃隱集』(『韓國文集叢刊』 5), 민족문화추진회, 1990.

崔　滋, 『補閑集』, 아세아문화사, 1972.

崔　瀣, 『拙藁千百』(『韓國文集叢刊』 3), 민족문화추진회, 1990.

崔　瀣, 『東人之文』(『高麗名賢集』 5), 대동문화연구원, 1980.

卓光茂, 『景濂亭集』(『韓國文集叢刊』 6), 민족문화추진회, 1990.

河謙鎭, 『東詩話』(『韓國詩話叢編』 12), 동서문화원, 1989.

韓　脩, 『柳巷集』(『韓國文集叢刊』 5), 민족문화추진회, 1990.

洪萬宗, 『詩話叢林』·『小華詩評』(『洪萬宗全集』), 태학사, 1980.

3. 著書類

高惠玲, 『高麗後期 士大夫와 性理學 受容』, 一潮閣, 2001.

郭紹虞, 『中國文學批評史』, 文史哲出版社, 民國71.

郭紹虞, 『照隅室古典文學論集』, 丹青圖書有限公司, 民國74.

金乾坤, 『이제현의 삶과 문학』, 이회, 1996.

김건곤 외, 『고려시대 역사시 연구』, 한국정신문화연구원, 1999.

金都鍊 編, 『韓國 古文의 理論과 展開』, 太學社, 1998.

金忠烈, 『高麗儒學史』, 고려대 출판부, 1984.

金台俊, 『朝鮮漢文學史』, 조선어문학회, 1931.

김풍기, 『조선전기문학론연구』, 태학사, 1996.

金學主, 『中國文學槪論』, 신아사, 1977.

羅根澤, 『中國文學批評史』, 고적출판사, 1984.

文璇奎, 『韓國漢文學史』, 정음사, 1976.

閔丙秀, 『韓國漢詩史』, 太學社, 1996.

閔丙秀, 『韓國漢文學槪論』, 太學社, 1996.

閔丙秀, 『韓國漢文學散藁』, 태학사, 2001.

朴龍雲, 『高麗時代史』(하), 일지사, 1987.

范　況, 『中國詩學通論』, 하락도서출판사, 민국 69.

孫昌武, 『唐代古文運動通論』, 백화문예출판사, 1984.

申千湜, 『牧隱 李穡의 學問과 學派』, 一潮閣, 1998.

심경호, 『한문산문의 미학』, 고려대학교 출판부, 1998.

呂運弼, 『李穡의 詩文學 硏究』, 太學社, 1995.

呂運弼 외, 『역주 목은시고』 1~6, 월인.

呂運弼, 『高麗後期 漢詩의 硏究』, 月印, 2004.

王　力, 『漢語詩律學』, 상해교육출판사, 1982.

劉　淇, 『助字辨略』, 世界書局, 民國64년.

劉若愚(李章佑譯), 『中國文學의 理論』, 범학도서, 1978.

劉若愚, 『中國詩學』, 범학도서, 1979.

劉　勰(崔信浩 譯), 『文心雕龍』, 현암사, 1975.

李家源, 『韓國漢文學史』, 보성문화사, 1979.

李基百·閔賢九(編), 『史料로 본 韓國文化史-高麗篇』, 일지사, 1984.

李丙燾, 『韓國史-中世篇』, 을유문화사, 1980.

李炳赫, 『韓國漢文學의 探究』, 國學資料院, 2003.

李炳赫, 『麗末鮮初 漢文學의 再照明』, 太學社, 2003.

李鍾默, 『海東江西詩派硏究』, 太學社, 1995.

李鍾默, 『한국한시의 전통과 문예미』, 태학사, 2002.

이종묵 외, 『서거정 문학의 종합적 검토』, 한국정신문화연구원, 1998.

李鍾麟, 『文章體法』, 보서관, 대정 2.

李鍾建·李福揆, 『韓國漢文學槪論』, 보진재, 1991.

李鍾燦, 『漢文學槪論』, 이우, 1981.

李熙德, 『高麗儒教政治理念의 研究』, 일조각, 1984.

張伯潛・張祖怡, 『騈文與散文』, 上海書店出版社, 1996.

鄭　珉, 『朝鮮 後期 古文論 研究』, 亞細亞文化社, 1989.

鄭良婉, 『朝鮮朝後期 漢詩研究』, 성신여대 출판부, 1983.

鄭載喆, 『李穡 詩의 思想的 照明』, 集文堂, 2002.

조동일, 『한국문학통사』 2, 지식산업사, 1983.

趙潤濟, 『韓國文學史』, 탐구당, 1979.

陳　忠, 『中國古代常用文體規範讀本』「語錄」, 吉林人民出版社, 2004.

馮書耕・金仞千, 『古文通論』 上・中・下, 中華書局, 民國68年.

皮錫瑞 著(李鴻鎭 譯), 『中國經學史』, 同和出版公社, 1984.

韓㳓劤・李泰鎭(編), 『史料로 본 韓國文化史-朝鮮前期編』, 일지사, 1984.

許興植, 『高麗佛教史研究』, 일조각, 1986.

胡奇光 著(李宰碩 譯), 『中國小學史』, 東文選, 1997.

黃永武, 『中國詩學』, 거류도서공사, 민국 69.

黃維樑, 『中國詩學縱橫論』, 홍범도서유한공사, 민국 67.

4. 論文類

姜在哲, 「牧隱 李穡의 四君子詩 研究」, 『漢文學論集』 제 5집, 檀國漢文學會 1987.

姜在哲, 「牧隱 漢詩研究-特히 四君子詩에 主眼하여」, 단국대 석사논문, 1980.

高柄翊, 「麗代 征東行省의 研究」(상), 『역사학보』 14, 1961.

高柄翊, 「麗代 征東行省의 研究」(하), 『역사학보』 19, 1962.

郭　積, 「牧隱 李穡의 詩에 對한 研究-特히 風俗詩를 中心으로」, 성대 석사
　　　논문, 1982.

郭魯鳳, 「歐陽脩 散文研究」, 외국어대 박사논문, 1991.

金乾坤, 「高麗 假傳文學의 成立過程」, 『정신문화연구』 19, 한국정신문화연구
　　　원, 1983.

金乾坤, 「三韓詩龜鑑 硏究」, 『정신문화연구』 31, 1986.

金乾坤, 「漢文學에서 '隨筆'의 槪念과 性格」, 『정신문화연구』 36, 1989.

金乾坤, 「高麗 漢文學의 精神世界」, 『韓國思想史大系』 3, 한국정신문화연구
   원, 1991.

金乾坤, 「益齋 古文의 形式과 表現」, 『韓國 古文의 理論과 展開』, 1998.

金都鍊, 「古文의 源流와 性格」, 『한국학논총』 2, 국민대, 1979.

金東旭, 「謹齋 安軸과 그 詩·歌의 硏究」, 성대 박사논문, 1987.

金杜珍, 「高麗時代 思想의 歷史的 特徵」, 『한국사상사대계』 3, 한국정신문화
   연구원, 1991.

金聖基, 「李齊賢의 詩文學硏究」, 서울대 박사논문, 1990.

金時鄴, 「麗·元間 文學交流에 대하여」, 『한국한문학연구』 5, 1980~81.

金時鄴, 「牧隱의 君子意識과 民生·風俗詩」, 『牧隱 李穡의 生涯와 思想』, 일
   조각, 1996.

金宗鎭, 「高麗士大夫의 性理學 受容과 文學의 양상」, 고려 석사논문, 1981.

金忠烈, 「高麗 儒敎精神의 脈絡」, 『한국사상사대계』 3, 한국정신문화연구원, 1991.

金鍾眞, 「李穀의 對元意識」, 『태동고전연구』 1, 1984.

都賢哲, 「牧隱李穡의 政治思想」, 『韓國思想史學』 3, 한국사상사학회, 1990.

文喆永, 「麗末 新興士大夫들의 新儒學 受容과 그 特徵」, 『한국문화』 3, 서울
   대, 1982.

閔丙秀, 「'雄渾'係 詩作의 特性에 대하여」, 『韓國 漢文學 散藁』, 太學社, 2001

閔丙秀, 「高麗時代의 漢詩硏究」, 서울대 박사논문, 1984.

閔丙秀, 「古典詩論의 韓國的 展開에 대하여」, 『진단학보』 48, 1979.

朴性奎, 「麗末詩人의 現實認識」, 『우리문학연구』 3, 1978.

朴天圭, 「三隱과 麗末 漢文學」, 『東洋學』 9, 단국대 동양학연구소, 1979.

朴 熹, 「牧隱 李穡의 詩文學 硏究」, 세종대 박사논문, 1994.

徐景普, 「韓國漢文學作家論 3-李穡論-」, 『嶺南大學校論文集』 14, 1980.

成淑姬, 「拙翁 崔瀣와 그의 文學世界」, 성신여대 석사논문, 1988.

蕭斷宗, 「李益齋와 그의 詞가 韓國文學에 끼친 貢獻을 論함」, 『동양학』, 2, 1972.

孫洛範, 「牧隱 研究」, 『서원방용구박사 화갑기념논총』, 國際大 人文社會科學
     研究所, 1975.

宋龍恩, 「三隱의 研究(1)-李牧隱편-」, 『국어국문학연구』, 원광대 국어국문
     학과, 1987.

宋載邵, 「禑王代의 牧隱詩」, 『牧隱 李穡의 生涯와 思想』, 일조각, 1996.

宋政憲, 「陶淵明과 麗末三隱의 比較研究」, 『轉移와 受容』, 동방문학비교연구
     회, 1980.

申斗榮, 「牧隱 佛敎詩의 二元的 世界」, 『漢文學論集』 5, 檀國漢文學會 1987.

沈慶昊, 「詩장르의 역사적 변화와 詞」, 『한국고전문학연구』, 1983.

沈慶昊, 「朝鮮 後期 古文의 形式美」, 『관악어문연구』 13, 1988.

安啓賢, 「李穡의 佛敎觀」, 『趙明基博士華甲祈念論文集』, 간행위원회, 1965.

安秉禧, 「≪語錄解≫ 解題」, 『韓國文化』 4, 서울大學校 韓國文化研究所, 1983.

魚江石, 「試論元文化對高麗後期文人的影向」, 『中國朝鮮史研究』 1. 2004.

魚江石, 「在元期 牧隱 詩의 樣相과 特徵」, 『開新語文研究』 23. 2005.

魚江石, 「牧隱 詩에 나타난 東人意識과 그 樣相」, 『정신문화연구』 101, 2005.

魚江石, 「牧隱 散文의 註疏語錄之氣 小攷」, 『漢文學報』 14, 2006.

呂運弼, 「牧隱詩의 唐詩受容에 관한 研究」, 『韓國漢詩研究』 2, 韓國漢詩學
     會, 1994.

呂運弼, 「牧隱詩의 民風과 그 意味」, 『韓國漢詩研究』 1, 韓國漢詩學會, 1994.

呂運弼, 「李穡의 詩文學 研究」, 서울대 박사논문, 1993.

倪其心, 「怎樣分析古代散文」, 『詩文鑑賞方法二十講』, 中華書局, 1986.

禹應順, 「17세기 古文論의 배경과 역사적 성격」, 『語文論集』, 民族語文學會,
     1991.

柳光眞, 「牧隱 李穡의 詩文學研究」, 성신여대 박사논문, 1992.

柳光眞, 「牧隱의 自然詩考」, 『성신한문학』, 성신대한문교육과, 1988.

柳光眞, 「諸家評文을 통해본 牧隱의 詩」, 『誠信漢文學』 제3집, 誠信漢文學
     會, 1991.

柳浩珍, 「李穡 詩 研究-道學 性向의 작품을 중심으로」, 고대 박사논문, 1999.

李晙鉉, 「三隱 (李穡·鄭夢周·李崇仁)의 思想」, 『한국의 철학』, 경북대 퇴계 학연구소, 1983.

李東歡, 「牧隱에게서의 道學思想의 文學的 闡發－賦와 文에서의 경우」, 『한국 문학연구』 3, 고려대 민족문화연구원 한국문학연구소, 2002.

李炳赫, 「高麗末 性理學 受容期의 漢詩研究」, 동아대 박사논문, 1988.

李炳赫, 「麗末 漢文學의 思想的 背景 研究」, 『최동원 회갑기념논총』, 1983.

李炳赫, 「李穡 詩의 性理學的 傾向에 대하여」, 『우해이병선박사화갑기념논총』, 1987.

李炳赫, 「程朱學의 傳來와 麗末 漢文學」, 『한국문학논총』 5, 1982.

李相殷, 「李穡」, 『高麗 朝鮮初期의 學者 九人』, 신구문화사, 1974.

李奭求, 「『牧隱集』 解說」, 『國譯 稼亭集·牧隱集』, 韓山李氏大宗會編.

李秀煥, 「牧隱漢詩研究－吟雨詩를 中心으로－」, 고려대 석사논문, 1976.

李演載, 「牧隱의 題詠詩觀 考察－東國輿地勝覽 所載作品을 中心으로」, 『語文 研究』 35, 어문연구회, 1982.

李英徽, 「牧隱 李穡의 賦 研究」, 『한국어문학연구』 제40집, 한국어문학연구학 회, 2003.

李佑成, 「高麗詩人에 있어서의 文明意識의 形成」, 『이화사학연구』 3, 이화사 학회1968.

李銀順, 「李穡 研究」, 『이화사학연구』, 이화사학회, 1962.

李鍾文, 「高麗 前期 漢文學 研究」, 고려대 박사논문, 1991.

李鍾燦, 『韓國漢詩大觀』 9～11, 이회.

李鍾默, 「韓國 文人 年譜 研究」, 『藏書閣』 5, 한국정신문화연구원, 2001.

李惠求, 「牧隱先生의 驅儺行」, 『白樂濬博士還甲紀念論叢』, 사상계사, 1975.

李慧淳, 「高麗 後期 士大夫文學과 元代文學의 관련양상」, 『한국한문학연구』 8, 1985.

李慧淳, 「牧隱 李穡의 題畵詩 試考」, 『韓國文化研究院論叢』 52, 梨花女大, 1987.

林鍾旭, 「고려시대 辭賦의 성격 고찰－李奎報와 李穡, 鄭道傳의 사부를 중심으로」,『한국어문학연구』40, 한국어문학연구학회, 2003.

林熒澤, 「고려 말 文人知識層의 東人意識과 文明意識-牧隱文學의 논리와 성격에 대한 序說」,『牧隱 李穡의 生涯와 思想』, 일조각, 1996.

全鎣大, 「高麗朝 批評文學硏究」, 서울대 박사논문, 1985.

鄭求福, 「高麗時代의 史學史 硏究」, 서강대 박사논문, 1985.

鄭玉子, 「麗末 朱子性理學의 導入에 대한 試考」,『진단학보』51, 1981.

鄭仁在, 「元代의 朱子學」,『동양문화』19, 영남대, 1979.

鄭載喆, 「牧隱 李穡 詩의 硏究-그 思想的 志向의 探究」, 고대 박사논문, 1996.

鄭載喆, 「牧隱 李穡의 思惟樣式」,『漢文學論集』12, 단국한문학회, 1994.

鄭載喆, 「牧隱 李穡의 世界認識」,『漢文學論集』11, 단국한문학회, 1993.

鄭載喆, 「牧隱의 靑年期 漢詩에 나타난 思想的 傾向」,『韓國漢文學硏究』14, 한국한문학연구회, 1991.

정정숙, 「李穡 散文의 一考察-「記」의 양상과 내용분석을 中心으로」,『漢城語文學』21, 한성대학교 한국어문학부, 2002.

鄭惠媛, 「高麗 漢譯詩歌考」,『관악어문연구』5, 1980.

趙世衡, 「李穀・李穡의 生涯와 文學」,『心象』1987

趙容濟, 「牧隱의 漢詩 硏究-特히 그의 自然觀을 中心으로-」, 고대 교육대학원 석사학위 논문, 1981.

曺浩龍, 「牧隱詩硏究」, 계명대 석사논문, 1986.

朱榮智, 『文氣論硏究』, 臺灣:學生書局, 1988.

周采赫, 「元 萬卷堂의 設置와 高麗儒者」,『孫寶基博士停年祈念 韓國史學論叢』, 지식산업사, 1988.

車溶柱, 「李穡論」,『韓國文學作家論』, 형설출판사, 1979.

崔美汀, 「高麗歌謠와 譯解樂府」,『우전신호열선생고희기념논총』, 1983.

최재남, 「牧隱 李穡의 賦와 律文으로서의 賦의 樣式的 性格」,『又海李炳銑博士華甲祈念論叢』, 간행위원회, 1987.

河政承, 「高麗後期 漢詩의 品格 硏究」, 성대 박사논문, 2000.

韓㳴劤, 「麗末鮮初의 佛敎政策」, 『서울대논문집』6, 1957.
扈承喜, 「牧隱 李穡의 禪的 취향의 漢詩에 대하여-白樂天과의 比較的 觀點
　　　에서」, 『比較文學』9·10, 韓國比較文學會, 1985.
洪性旭, 「性理學 受容期 散文의 硏究」, 고대 박사논문, 1998.
黃在國, 「李穀文學硏究」, 경희대 박사논문, 1984.

부 록

閔思平 漢詩의 두 樣相

Ⅰ. 緒 論

고려 말은 한시문학에 있어서 고려 전기부터 이어져왔던 귀족문학이 새로운 성리학적 소양을 갖추고 등장한 신흥사대부문학으로 나가는 전환기라 할 수 있다. 이미 신흥사대부문학은 李奎報 당대에서 시작하고 있으나 기존의 귀족문학에 비하면 미미한 것에 불과하였다. 신흥사대부문학이 대두되기 시작한 시기는 고려가 몽고와의 전쟁을 끝내고 부마국으로 격하되면서부터이다.

고려 왕실은 그 입지가 흔들리게 되면서 그동안 비대해질 대로 비대해진 권문세족들을 제어하기는 역부족이었다. 이러한 상황 속에서 권문세족층은 당대의 지배세력으로서 굳건한 경제적 기반을 구축함으로써 자신들의 세력을 공고히 하였고, 상대적으로 왕권은 점점 약화되기에 이르렀다. 이처럼 정치적·경제적인 바탕을 지닌 권문세족들은 호화롭기 이를 데 없는 생활을 누리게 되자 백성들은 점점 곤고한 생활에 신음하게 되었으며, 사회적으로 상당한 모순과 갈등을 내포하게 되었다.

이와 같은 사회적 현실을 직시하고 나타난 세력이 바로 신흥사대부층이다. 이들은 대개 향리의 子弟이거나 科擧를 통해 중앙으로 진출한 인물이 대부분이었으며, 성리학에 대한 상당한 조예를 지니고 있었다. 그러나 이들 신흥사대부세력은 기존 권문세족들에 맞서기에는 역부족이었다. 이들이 중심세력으로 도약할 수 있는 계기가 된 것은 몽고의 간섭하에서 벗어난 공민왕 대 이후에 와서였다.

及菴 閔思平(1295~1359)은 이와 같이 혼란했던 시기인 忠烈王 21년에서부터 恭愍王 8년까지 살았던 고려 말의 문인이다. 그는 字를 坦夫, 號를 及菴이라 하였으며, 諡號는 文溫이다. 몇몇 문헌에는 子夷[1]라는 이름으로 지칭되기도 하였는데, 兒名이거나 또 다른 字인 것으로 보인다.

그의 文集으로는 外孫인 金九容이 편찬하고 門人인 李頤가 1370年(恭愍王 19年)에 刊行한 5卷 1冊의 『及菴先生詩集』[2]이 있다. 여기에는 李齊賢, 白文寶, 李穡의 序文과 李穡, 李仁復의 跋文, 李達衷의 墓誌銘 등이 수록되어 있다.

현재 남아 있는 급암의 시는 총 220제 295首이다. 『及菴集』에 294수가 수록되어 있으며, 『東文選』에 「沒朴恥菴」[3]이라는 제목으로 1수가 남아 있다. 급암의 시는 詩題가 긴 것이 특징이다. 여기에서는 詩作의 背景을 자세하게 서술하여 시를 이해하는 데 도움을 주고 있다. 두 번째 특징은 다른 사람들에게 獻呈한 시가 많다는 것이다. 이것은 당대 文士들과의 교유 속에서 창작된 것임을 나타내주고 있다. 이는 급암이 가진 교유의 폭이 넓었을

---

1) 李齊賢, 〈閔頔墓誌銘〉, 『高麗墓誌銘集成』 492面, 翰林大아시아文化硏究院.; "先取萬戶 上洛君金諱忻之女, 生一男曰子夷, 時爲奉善大夫尉少尹 知製敎."
   崔瀣, 『拙藁千百』 卷2, 8b, 〈故密直宰相閔公行狀〉

2) 현재 誠庵古書博物館에 소장되어 있으며 寶物 第708호로 지정되어 있다. 보존 상태는 양호한 편이나 표지는 없고, 서문의 일부도 떨어져 나갔으며, 원문의 일부가 補寫되기도 하였다. 卷5 6張 前面에 '至正庚子七月旣望齊閔謹誌'라는 識語를 보면, 1360年(恭愍王9年)에 及菴의 外孫인 金九容(初名 齊閔)에 의해 편집되어 1370年(恭愍王 19年)에 간행된 것임을 알 수 있다.(이하 『及菴集』으로 칭함)

3) 『東文選』 卷16, 「沒朴恥菴」: "散榮松蹊尋寺了, 聯鞍夕照與樵還. 數峰晴雪靑驢輩, 好被人嘲飯顆山"

뿐만 아니라 대인관계가 상당히 좋았던 결과라 하겠다. 특히 이러한 성격의 시들은 거의가 연회석상에서 지어졌던 것임을 생각해볼 때 급암의 교유시는 당시 지배층 생활의 한 단면을 보여주는 것이라고 할 수가 있다. 따라서 고려 후기 문단의 경향과 분위기를 파악하는 데 중요한 자료가 된다고 하겠다. 그리고 또 하나의 특징적인 면은 백성에 대한 애착과 정감이 배어 있다는 것이다. 이러한 정감을 바탕으로 애민의 시와 소악부가 창작되었다고 볼 수 있다.

『及菴集』에 실려 있는 시들은 모두 末年에 지어진 것들이어서 전 생애를 온전히 조망할 수는 없지만, 그의 사상과 문학이 완숙기에 접어든 시기의 작품이기 때문에 급암의 내면세계를 가장 잘 나타내준다고 하겠다. 급암 시에 대하여 이제현이 "매번 술이 거나해지면 문득 시를 지었는데 세속의 찌든 때가 없었다."[4]라고 평가를 하거나 "급암의 시법은 스스로 하늘의 뜻을 얻은 것이다."[5]라고 칭찬을 아끼지 않을 만큼 급암은 시에 높은 성취를 이루었다.

그러나 급암 시문학에 있어서 무엇보다 중요한 점은 고려 말 권문세족을 중심으로 발전되었던 화려한 연락과 취흥을 읊은 귀족적 성향의 시와 새로운 사상으로 자리한 성리학의 소양을 갖춘 신흥사대부를 중심으로 나타났던 현실에 대한 인식과 백성에 대한 교화를 추구하는 사대부적 성향의 시가 함께 나타나고 있다는 것이다.

이와 같은 의미를 지니고 있는 급암의 시에 대한 지금까지의 연구는 대부분 '급암소악부'를 중심으로 이루어졌으며, 실질적인 시문학에 대한 연구는 드물다. 따라서 급암 시문학을 종합적으로 검토하여 문학의 가치를 밝히고 고려 후기 문학사에서 분명한 위치를 정립할 필요가 있다.

본 논문은 이러한 요구에 따라 급암 문학이 가지는 두 가지 시의 경향을

---

4) 註 2) 참조
5) 李穡, 『牧隱文藁』 卷13, 4b, 〈題惕若齋學吟後〉: "益齋先生每嘆曰 及菴詩法, 自得天趣."

비교, 분석하여 가치를 밝힘과 동시에 후대 문학과의 연속성을 찾아보고자
한다.

Ⅱ. 貴族的 性向의 詩

　원나라의 부마국으로 전락한 이후 고려의 향락분위기는 점차 조정을 벗어
나 권력계층 사이로 파급되어 원간섭 중기로 가면 권신들끼리 모여 歌舞와
詩酒로 소일을 하는 모임이 많아지게 되는데, 그중에서 선도적인 역할을 하
였던 것이 耆老會(耆英會)이다. 이 기로회는 일찍이 崔讜(1135年-1211
年, 仁宗 13年-熙宗 7年) 형제에 의해서 우리나라에 처음 등장하고, 그
후 충숙왕조에 이르러서 '海東後耆老會'라는 명칭으로 다시 등장한다. 여기
의 중심적인 인물은 東庵 李瑱이었다. 바로 그 뒤를 이어서 菊齋 權溥, 中
菴 蔡洪哲 등이 충숙왕 복위 후에 다시 耆英會를 조직하였다. 이들 단체는
나라의 원로들이 중심으로 구성된 것으로 화려한 연회를 열고 賦詩와 飮酒
歌舞를 즐겼다. 이러한 권신들의 詩酒歌舞를 즐기는 모임은 지배층 사회의
일반적인 경향으로 자리잡게 되었으며, 李益齋를 중심으로 閔及菴, 鄭愚谷,
崔拙翁 등의 시대에 이르러서도 이어지고 있다. 최해의 '海東後耆老會序'에
의하면6) 이미 이들이 東菴 이진에 의해 조직된 '海東後耆老會'에 참여하였
고, 이를 본받아 급암 등의 시대에도 이와 같은 모임이 활발하게 이루어지
고 있었음을 알 수가 있다.

---

6)　崔瀣, 『拙藁千百』 卷1, 4b, 〈海東後耆老會序〉: "一日, 東菴老先生, 呼新進小生
　　某, 與語之曰 近會諸老, 欲講洛社雙明故事, 尒爲諸老序之. 某辭以齒少而賤, 不
　　足承當諸相公意, 如何. 先生笑曰 昔眉叟之見放雙明, 諸公亦豈以齒位論也, 尒不
　　可辭也."

매해 봄·가을철 좋은 시절이 오면 애써 술과 음식을 마련하고 문생과 같은 연배의 사람들을 데리고 익재 및 우곡, 급암과 기로의 여러 재상들을 맞이하여 술 마시고 시 지으며 마음껏 즐겼다.7)

위 백문보의 언급에서 볼 수 있듯이 급암 등이 기로의 위치에 있을 때에도, 명확한 명칭이 나타나지는 않지만 문생들과 기로들이 서로 함께 어울려 詩才를 뽐내고 술 마시며 한바탕 즐겼음을 알 수 있다.

이처럼 世族들 사이에 빈번하였던 연회는 14C 전반기 고려사회의 보편적인 현상이었다. 당시의 문단도 대체로 연회를 중심으로 형성되었다고 생각된다. 그만큼 고려 후기 문학은 연회를 중심으로 발전하였으며, 당시 문인들의 문집에서 이러한 사실을 확인할 수가 있다. 특히 급암의 경우 세족층 사이의 연락이나 이들과의 교유 속에서 창작된 시가 많이 남아 있다. 앞장에서 살펴본 바와 같이 급암은 대대로 재상의 관직을 역임한 전형적인 세족 출신으로 당대의 문사들과 활발한 교유를 하였으며, 작품창작에 있어서도 이러한 특징을 잘 보여주고 있다.

고려 후기 문단은 기호를 같이 하는 문인들이 모여 연회를 열고 시주를 즐기는 詩社모임이 빈번하였다. 그중에서도 환로에서 致仕한 文人들의 모임인 기로회와 과거를 통하여 형성된 좌주와 문생들 간의 연회가 중심이 되었다. 이러한 연회는 세족들의 위세를 과시하거나 신진 후예들의 재주를 선보이는 자리이기도 하였다. 급암도 전형적인 세족 출신이면서 재상을 지낸 원로의 위치에서 많은 수창 시를 남기고 있다.

〈기로회 석상에서 대암 김상국에게 올림 (승택)8)〉
　一代耆英盛集開　　일대의 기로들 성대히 모여 연회를 여니

---

7) 白文寶, 『淡菴逸集』 卷2, 14b, 〈尹氏墳墓記〉: "每春秋佳辰, 力具酒官, 率門生泊同年, 迎致益齋及愚谷及菴耆老諸相, 觴詠盡歡."

8) 金承澤(?-1358): 號는 大菴, 本貫은 安東, 諡號는 良簡. 급암의 사위인 金昴의 아버지.

紫雲仙妓侑歡來　　궁중의 선녀 같은 기녀들 즐거움 도우러 왔네.
孰先起舞偏多具　　누구라 먼저 춤을 추니 모두 다 일어나고
尹栗亭翁每倒盃　　윤율정9) 노인 매번 술잔만 엎지른다.10)

　　위 시는 급암이 기로회의 연회에 참석하여 좌장인 김승택에게 올린 시이다. 기로들이 모여 즐기는 연회의 장면을 잘 묘사해주고 있는 시이다. 국가의 원로들이 벌인 연회에 술이 거나한 것은 물론이고 기녀들의 몸짓도 자못 화려하다. 起句에서 연회의 주체와 모임의 성격을 제시하여 기로들이 모여 벌이는 연회임을 과시하였고, 承句에서는 선녀 같은 기녀들의 가무를 묘사함으로써 무르익어 가는 모습을 나타내었다. 轉句에서는 연회의 흥이 최고조에 이르러 서로 붙들고 춤을 추는 절정의 순간을 묘사하고 있다. 결구에 이르러 술에 취하여 술잔조차 제대로 잡지 못하는 栗亭翁을 묘사하여 罷宴에 가까워지면서 모두들 술에 취해 비틀거리는 정경을 사실적으로 그려주고 있다.

　　위의 시 내용은 마치 채홍철이 자하동에서 베풀었던 연회를 연상시키게 한다.

　　채홍철은 음률에 밝아서 노래가사를 짓고 집안의 노비에게 그것을 부르게 하였으며, 그 악보는 깊숙이 간직하여 남에게 전하지 않아서 아는 사람이 없었다. 하루는 중화당에 술을 차려 놓고 여러 기로들을 맞이하여, 술이 거나해지도록 음악이 연주되지 않아 모든 기로들이 괴이하게 여겼는데, 문득 계곡에서 가느다란 음악소리가 들려왔다. 홍철이 비단구름다리를 만들어 여인들에게 지붕에서 사다리를 타고 내려오도록 하니 마치 하늘에서 내려오는 것과 같이 하였다. 마침내 술좌석에 이르러 자하동을 부르니 대개 자하선인에 의탁한 것으로 기로들이 중화당에 모인다는 소문을 듣고 와서 이 가사를 부른다는 내용이었다.11)

---

9) 尹澤(1289-1370): 字는 仲德, 號는 栗亭, 본관은 錦州(茂松), 諡號는 文貞이다. 益齋의 門生.
10) 『及菴集』 卷2, 62面, 〈耆老席上呈大菴金相國(承澤)〉

이와 같은 기록은 얼마나 당시의 연회가 화려하였던가를 아주 잘 설명해 준다. 마치 하늘에서 기로회를 축하하기 위해서 선녀들이 하강하는 것처럼 꾸미기 위해 '彩雲梯'를 만들었다고 하니 그 연회의 규모가 얼마나 성대하고 화려하였는가 짐작할 수 있다.

점차 술이 거나해지자 누구라 할 것 없이 일어나 함께 어울려 춤을 추니 원로로서의 체면을 생각할 필요도 없다. 평상시의 예의와 격식은 접어 두고 술자리에서 만이라도 파탈을 용인하는 것이다. 이러한 파탈의 연회는 고려 후기 연회의 특징적인 것으로 볼 수가 있다.

1353년 2월 3일에 지었다고 하는 詩와 序를 보자.

〈지정 기원 계사 2월 초삼일에 대숙 정승 평강부원군이 시위와 순화대군 이하 여러 노재상들을 맞이하여 갑제에서 연회를 베풀고 술을 마셨는데, 여러분들이 친히 술잔을 잡고 따라 주셨다. 사평이 순서대로 몇 순배 돌며 연속해 마셨더니, 저의 얕은 주량에 취하여 어떤 광태를 부렸는지 알지 못했습니다. 물러나와 며칠 동안 부끄럽고 송구한 지가 오래되었으니 삼가 시 한 수를 지어 여러 분께 올리오니 웃으며 보시기를 엎드려 바랍니다.〉

春風甲第闢歡場	봄바람 속 좋은 집에 한바탕 술자리 열리니
羯鼓聲酣舞袖長	장구 소리 한창에 무희들 소매도 휠휠.
大醉自知緣把盞	크게 취해 잔 잡을 줄 알지만
欲歸不覺誤飜床	돌아갈 때 상을 엎는 실수를 저질렀네.
皆言大叔寬能恕	모두 대숙12)이 너그러이 용서했다고들 하나,
深愧愚甥老更狂	몹시도 부끄럽네. 어리석어 노망이 들었구나.
豈獨旁人爭指點	어찌 옆 사람과 다투어 손가락질만 하였으랴?
一時回笑粉三行	그때 되돌려 후회하고 삼항을 더하리라.13)

---

11) 權文海, 『大東韻府群玉』 卷3, 38a, 〈八齊〉: "蔡洪哲曉音律製歌詞, 令家婢唱之, 其譜秘不傳人, 未有知之者. 一日置酒中和堂邀諸耆老, 酒半樂不張群老怪之, 忽聞洞中有細樂聲. 洪哲設彩雲梯, 令女樂自屋上乘梯而降, 若自天而下. 遂列坐罇前, 唱紫霞洞曲, 皆托紫霞仙人, 聞耆老會中和堂來歌此詞."
12) 蔡河中(?-1358年): 姦臣, 蔡洪哲의 庶子.
13) 『及菴集』 卷2, 63面: 〈至正紀元癸巳如月初三日, 大叔政丞平康府院君, 邀侍衛同番

이 시는 급암의 나이 59세 때 지은 시이다. 여기에서도 당대의 정승은 물론 순화대군까지 모신 연회로서 화려한 연락을 그리고 있다. 본래 급암은 술을 아주 좋아하였는데, 이 자리에서는 너무 지나친 행동을 하였다고 사과하는 내용을 담고 있는 것이다.

수련에서 볼 수 있듯이 술과 노래와 춤이 어우러져 한바탕 질탕한 연락이 펼쳐지고 있다. 앞의 기로석상에서의 시와 함께 지배층들의 주연을 묘사하고 있어 당시의 연회풍경을 짐작하기에 충분하다. 수련과 함련에서는 연회석상에 있었던 일을 회상하고 있으며, 경련과 미련에서는 연회에서 저지른 실수를 뉘우치고 앞으로 경계할 것을 다짐하고 있다. 먼저 수련에서는 연회의 일반적인 정황을 나타내고 있다. 上句에서 연회가 열리는 곳과 時候를, 下句에서는 연회가 한창 진행되면서 음악소리와 이에 맞추어 춤을 추고 있는 기녀들의 모습을 보여주고 있다. 함련에서는 몇 순배의 술이 돌자 대취하여 이성을 잃고 상을 엎는 실수를 하였음을 적고 있는데, 그러나 이러한 실수는 후에 들은 바이고 급암의 의식에는 남아 있지 않는 사건들이었다. 그렇기 때문에 경련의 '此言' 뒤에 이어져야 하는 것이 마땅하나 사건의 발생 순서대로 진행시키려는 의도에 따라 함련에 자리를 잡게 되었다. 경련과 미련에서는 앞에 저질렀던 실수에 대해 깊이 뉘우치고 있으며, 앞으로 사람이 지켜야 하는 도리를 행할 것을 다짐하고 있다.

〈국서댁에서 손정 남긍의 시운에 따라서〉
花落鸎啼院落深 꽃 지고 꾀꼬리 우는 깊고 깊은 별장
　　醉携佳客發狂吟 좋은 손님 취해 잡고 미친 듯이 읊조리네.
　　主人情重那辭酒 주인 정 깊으니 어찌 술을 사양하랴.
　　坐對斜暉隱遠林 마주한 석양이 숲 멀리 숨어가네.[14]

淳化大君而下諸老相國, 張宴于甲第, 酒酣, 命諸親屬把盞. 思平隨例周旋連飮臣觥
今嚴量淺醉不知作何狂態. 退數日, 漸悚久之, 謹成長句四韻, 拜呈座下, 伏希笑覽.〉
14) 같은 곳, 卷2, 65面, 〈菊墅宅次巽亭詩韻　南兢〉

이 시의 분위기도 앞의 두 수와 다르지 않다. 늦봄 정원에 모여 술 마시고 시 지으며 하루 종일 즐기는 모습을 그리고 있는데, 여기에서도 起句에서는 장소와 시후를 먼저 제시를 하였고, 다음 承句에서는 구체적으로 모임을 가지면서 술 마시고 시 짓는 정황을 나타내고 있다. 마음이 맞는 벗들과 어울려 술을 마시고 서로 시를 주고받는 모습은 당시 연회풍경의 보편적인 것이었다. 轉句는 연회 주최자인 손정 남궁의 정이 깊음을 은근히 칭찬하며 이를 빌미로 술 마시는 것이 계속되고 있음을 말하였고, 結句에서는 갑자기 서산으로 지고 있는 석양을 끌어들여 시간의 경과를 암시하고 있는데, 일찍이 시작하였던 연회가 하루 종일 계속되어 석양이 질 때까지도 계속되고 있음을 나타낸 것이다.

〈호재공께서 누추한 집에 찾아오셔서 고귀한 시를 지어주시어 감격함을 이길 수 없어 삼가 차운으로 세 수를 화답으로 지어 저하께 올려 후의에 감사하고, 겸하여 계음놀이를 기약하오니 보시고 버리시기 바랍니다.〉

世間何處是三淸	세상에 어느 곳이 삼청이던가.
座對靑山酒滿傾	청산을 마주하고 술 가득 기울이네.
況致高軒能下士	더구나 높은 자리 낮은 선비 되어
哦詩盡日好論情	종일 시 즐기며 정을 말하네.15)

이 시는 제목에서 밝혀 놓은 것과 같이 회안대군을 모시고 열린 연회에서 지은 것이다. 회안대군을 모신 연회를 신선세계인 三淸宮을 들어 신선의 주연에 견주어 귀한 분을 모시게 된 것을 치하하고 있다.

시 읊고 술 마시며 하루를 보내는 모습이 고려 후기 문학의 경향이었으며, 급암 문학도 이러한 세족들과의 교유를 통해 형성된 것이라고 볼 수가 있겠다. 이와 같이 급암이 연회석상에서 지은 수창 시는 급암 개인적인 의경을 담고 있는 것이라기보다는 연회의 화려함이라든가 연회 참석자들의 모

---

15) 같은 곳, 卷3, 70面, 〈浩齋公枉顧弊止, 贈以高作, 不勝感佩, 謹次韻和成三首, 拜呈邸下 奉謝厚意, 兼奉約禊飮之游, 仰希覽擲. 淮安大君〉

습을 사실적으로 표현하고 있다. 전형적인 세족출신인 급암은 고려 후기 지배층 사이에 만연하였던 연회를 중심으로 형성된 세족들 간의 방만한 연락의 문화에 익숙해 있었다. 따라서 연락을 내용으로 하는 시가 많으며, 술 마시고 시를 짓는 즐거움이 급암에게 빼놓을 수 없는 중요한 詩題였다.

또한 급암의 시에는 벼슬에서 물러나 고향으로 돌아간다는 귀거래를 주제로 하는 시들도 많이 있다. 그러나 급암의 귀거래는 사회적·정치적인 상황의 변화에 따라 세 가지 양상으로 나타나고 있다. 처음에는 여타 다른 고려 관료들과 마찬가지로 전원에 대한 막연한 관념적 동경의 모습을 보이고 있으며,16) 두 번째 시기는 정치적인 문제로 인하여 정계에서 물러나게 된 후 자연에 묻혀 한적의 즐거움을 누리며 만족하려 하지만, 환로에 대한 미련과 현실생활에 대한 순응 사이에 고뇌하는 모습을 보여주고 있다. 마지막 시기에서는 아쉬움과 미련을 떨쳐버린 후 진정한 자연의 즐거움을 깨닫고 즐기는 것이다.

〈허단계17)의 시에 차운하여 네 수를 짓다〉

去年今年問何事　　문노니 지난해 올해 어찌 지내셨는지
八月九月多狂雷　　팔구월에 우뢰가 사나웠는데.
亂日常多理日少　　어지러운 날은 항상 많고 다스려지는 날 적은 법
古來消長知幾回　　예부터 영고성쇠는 몇 번 되풀이했는가.

消長循環自不盡　　영고성쇠는 돌고 돌아 다함이 없는데
理亂無窮生有涯　　끝없는 어지러움에 인생은 다함이 있지.
男兒所貴在行道　　사나이의 귀히 여김은 도를 행함에 있고
所不足者元非財　　부족하게 여기는 것은 본래 재물이 아니라네.

---

16) 李春盛, 「及菴 閔思平의 生涯와 詩世界」(啓明大 碩士論文, 1993.)에서 '自然에 의 觀念的 憧憬'이라는 항목을 설정하여 귀거래를 읊고 있는 급암의 시를 다루었다.
17) 許邕: 號는 迁軒. 청렴강직하기로 이름이 있는 인물로, 致仕하여 慶尙道 丹城縣 丹溪에 寓居하였다.

道旣不行今老矣	도는 행해지지 않고 나는 지금 늙었으니
據鞍何須矍鑠哉	안장에 앉아 어찌 분주할 수 있으리오.[18]
下惠之志在三黜	유하혜의 뜻은 세 번 출척됨에 있고[19]
杜陵之心在八哀	두소릉의 마음은 팔 애 시에 있다네.[20]

君當隙地構茅屋	그대 빈 땅에 띳집을 지으면
我亦明年適去來	나 또한 내년에 그리 가리다.
不然去遂劉阮輩	그렇지 않으면 劉晨・阮籍[21]의 무리를 따라서
相將採藥入天台	서로 약을 캐러 천태산에나 들리라.[22]

이 시는 平聲 灰韻으로 지어진 四首 詩이다. 그러나 보는 바와 같이 각각 한 수씩 독립되어 지어진 것이 아니라 4수가 모두 일정한 맥락을 가진 연작시이다. 즉 4수의 시가 起, 承, 轉, 結의 4단 구조로 구성되어 상호간 긴밀하게 연결되어 있다.

기에 해당하는 첫 번째 수는 마치 편지글에서 서두를 시작하는 것과 같이 아주 가볍게 상대방의 안부를 묻고 있다. 그러나 그 속에는 시대적인 격변과 소용돌이가 잠재되어 있음을 알 수가 있다. 혼란한 사회가 지속되고 있는 이때, 특히 지난해와 올해의 혼란은 극심하였다는 것을 狂雷라는 자연현상으로 암시하고 있다. 정치적인 격변으로 인해 인사의 부침을 예측할 수

---

18) 矍鑠: 노인이 원기가 왕성하고 몸이 잰 모양.

19) 三黜: 『論語』「微子 第16」: "柳下惠爲士師, 三黜, 人曰 子未可以去乎. 曰 直道而事人, 焉往而不三黜, 枉道而事人, 何必去父母之邦." 言行에 和하면서도 道를 굽힐 수 없는 뜻은 확고하여 빼앗을 수 없으니, 이것이 이른바 반드시 正道로써 하여 스스로 그 바름을 잃지 않는다는 것이다.

20) 八哀詩: 杜甫가 王思禮, 李光弼, 嚴武(726-765), 李璡, 李邕(678-747), 蘇源明(750년 전후), 鄭虔(?-761), 張九齡(673-740) 등의 人才가 뜻을 펴지 못하고 죽은 것을 슬퍼하여 지은 시. 〈贈司空王公思禮〉, 〈故司徒李光弼〉, 〈贈左僕射鄭國公嚴武〉, 〈贈太子太師汝陽郡王璡〉, 〈贈秘書監江夏李公邕〉, 〈故秘書少監武功蘇公源明〉, 〈故著作郎貶台州司戶滎陽鄭公虔〉, 〈故右僕射相國張公九齡〉

21) 유신 阮籍(210-263): 字는 嗣宗. 竹林七賢 중의 한 사람. 책을 널리 보았으며, 그중에서도 壯者와 老子를 좋아하였다. 淸白眼으로 유명한 인물.

22) 『及菴集』卷1, 56面, 〈酬許丹溪次韻 四首〉

없고, 권력쟁탈의 소용돌이 속에서 태평한 날이 적음을 한탄하고 있다. 그러나 이러한 榮枯盛衰(消長)는 어느 시대에든 항상 있어 왔던 일이었음을 상기시킴으로써 그렇게 특별히 이상한 일이 아님을 담담히 제시하고 있다.

또한 기구와 승구는 拱璧對로 짜여져 있어 주목된다. 上句에 離隔하여 類字를 사용하고 다시 下句의 같은 자리에 다른 類字를 써서 對偶가 되도록 구성하는 것이 바로 공벽대이다. 즉, “去年今年問何事 八月九月多狂雷”, “靑山送靑隔幾水 白雲曳白橫遠空”,23) “豊年自作凶年苦 草色皆無肉色紅”24) 와 같은 표현이 그것이다. 그러나 이와 같은 대우는 상당한 기교를 요하는 것으로 동일한 시어의 반복으로 시의 율동감을 더해주는 효과가 있다.

승에 해당하는 두 번째 수에서는 첫 수에서 제시하였던 영고성쇠를 대하는 사람의 도리에 대해 논의를 하고 있다. 영고성쇠라는 것은 반복되는 것이 당연한 이치이기 때문에 항상 다스려질 때 흥하고 어지러울 때는 쇠하는 것이다. 이러한 속에서 살게 되는 사람들은 다스려질 때나 어지러울 때나 도가 행해지도록 노력을 해야지, 재물을 귀히 여겨선 안 될 것임을 말하고 있다.

세 번째 수에서는 도가 행해지지 않는 현재, 급암에게는 도를 행할 만한 여력이 남아 있지 않은 안타까운 심정을 토로하고 있다. 그러면서도 늙고 힘없는 자신의 처지를 유하혜의 고난과 두소릉이 슬퍼한 여덟 명의 문사들에 비견하면서 이들이 마음에 두었던 것은 환로가 아니라 자연이었음을 은근하게 표출시키고 있다. 여기에서는 虛字인 ‘矣’와 ‘哉’로 對를 맞추어 유장한 탄식의 효과를 거두고 있다. 起句에서는 道가 행해지지 못하여도 詩人은 이미 이를 바로잡을 수 없도록 늙어버린 현실을 ‘矣’字로써 終結의 느낌을 나타내고 있다. 承句에서는 힘없이 늙어버린 詩人을 발견하고 그 안타까운 심정을 ‘哉’字를 사용하여 탄식하고 있다.

마지막 首에서는 비로소 급암은 이러한 세사를 등지고 자연으로 돌아가고자 하는 의지를 나타내고 있다. 그러면서 竹林七賢인 劉伶과 阮籍과 같은

---

23) 註 97) 참조.
24) 같은 곳, 卷5, 85面, 〈捕東倭〉

한적을 희구하고 있다.

　다음 시는 정치상황이 변하여 급암이 벼슬을 버리고 물러난 후에 느낀
한적의 세계를 보여준다. 이제까지 동경의 세계로 그려왔던 전원생활을 직
접 맛보게 된 급암은 自然閑適에 대한 즐거움을 찾게 되었다. 그러나 자신
의 의지로 얻은 귀거래가 아니었기 때문에 세사에 대한 미련을 떨쳐버린 완
전한 귀거래를 이룰 수가 없었다.

〈유 증〉

就第年來日日閑	집으로 돌아온 지 몇 해째 나날이 한가해도
尙驚宦海足波瀾	宦海의 많던 파랑에 아직도 놀라네.
釣魚靜坐籬邊石	고기를 낚으며 울 옆 돌에 조용히 앉아 있고
採蕨晴登屋上山	날이 개면 고사리 캐러 집 뒷산에 오르네.
時有埜僧來問字	이따금 시골 중이 와서 글자를 묻고[25]
不妨溪友與同歡	시냇가에서 벗과 어울려 같이 즐기기에 좋구나.
愧子非是風塵吏	부끄러워라, 그대 풍진의 관리가 아니니
猶未隨君拂袖還	어찌 그대 따라 소매 떨치고 돌아가지 못하나.[26]

　이 시에는 자연에 묻혀 유유자적하는 급암의 모습과 타의에 의해 물러나
게 된 宦路에 대한 미련이 잘 나타나 있다고 하겠다. 이 시는 『靑丘風雅』
와 『箕雅』에 뽑혀 있다.

　수련에서는 다행히 커다란 화를 면하고 관직에서 물러나 은거한 지 몇
해가 지난 급암이지만 그래도 조정의 움직임에 따라 몸을 움츠려야 하는 자
신의 모습을 발견하고 있다. 함련과 경련에서는 급암의 한적한 생활상을 묘
사하고 있는데, 이 구절에 대해 조선시대 曹伸은 『謏聞瑣錄』에서 閑適이라
고 評을 한 바 있다.[27] 곧 이 시기 급암의 소탈하고 한적한 모습을 잘 보

---

25) 問字: 漢의 楊雄이 古文奇字를 많이 알아서 유분이라는 僧이 楊雄에게서 奇字를
　　배웠는데, 後에 問字는 다른 사람에게 배우거나 다른 사람에게 가르쳐주기를 청하
　　는 말로 쓰임.
26) 『及菴集』 卷3, 75面, 〈有贈〉

여주고 있다고 하겠다. 함련에서는 낚시를 드리우고 조용히 앉아 있기도 하고, 나물을 캐러 산으로 올라가기도 하는 한적의 전형적인 모습을 잘 표현하고 있다. 그러나 미련에서 다시 한가로운 생활을 하며 자연에 묻혀 살고 있지만 그래도 명리를 떨쳐버리지 못하고 고뇌하는 자조로 끝을 맺고 있다. 이제는 국사를 경영해야 하는 관리의 신분도 아니고 자연에 묻혀 하루하루를 보내고 있는 閑民일 뿐인데, 아직도 世事에 연연해하는 자신을 보고 스스로 질책하는 모습을 묘사하고 있어 완전한 귀거래를 하지 못하는 내적 갈등을 읊고 있다.

이달충이 쓴 급암의 묘지명으로 미루어 보면, 급암은 공민왕이 즉위하면서 바로 치사한 것으로 짐작된다. 곧 급암의 나이 57세나 58세쯤의 일이다. 이 나이에 재상이면 한창 세력을 형성하고 있을 때이지, 致仕해야 할 정도의 나이는 아니다. 그럼에도 불구하고 정계에서 물러나 8년여의 세월을 초야에서 생활하게 된 것은 의문이 간다.

『高麗史』와 『氏族派譜』, 그리고 麗末의 여러 문헌을 살펴보면, 급암에게는 남동생 셋과 여동생 둘이 있었다. 그중 여동생 하나가 파평 윤씨 珤의 아들인 繼宗에게 출가하여 1남 1녀를 낳았고, 그 딸이 충선왕에게 출가하여 희비 윤씨가 되었으며, 이들 사이에서 뒤에 충정왕이 되는 王眡를 낳았다. 그러므로 민사평은 희비 윤씨의 외삼촌이 되어 외척세력으로 등장하게 되는 것이다.[28]

충목왕이 죽자 왕위 계승을 놓고 王祺(恭愍王)와 王眡(忠定王) 사이에 알력이 생기게 된다. 그러나 결과는 국내 기반을 가지고 있던 왕기가 아닌 원에 기반이 있던 왕저가 왕위를 계승하게 되어 충정왕으로 등극하게 된다. 충정왕 즉위 후에 급암은 공로를 인정받아 輸誠秉義協贊功臣의 號를 받는다.[29] 반대로 왕기의 주위에 있던 이제현을 중심으로 하는 세력들은 충정

---

27) 洪萬宗, 『詩話叢林』 春, 아세아문화사, 1973. 101面.
28) 閔賢九, 「高麗 恭愍王의 卽位背景」, 『韓沽劤博士 停年紀念 史學論叢』, 知識産業社, 1981.

왕 재위기간에는 활동이 제약을 받게 된다. 『益齋亂藁』에 나와 있는 「益齋先生年譜」를 살펴보면, 충정왕 재위기간인 1349年－1351年 사이에 이제현은 아무런 정치활동이 없음을 알 수 있고, 이곡에 대한 『高麗史』의 기록30)에 따르면 실세하여 관동을 유람했던 것이다. 그러나 충정왕이 2년 만에 죽고 다시 왕기가 왕위를 계승하여 공민왕이 되자 바로 형세는 역전되어 이제현, 이곡, 윤택 등이 주요인물로 재등장하게 된다.

이러한 정치적 배경 속에서 급암은 공민왕 즉위와 함께 사세의 부득이함으로 인해 자신의 의지와는 상관없이 관직을 떠나게 된 것으로 볼 수가 있다. 그 후 퇴거하여 많은 심경의 변화를 겪게 되며, 이러한 변화를 잘 대변해주고 있는 것이 바로 그의 한적과 귀거래를 읊은 시라고 할 수가 있겠다.

〈가을에 느낌이 있어〉

平生每恨古人醒	평생 매번 고인의 깨달음 한하며,
滿滿芳醪忽獨傾	향긋한 막걸리 잔 가득 홀로 기울이네.
手笑琴生新曲調	손은 새롭게 거문고 한 곡조 울리지만
夢驚冠壓舊恩榮	꿈속에선 갓을 쓰고 은총에 놀라네.
秋香淡淡吹霜艶	가을 향기 담담히 서리 맞아 농염하고
風葉蕭蕭送雨聲	날리는 나뭇잎 쓸쓸히 빗소린 양 들리네.
自是老來多感慨	늙어가면서 느꺼움 많아지지만
非因節物惱人情	계절이 마음을 괴롭힌 것만은 아니라.31)

이 시는 가을을 배경으로 퇴거한 자신의 심정을 토로하고 있어 더욱 쓸쓸한 분위기를 느끼게 한다. 홀로 술잔을 기울이며, 거문고나 울리는 생활을 하고 있지만 아직도 지난날 벼슬살이의 괴로움에 놀란다고 하였다. 예전 벼슬에 있을 때에는 사람들이 문전성시를 이루었지만 이제는 낙엽만이 쌓여

---

29) 앞의 宦歷부분 참조
30) 『高麗史』卷109, 列傳 卷第22, 20b, 〈李穀傳〉: "忠定王卽位, 以嘗請立恭愍, 不自安, 遊關東."
31) 『及菴集』卷2, 62面, 〈感秋〉

있고, 친구도 없이 홀로 술을 마시는 쓸쓸함이 급암의 마음을 아프게 하고
있다. 즉, 이 시는 정계에서 내쫓긴 사람의 쓸쓸한 심사를 그려내고 있는
것이다.

〈차운하여〉

流年過眼隙駒如	세월은 틈으로 지나는 망아지보다 빠른데,
忽放狂歌憶孟諸	문득 미친 노래 부르며 맹저32)를 그리네.
今世有誰收老馬	지금 세상에 누가 늙은 말을 거두리오.
此身無處泣前魚	이 몸 전에 잡은 고기니 울 곳도 없구나.33)
銀蓴玉膾淸江上	순채국, 생선회, 강가의 천렵놀이
蒻笠蓑衣細雨餘	청약립, 녹사의, 가랑비 맞는 재미.
好起秋風飛一棹	가을바람 일거든 배타고 돌아가자
不須回首自躑躅	구태여 고개 돌려 망설일 것 없나니.34)

위의 시도 『大東詩選』과 『箕雅』에 뽑혀 있다. 이 시는 이제껏 고뇌하였
던 세사에 대한 미련을 버리고 진정한 은자로 돌아가리라는 뜻을 담고 있
다. 수련과 함련에서는 문득 급암 자신을 돌아보니 쓰일 데 없는 노물이 되
었음을 한탄하지만, 오히려 그로 인해 은자의 삶을 멋지게 살 수 있음을 그
리고 있다. 경련에서는 귀거래한 후의 삶을 명사구로 나열하여 시흥을 돋우
고 있다. 강가의 천렵놀이나 가랑비 맞는 재미를 대변하여 소박한 전원의
생활을 제시하였으며, 尾聯에서 다시 이제껏 가지고 있던 '미련'을 떨쳐버리
고 새로운 생활을 시작하고자 하는 의지를 강하게 표출시키고 있다. 일단
마음을 정하였으니 더 이상 주저할 것도 없고 망설일 것도 없이 맹저에서처
럼 고기 잡고 노래 부르는 생활로 되돌아갈 수가 있는 것이다.

다음의 常軒 安震35)에게 준 시를 보면 비로소 자연의 즐거움을 인식하

---

32) 孟諸: 澤藪(늪)의 이름. 河南省 商丘縣 東北에 있다. 唐代 高適의 詩 〈封丘縣〉
　　에 "我本漁樵孟諸野, 一生自是悠悠者. 乍可狂歌草澤中, 寧堪作吏風塵下."
33) 前魚: 임금의 총애를 잃고 버림받은 사람을 비유한 것. 『戰國策』「魏策四」.
34) 『及菴集』卷4, 82面, 〈復次前韻〉

고 전원생활의 한적을 나타내고 있음을 살필 수 있다.

〈상헌 안진에게〉
一抹長江四面山　　한 줄기 긴 강, 사방에는 산 둘러 있고
草樓開向菊花灣　　국화 핀 강 언덕에 초당이 서 있네.
偶因無事成高臥　　우연히 일없이 편안히 누워 있으니
不是知幾笏己還　　이런 기미를 알고 문득 떠난 것 아니겠는가.

野草山花興轉新　　들과 산의 꽃과 풀에 흥이 더욱 새로워
杖藜時復獨尋春　　때때로 청려장 들고 홀로 봄을 찾아 나서네.
爾來更覺幾心息　　요사이 다시금 幾心 멈춤을 알게 되니
已見幽禽不避人　　깊은 산새도 사람 피하지 않는구나.[36]

급암은 이 시에서 한가하게 지팡이를 끌고 자연의 즐거움에 묻혀 유유자적하는 자신의 모습을 표현하고 있다. 자연환경에 대한 묘사와 아울러 급암 자신의 정감까지도 담고 있다. 곧 이들 두 시에서는 전체적으로 조용하고 차분한 분위기를 느낄 수 있어 자연과의 合一에까지 이른 급암의 마음상태를 헤아릴 수 있다.

　기구와 승구에서는 자연경관을 묘사하고, 전구와 결구에서는 자신을 읊고 있다. 다시 봄이 찾아와 산과 들에 새잎이 돋고 꽃이 피자, 하릴없이 자연을 벗 삼아 지내는 작자가 할 수 있는 일이란 지팡이를 끌고 자연에 노니는 일뿐이다. 더구나 그간 가지고 있던 미련을 포기함에 따라 홀가분한 기분을 느끼게 되며, 더이상 아무런 욕심도 가지지 않자 눈에 보이는 자연이 새삼 다르게 보이는 정감을 나타내고 있다.

　이와 같이 급암은 전형적인 권문세족 출신으로 귀족들 간의 宴樂文化에 익숙하여, 연회의 즐거움과 취흥을 담은 시들을 창작하였으며, 한적과 귀거

---

35) 安震(?-1360): 號는 常軒, 本貫은 順興.
36) 『及菴集』 卷3, 72面, 〈呈常軒 安震〉

래의 심정을 읊은 귀족적 성향의 문학이 주류를 이루고 있다. 급암 시의 중심은 당대의 문사들과의 교유에서 이루러진 것이다. 그중에서도 고려 후기의 화려하고 파탈적인 연락의 문화를 잘 반영하고 있다. 상류 귀족계층들과 벌이는 질탕한 음주가무의 실상과 취흥의 즐거움들을 시 속에 담고 있어 원의 간섭하에 있던 고려 후기 문단의 분위기를 파악할 수가 있다. 또한 한적과 귀거래를 읊은 시는 환로에 있으면서 단지 관념적으로 귀거래를 말할 뿐이었다. 실제로 전원생활을 하게 된 후에는 세사에 대한 관심을 끊지 못하고 갈등하는 자신을 자책하는 면을 보이기도 하였다. 이와 같은 문학의 경향은 급암만이 가지는 독특한 면이 아니라 당시의 문사들이 공유하고 있던 보편적인 것으로 볼 수 있다.

Ⅲ. 士大夫 性向의 詩

忠肅王~忠惠王을 지나면서 지배층들 사이에서 점차 백성들이 겪는 어려움에 대해 눈을 돌리려는 움직임이 늘어나게 되었다. 益齋, 拙翁, 及菴 등이 그들이다. 이들은 원간섭 후에 태어난 인물들이었지만, 고려의 현실에 대한 걱정과 백성들의 고통에 대하여 인식하고 문학작품들도 점차 백성들의 고통을 직시하고 시 속에 담아내려는 노력을 하였으며, 영사시나 악부시의 등장도 익재나 급암, 졸옹 등이 가진 현실에 대한 새로운 인식의 결과라고 할 수 있다.

급암은 처음 蔭職으로 무관직에 나아갔으나, 곧 사직하고 21세 때인 1315년 진사시에 급제를 하였다. 급제하고 난 뒤 10여 년을 아무 관직에도 나아가지 않고 학문에만 전념을 하였다. 〈雜詩和丹溪許先生韻 邑〉37)이

37) 『及菴集』 卷2, 62面, 〈雜詩和丹溪許先生韻 邑〉: "阿戎不肯學爰書, 已闌傅關力有

라는 시에서 보듯이 '須窮性理復其初'를 하였으며, 그러기 위해 '人百己千'의 노력을 하였음을 말하고 있는데, 급제 후 10여 년 동안 학문에 전심하는 기간에 유교의 경전을 비롯하여 詩와 詞 등을 익혔을 것으로 짐작된다. 이때 이루어진 학문의 토대가 이후 생애의 바탕이 되었음은 물론이었다.

　익재는 급암이 죽자 "儒林"의 모든 사람들이 눈물을 쏟으며 슬퍼한다고 하였다. 곧 급암은 유림이라고 지칭되는 유학자 집단들의 추모를 받을 만큼 유학에 깊은 성취가 있었던 것이다. 실제로 이색이 쓴 〈跋愚谷諸先生送洪進士詩卷〉이라는 跋文을 보면 "一時儒宗益齋先生·及菴閔先生·樵隱李先生·漆原尹商議·丹陽禹提學."38)라고 하여 당시 유림의 어른으로 이제현, 민사평, 이인복, 우길생 등을 들고 있다. 급암을 유림의 종주였던 익재와 나란히 언급을 하고 있는 것을 보면 유학자로서 급암의 위치가 상당히 지도적 위치에 있음을 쉽게 알 수 있다.

　또한 익재의 「급암만사」39)에서 언급한 것처럼 급암은 『易經』과 『史記』에 능통하여 당대의 으뜸으로 칭송받았는데, 과거를 통해 정계에 나선 급암이지만 유학에 대한 성취가 상당한 수준에 있었다고 하겠다.

　이러한 사상적 기반으로 인하여 급암은 현실인식과 관풍에 대한 의지를 담은 시를 많이 남기고 있다. 급암의 시에 이와 같은 사대부적 성향의 시가 나타나고 있다는 것은 익재나 졸옹, 가정과 같은 신흥사대부층이 아니라 전형적인 문벌귀족 계층 출신인 급암에게서 창작되었다는 데에 가치가 있다. 급암은 문벌귀족이면서 동시에 사대부적 성향도 함께 지니고 있었으며, 이것은 다음 세대인 牧隱이나 圃隱 등에게 영향을 주었다.

　〈촌중시사〉
　　村中對案淚霑衣　　시골서 책상 마주하니 눈물 옷깃 적심은

　　餘, 人百己千勤且勉, 須窮性理復其初."
38) 李穡, 『牧隱文藁』 卷13, 7a, 〈跋愚谷諸先生送洪進士詩卷〉
39) 『及菴集』 53面, 「及菴年譜」, 〈及菴挽詞益齋〉.

只爲今年省見稀   올해는 찾아가 살피지 못했기 때문이라.
男困有心延戶籍   사내는 고단해 호적에서 도망할 마음 있고
女飢無力借鄰機   아낙은 굶주려 옆집 베틀 빌 힘조차 없네.

催租酷吏頻持牒   세금 재촉하는 혹리 자주 관문서 가져오고
乞食窮兒每到扉   굶주린 아이 매번 문 앞에 와 구걸하네.
且問當時誰任責   묻노니 이러한 때를 누가 책임져야 하는가.
欲言非職恨身微   말하려 하나 직분 아니라 이 몸 미미함을 한하네.

无義生猶死   의가 없으면 사느니 죽는 게 낫고
有心榮亦枯   마음이 있으면 영화도 또한 시들게 되네.
忍看邦本瘁   차마 어찌 보랴 나라의 근본이 초췌한 것을
鞭背无完膚   등이 채찍질로 온전한 살갗 하나 없네.[40]

이 두 편의 시는 백성의 고통에 대해 정확하게 인식을 하고 있는 것이 주목된다. 첫 번째 수에서는, 외적으로 인해 도탄에 빠진 민생에 또다시 세금과 부역 등에 시달리는 일반 백성들을 돌아보고 그들의 생활상을 아주 사실적으로 표현해 놓고 있다. 특히, 수련에는 백성들의 고통을 눈으로 보고 겪었으면서도 이러한 사정을 임금에게 주달하지 못하는 급암의 심정을 나타내고 있다.

막중한 세금과 부역을 피해 달아나려는 사내들, 굶주려 힘없이 앉아 있는 아낙네, 철없는 아이조차 먹을 것을 구걸해야 하는 현실과 이러한 상황은 아랑곳하지 않고 세금을 다그치는 관원들, 이 모든 것들이 급암의 눈을 통해 인식되었다는 것이 전 시대의 사람들에게선 찾아볼 수 없었던 중요한 변화인 것이다.

두 번째 수에서도 마찬가지로 백성들의 고통을 보고 연민으로 가득찬 급암의 심정을 찾을 수 있다. 나라의 근본은 바로 백성임에도 불구하고 백성들의 생활은 채찍질로 살갗이 찢어지는 고통의 연속인 것에 대해 급암은 안

---

40) 『及菴集』 卷1, 56面, 〈村中時事韻〉

타까움과 함께 연민의 정을 보이고 있다.

〈희롱삼아 목주 정랑 김숙명에게〉

正廳分半作巫堂	관아를 반 갈라 무당집 만들어
里笛村歌醉幾場	마을 피리소리 노래 소리 몇 마당 취했나.
畦稻可舂無白磨	논밭에 곡식 찧으려 해도 절구가 없는데
溪魚欲養築池塘	시내의 고기 기르려고 연못을 만드네.
氷翁性吝難頻乞	빙옹은 인색하여 자주 빌기도 어려운데
鄰叟眉嚬厭屢嘗	이웃 늙은이 잦은 술자리에 눈썹 찡그려.
夜夜松明照紡績	밤마다 관솔불로 베틀을 비추니
烟痕今已滿衣裳	그을음이 이제 옷에 가득하구나.41)

이 시도 앞서 살펴보았던 시와 마찬가지로 백성들의 실생활을 정확히 인식하고 연민의 정을 표현하고 있다고 하겠다. 급암이 木州正郎 金淑明에게 준 시로서 관리들의 실정을 조목조목 들어 일침을 가하는 것이다. 관리들의 생활상과 백성들의 고통을 잘 묘사하고 있어 당시의 사회분위기를 짐작하기에 충분하다.

首聯에서는 백성을 위해 정사를 보아야 할 관청에다 무녀들을 데려다 놓고 매일매일 흥청거리며 놀고 있는 모습을 묘사하고 있다. 궁정에서 기녀들이나 무녀들을 모아 남장별대를 만들어 연락을 즐기는 것이 이제는 한갓 州縣에 이르기까지 파급되어, 백성을 진휼하는 지방관들이 본분을 망각하고 음주가무에 빠져 있는 당대의 현실을 여실히 보여주고 있다.

頷聯은 이른 봄부터 들에 나가 땀 흘려 곡식을 가꾸어 보지만 한갓 관리들이 보고 즐기려는 연못을 파는 데에 절구 돌을 빼앗겨 곡식을 찧을 수 없는 백성들의 고통을 사실적으로 그리고 있다. 이처럼 수련과 함련은 혹독한 세금과 막중한 부역에 고통받는 백성들과 술 마시며 흥청대고 있는 관리들을 대비시킴으로써 당시의 사회적인 모순을 적나라하게 드러내고 있음을 볼

---

41) 『及菴集』 卷3, 71面, 〈戱寄木州正郎 淑明〉

수가 있다.

頸聯에서는 백성들의 비참한 생활상을 아주 곡진하게 표현하고 있다. 먹고 살 것이 없어 처갓집에 가서 구차히 먹을 것을 구걸하는 家長의 비참한 심정과 가을이 되자 추수를 하였다고 여기저기 祭 올리는 일로 먹을 것도 없는 곡식을 써야 하는 백성들의 한숨을 들을 수 있다. 급암은 이러한 상황은 어느 특정한 사람의 문제가 아니라 바로 나의 이웃, 모든 백성들이 겪어야 하는 공통적인 고통임을 '鄰叟'라는 하나의 단어로 아주 적절하게 표현하고 있다.

尾聯에서는 이러한 상황을 지켜보고 있는 급암의 눈에는 밤마다 연락에 빠져 있는 관리들과 그래도 알싸한 관솔불 그을음을 참으면서 묵묵하게 베를 짜고 있는 백성들이 교차되고 있다. 급암에게는 백성들의 옷에 배인 텁텁한 그을음이 요란한 연지분 냄새보다 더욱 친근하게 느껴지며, 한편으로는 측은하고 씁쓸한 느낌을 가지고 있다.

또한 고려 후기 사회의 혼란은 잦은 외적의 침입으로 인해 더욱 심화되었다고 볼 수 있다. 40여 년을 끌던 몽고와의 항쟁으로 입은 피해는 국토를 황폐화시켰으며, 더구나 홍건적의 침입과 왜구들의 끊임없는 침범으로 백성들은 고통을 겪는 것은 물론이었다. 군사들을 충당하기 위해 장정들을 징집함으로써 백성들의 생활기반이 흔들렸다. 더구나 외적들의 약탈에까지 시달려야 하는 백성들의 질곡은 당대의 지배층이 해결할 절실한 문제였다. 김해의 새로운 지방관이 되어가는 사람에게 준 〈寄金海遨頭42)〉에 이러한 상황과 태수에게 거는 기대가 잘 나타나 있다.

〈金海태수에게〉

　　金海倭邦去幾許　　김해는 왜국에서 얼마나 떨어져 있나
　　風便不啻一日間　　순풍 불면 겨우 하루거리라네.
　　聳昔商舡數來往　　예부터 상선들 자주 왕래하여

---

42) 遨頭: 太守의 異稱.

蛮珍海錯堆如山	오랑캐의 보배와 해산물 산처럼 쌓였네.
如今何事頻入寇	지금에는 무슨 일로 빈번히 노략질하러 와
使我邦本无懽顔	우리 백성들에게 기쁜 빛이 없게 하는가.
不惟村民苦防禦	우리 백성들 방어하기 고달플 뿐 아니라
追捕漸欲煩阿干	쫓아가 잡느라 점점 장수들 번거로워지네.
雖然從軍無鬪志	비록 그러나 싸움터의 군사 싸울 뜻이 없고
居者不如行者安	집에 있는 이 떠난 이만큼 편안치 않네.
卽今大守眞儒將	이제 가시는 태수는 진정한 儒將이시니
以計破賊行當看	계책으로 적 무찌름 당연히 볼 수 있으리.[43]

이 시에서는 먼저 김해지방에 대한 상세한 정황을 들고 있다. 경상도와 전라도를 진무한 일이 있던 급암은 비교적 지방의 특색과 풍속 등을 자세히 알고 있었다.[44] 왜국과 아주 가까운 곳에 위치한 김해는 예전부터 빈번히 서로 교역을 하여 왔으나, 지금에 와서는 잦은 왜구의 침입으로 백성들을 고달프게 하고 있다고 설명하고 있다. 그러나 이 시에서 주목할 것은 "雖然 從軍無鬪志 居者不如行者安"이라는 표현이다. 급암은 여기에서 고려사회의 근본적인 문제를 제시하고 있다. 외적을 맞아 나라를 지키기 위해 싸워야 할 군졸들이 싸울 의지가 없는 것은 진정 심각한 문제가 아닐 수 없다. 이 러한 문제는 군대만의 것이 아니라 사회 전체적인 것이었다. 급암은 마지막 연에서 새로 부임해 가는 태수에게 이러한 사실을 환기시켜 주고 있다. 신 임태수는 무장들과는 다르게 백성들의 생활상을 인식할 수 있는 안목을 가 진 '眞儒將'이기 때문에 백성들이 지니고 있는 진정한 고충을 먼저 해결함으 로써 군사들의 사기를 진작시키고, 그 여세로 적을 무찔러야 한다는 내용을 5번째 연과 6번째 연에서 암시하고 있다.

---

43) 『及菴集』卷1, 56面, 〈寄金海遨頭〉
44) 같은 곳, 〈送鷄林參軍金孟堅持牒上京還歸任所〉(卷 1), 〈送金孟堅之任東京〉(卷 1),
  〈送季明叔晉之濟州〉(卷 1), 〈送崔德成史官曬史海印寺〉(卷 1) 등에서 급암은 각
  각의 시 첫 구에 송별하는 관리가 부임하는 곳의 풍속을 자세히 기록하고 있다.

〈시 사〉

天陰賊霧咋昏黃	도적의 안개로 덮인 황혼이 되어
九陌俄成劍戟場	천하가 갑자기 창칼의 마당이 되었네.
誰道暫時徒鼠竊	누가 잠시 동안 쥐처럼 훔칠 것이라 했나.
若留數刻必鴟張	몇 시각만 머물러도 솔개로 설쳐댈 텐데.
明君能用謀臣計	밝은 성군은 신하의 계획을 써서
餘倘幷誅猘犬狂	나머지도 모두 베어 미친 개 억제하소.
特下宥書安反側	사방에 조서 내려 안정시키면
中興功業似成康	중흥의 공업은 성왕과 강왕을 닮을 진저[45]

북으로는 홍건적과 남으로는 왜구의 침입을 받아 하루라도 병장기 소리가 쉴 날이 없는 고려의 현실과 오랑캐들이라고 천시하고 얕잡아보며 안일에 빠져 있는 조정에 대한 안타까움을 볼 수가 있다. 군왕의 밝은 덕으로 현명한 신하를 등용하여 국가의 위난을 극복해야 함에도 불구하고 조서를 내리면서도 그 명령이 아침저녁으로 바뀌는 것에 불만을 표시하고 있다. 그러면서 급암은 주나라의 명군인 성왕이나 강왕을 들어서 군왕의 길을 제시하고 있다.

이처럼 급암은 백성들의 고통에 찬 생활상을 인식하고 시를 통해 이것을 사실적으로 표현하고 있으며, 고통받는 백성들을 끊임없이 염려하는 경향의 시를 창작하였다. 이러한 경향은 고려 후기 시단의 커다란 변화 중의 하나이다.

고려 후기 시문학의 또 다른 변화는 제재가 확대되는 경향이 있음을 들 수가 있다. 즉 종래의 기교와 표현에 중점을 두었던 詞章 위주의 시에서 시의 효용적인 면이 강조되면서 속요나 민요를 소재로 한 악부시들이 대두한 것이 그러한 예이다.

악부시는 일반적으로 紀俗樂府와 擬古樂府, 詠史樂府, 그리고 小樂府로 나누어지고 있는바,[46] 이미 기속악부와 영사악부는 신라 말 최치원에게서

---

45) 같은 곳, 卷4, 76面, 〈時事〉

창작되었음을 볼 수가 있다. 그러나 소악부는 고려 말 익재와 급암에 이르러 처음 등장을 한 것으로, 우리 고유의 노래를 정착하였다는 점에서 커다란 의의를 지니고 있다.

고려 후기 익재와 급암에 의해 창작된 소악부는 그 의미가 자못 크다. 이들 소악부는 고려 후기의 가요를 七言絶句의 형식으로 한문을 빌어 번역해 놓은 것으로, '탐라의 이러한 곡은 아주 비루하지만, 그러나 백성의 풍속을 보아 세태의 변화를 알 수 있다."[47]는 익재의 진술에서 우리는 소악부를 창작하였던 의도가 민간 가요를 채집하여 백성들의 풍속과 교화를 알아보려던 것이었음을 확인할 수가 있다.

> 탐라는 지역이 좁고 백성들은 가난하였다. 과거에는 전라도에서 자기와 쌀을 팔러오는 상인이 때때로 왔으나 숫자가 적었는데, 지금은 官家와 私家의 소와 말만 들에 가득하고 개간은 없는데다가 오가는 冠蓋가 북같이 드나들어서 전송과 영접에 시달리게 되었으니 그 백성의 불행이었다. 그래서 여러 번 변이 생긴 것이다.[48]

이 언급은 익재가 급암에게 다시 소악부 2장을 지어주면서 붙인 序형식의 글이다. 탐라지역의 상황을 자세하게 묘사하여 소악부의 내용을 보충하고 있음을 볼 수가 있다. 이처럼 耽羅 백성들의 생활상을 사실적으로 나타낸 것으로 볼 때, 소악부는 민풍을 살피려는 의도를 지닌 것임을 확인할 수 있다.

이와 같은 성격을 지닌 고려 말 소악부의 창작방법에 대해서는 현재 가사가 전하고 있는 속요들과 급암과 익재의 소악부를 서로 비교해보면 확연하게 알 수가 있다. 우선 익재 소악부 중에서 현재 『樂學軌範』, 『樂章歌詞』

---

46) 朴惠淑, 『形成期의 韓國樂府詩 硏究』, 한길사, 1991. 65面.
47) 李齊賢, 『益齋亂藁』 卷4, 13b; "耽羅此曲 極爲鄙陋 然可以觀民風知時變也."
48) 李齊賢, 『益齋亂藁』 卷4, 14a; "耽羅地狹民貧, 往時全羅之買販瓷器稻米者, 時至而稀矣. 今則官私牛馬蔽野, 而靡所耕墾, 往來冠蓋如梭, 而困於將迎其民之不幸也. 所以屢生變也."

등에서 확실히 가사를 찾을 수 있는 것은 〈鄭石歌〉, 〈鄭瓜亭〉, 〈處容歌〉, 〈西京別曲〉이며, 급암 소악부는 〈雙花店〉이다. 이들은 모두 장가나 연장의 형식으로 되어 있으며, 소악부는 이들 고려 가요의 한 장이나 특정한 구절을 취하여 칠언절구 형식으로 이루어져 있다. 〈정과정〉의 경우는 맨 처음부터 4구를 취하여 소악부로 옮겼으며, 〈정석가〉는 6번째 장을, 〈서경별곡〉은 2번째 장을 옮겨 놓고 있다. 그리고 〈쌍화점〉의 경우는 2번째 장을 취하고 있음을 볼 수가 있다. 〈처용가〉는 예외적인 면을 보이고 있지만, 대체로 '白玉琉璃ㄱ티 히여신 닛바래' 이하 4구를 이용하여 소악부의 3구와 4구를 이루었으며, 독립된 하나의 시가로 존재하기 위하여 처용의 始原에 대한 언급이 반드시 존재하여야 하기 때문에 1구와 2구에 처용의 근원에 대해 먼저 언급하였다고 볼 수가 있다.

따라서 현재 전하고 있는 익재 소악부 11장과 급암 소악부 6장은 고려 속요와 민요를 토대로 하여 지어진 것이며, 속요와 민요의 한 장만을 독립시켜 소악부로 옮겨 놓은 것이다. 이와 같이 창작상의 독특한 형식은 소악부의 원가 추정에 중요한 단서를 제공해주고 있어 새로운 고찰이 필요하다.

급암의 소악부는 익재의 소악부와 비교해 민요적 성격을 강하게 지니고 있다는 특징이 있다. 주로 고려 속요를 원가로 한 익재 소악부와는 달리 급암 소악부는 남녀 간의 戀情을 다룬 것이 많으며, 사회풍자적인 성격이 훨씬 적게 나타나고 있다.

情人相見意如存　　정든 임 만나고 싶은 뜻 있거든
須到黃龍佛寺門　　모로미 황룡사 문 앞으로 오시요.
氷雪容顔雖未覯　　빙설 같은 얼굴은 보지 못하더라도
聲音仿佛尙能聞　　그 음성만은 들을 수 있으리라.[49]

위의 시는 급암 소악부 첫 번째 首로, 情人을 그리워하는 내용을 소박하

---

49) 『及菴集』 卷4, 〈小樂府〉

게 표현하고 있다.50) 男·女의 성별을 구별하기는 어렵다. 다만 세 번째 구에서 '氷雪容顔'의 표현을 볼 때 정인의 주체는 여성으로 보인다. 이렇게 본다면 첫 번째 수는 시적 화자인 여성의 입을 통해서 상대방 남성을 유혹하는 내용으로 볼 수가 있다. 그러나 〈三藏〉에서처럼 직접적인 표현을 쓰지 않고, 얼굴을 직접 보지는 못하더라도 음성만은 들을 수 있을 것이라는 표현이 더욱 은근한 맛을 더해주고 있다. 이러한 내용의 歌謠는 연회의 와중에서 기녀들에 의해 불려져 좌중의 참석자들을 유혹하는 것으로도 파악할 수 있다.

黑雲橋亦斷還危　　검은 구름다리는 끊겨 위태롭고
銀漢潮生浪靜時　　은하수는 물이 불어 물결 고요한 때.
如此昏昏深夜裏　　이렇듯 캄캄한 깊은 밤에
街頭泥滑欲何之　　온통 진흙인 거리를 어찌 가려 하나요.

이 시는 급암 소악부의 세 번째 수로, 돌아가려는 정인을 가지 못하게 잡는 내용이다.51) 함께 술을 마시며 즐기던 임이 밤이 늦어 집으로 돌아가려 하자, 여러 가지의 사건을 인용하여 돌아갈 수 없음을 표현한 것이다. '黑', '斷', '危', '潮生'이라는 시어 속에는 갈 수 없다는 의미를 강하게 내포하고 있다. 비록 실제 존재하는 사물은 아니고 추상적인 설정이지만, 그래서 더욱 임을 보내기 싫어하는 감정을 적절하게 나타낼 수가 있다.

이와 같이 떠나가는 임을 보내기 싫어하는 내용은 여섯 번째 수에서도 찾을 수 있다.

---

50) 초기의 소악부 연구에서 이 시는 忠惠王이 지었다는 〈後殿眞勺〉으로 推定하고 있으나, 여기서 중요한 논거로 제시하고 있는 '龍顔'이 '容顔'의 誤記임으로 빚어진 誤謬이다.

51) 대부분의 논자들이 백제의 가요인 〈井邑詞〉로 原歌를 추정하지만, 小樂府 창작 원리상 再考의 여지가 있다.

再三珍重請蜘蛛	두세 번 정중하게 거미에게 청하노니
須越前街結網圍	앞길에 거미줄을 쳐두었다가.
得意背飛花上蝶	나를 등지고 날아가는 꽃 위의 저 나비
願令粘住省愆違	붙잡아 매어 제 허물을 뉘우치게 해다오.[52]

기존의 논의[53]로는 고려 가요 〈月精花〉로 원가를 추정하고 있는 시이다. 시적 화자인 여성(꽃)을 버리고 가버린 남성(나비)을 되돌아오게 해 달라고 거미에게 간청을 한다는 내용이다. 가지 말라는 애원을 뿌리치고 가버린 情人에 대한 가벼운 원망이 담겨져 있어 앞서 살펴본 세 번째 수와 서로 연관성을 찾을 수도 있다.

이들과는 좀 다른 내용을 가지고 있는 것이 두 번째 수이다.

浮漚收拾水中央	바다 속 거품을 모두 거두어
瀉入麤疎經布囊	거친 베자루에 쏟아 붓고자.
擔荷肩來其樣範	어깨에 걸머지고 오는 그 모습
恰如人世事荒唐	흡사 인간 세상의 황당한 일인 듯.

시가 상당히 냉소적이다. 1句에서 3句까지는 있을 수 없는 것들을 역설적으로 표현하였으며, 마지막 구에서 '人世事'가 이처럼 '荒唐'하다고 풍자하고 있다. 잡을 수도 없는 물거품을 거두어서 성근 베주머니에 담아 둘러메고 온다는 표현이 재미있다. 소재로 등장하는 것들도 질박할 뿐만 아니라 표현에 있어서도 소박한 면에 있이 있어 민요적 성격을 찾아볼 수 있다.

이처럼 급암과 익재의 시대에 이르러서는 전대에 보이지 않던 민생에 대한 애정 어린 관심이 나타나게 되었으며, 이러한 새로운 인식들을 그들의 문학작품 속에 사실적으로 표현해 놓고 있다. 이러한 경향은 程朱學이라는

---

52) 『及菴集』卷4.
53) 李佑成, 앞의 논문, 15面.; 崔美汀, 「高麗歌謠와 譯解 樂府」, 『雨田辛鎬烈先生古稀記念論叢』, 1983. 597面.

새로운 사상의 수입으로 나타난 것으로 급암도 신유학을 익힌 결과 효용론적 문학관을 가지게 된 것이다. 그러나 급암은 귀족계층이나 지배층으로서 전대의 사고에서 완전히 벗어나지 못했기 때문에 직접 일반 백성들이 겪는 고통을 체험하지 못해 관념적인 것밖에 될 수가 없었으며, 소악부를 창작함에 있어서도 사회풍자적인 내용보다는 남녀 간의 연정을 읊은 민요적인 내용에 치중되어 있음을 볼 수 있다. 실제 생활에서 상층귀족들의 특권을 모두 누리면서 詩酒歌舞를 즐기는 것이 익숙해 있었기 때문에 나타나는 특징이었다.

Ⅳ. 結 論

급암이 활동했던 시기는 여러 면에서 상당히 복잡한 양상을 띠고 있다. 고려가 원의 간섭하에 놓이면서 원의 내정간섭은 심화되고 오랫동안의 전쟁으로 인한 경제적 피폐는 고려사회를 혼란하게 만들었다. 더구나 고려인들의 보편적인 사상으로 자리하던 불교의 동요는 새로운 사유체계인 新儒學을 받아들이게 하였다. 이처럼 복잡한 시대상황 속에서 활동한 급암은 전형적인 세족의 성향을 지니고 있으면서, 한편으로는 현실주의적인 신유학을 익힌 결과 현실에 대한 새로운 인식을 보여주고 있다.

현재 남아 있는 급암의 시는 대부분 末年에 지어진 것이어서 급암 문학의 전말을 온전히 알 수는 없지만, 대체적으로 상층귀족들의 의식을 나타내주는 시들과 백성들의 생활상과 세태의 변화를 알아보고자 하는 관풍의 의지를 담은 시들로 구분할 수가 있다.

귀족들의 의식을 나타내고 있는 시는 당시 사회의 특징인 耆老會와 門

生·座主의 관계를 중심으로 화려하고 질탕한 宴樂의 와중에서 창작된 시들과 기득권층만이 가질 수 있는 閑適과 歸去來를 읊은 시가 대부분이다. 연락의 석상에서 창작된 시들은 연회의 화려함과 飮酒歌舞의 즐거움, 그리고 술 마시며 벌이는 擺脫 등을 그대로 묘사해 놓고 있다. 그리고 생활의 기본적인 조건을 갖추고 있는 계층들의 전유물인 閑適과 歸去來에 대한 憧憬도 나타나고 있는데, 급암의 귀거래에 대한 동경은 자신의 정치적 입지의 변화에 따라 세 가지 양상으로 나타나고 있다. 첫 번째는 일반적인 경향으로 관직생활의 격무에서 벗어나 전원으로 돌아가 벗들과 詩酒로써 한가한 생활을 하고 싶은 동경이며, 두 번째는 정치적인 변화로 인해 他意的으로 관직에서 물러나 閑居하게 되면서 나타나게 되는 양상으로, 한편으로 한거에 대한 즐거움을 이야기하면서도 宦路에 대한 미련을 떨쳐버리지 못하고 번민하는 모습으로 나타나며, 세 번째는 이러한 미련을 모두 떨쳐버리고 깨달은 진정한 한적의 묘미를 묘사하고 있다.

이와는 다르게 현실주의적인 유가사상의 영향으로 사회현실에 대한 관심이 높아지게 되어, 관풍에 대한 의지를 강하게 지니고 있는 시들도 뚜렷하게 일군을 이루고 있다. 빈번한 외적의 침입으로 생활터전이 무너져 굶주림에 허덕이며, 게다가 막중한 부역과 혹독한 세금징수로 삶의 의욕조차 잃어가는 백성들을 생활상에 높은 관심을 기울이고 있다. 그러나 이러한 고통 속에서도 묵묵히 생업에 종사하고 있는 백성들의 모습을 깊은 애정으로 표현해 내고 있다.

이와 같이 백성들의 생활과 세태의 변화에 대한 관심의 결과가 〈소악부〉를 창작하게 된 직접적인 원인으로 작용하게 되었다. 우리 시가를 정착시키려는 의도를 가지고 있어 더욱 중요성을 가지는 〈소악부〉는 우리말로 된 고려 속요와 민요를 7언 4구의 형식으로 옮겨 놓은 것이다. 여러 장으로 되어 있는 속요와 민요들 중에서 특정 한 절만을 옮겨 놓아, 원가가 지니고 있던 가요의 성격과 내용을 그대로 지니고 있는 것이다. 즉, 속요와 민요를 큰 악부로 인식한다면, 그 큰 악부 중에서 한 절만으로 되어 있는 것을 〈소악부〉로 인식하였다.

이처럼 급암의 시문학은 귀족들의 성향을 지니고 있는 시들과 관풍의 의지를 담고 있는 사대부 성향의 시들로 대별되고 있는데, 관풍의 의지를 담고 있는 시의 경향은 다음 세대의 문단을 이끌었던 목은 이색, 포은 정몽주 등의 문사들에게로 이어지고 있다. 목은과 포은 등 고려 후기 사대부문학을 실질적으로 이끌었던 문사들은 사회적 현실과 관풍을 소재로 한시를 본격적으로 창작하기 시작하는 새로운 분위기를 생성하였으며, 이러한 경향은 사대부층 세력이 성장해 감에 따라 점차 변화, 발전되었으며, 마침내는 조선 초에까지 이어져 조선 초기문학의 중심으로 발전하게 된 것이다.

요컨대 급암 민사평의 문학은 고려시대 문학의 전반적인 성격이었던 귀족문학과 고려 중기부터 싹트기 시작한 사대부문학의 교차점을 대표하고 있다고 할 수 있다. 즉, 한국 한시문학사에서 고려의 귀족적 문학이 급암의 시대에 이르러 사대부문학에게 주류의 자리를 양보하게 되었다고 파악할 수 있겠다.

어강석(魚江石)

충북 충주 출생
충북대학교 인문대학 국어국문학과 졸업
한국학중앙연구원 한국학대학원 석사과정 졸업
한국학중앙연구원 한국학대학원 박사과정 졸업
문학박사
한국학중앙연구원 책임연구원(현재)
(E-mail : firiston@hanmail.net)

목은 이색의 삶과 문학

• 초판 인쇄	2007년 1월 15일
• 초판 발행	2007년 1월 15일
• 지 은 이	어강석
• 펴 낸 이	채종준
• 펴 낸 곳	한국학술정보㈜
	경기도 파주시 교하읍 문발리 526-2
	파주출판문화정보산업단지
	전화 031) 908-3181(대표) · 팩스 031) 908-3189
	홈페이지 http://www.kstudy.com
	e-mail(출판사업팀사업부) publish@kstudy.com
• 등 록	제일산-115호(2000. 6. 19)
• 가 격	29,000원

ISBN   978-89-534-6242-7 98810 (Paper Book)
            978-89-534-6243-4 98810 (e-Book)